兰渝铁路西秦岭特长隧道掘进机（TBM）综合施工技术

苏 睿 高文山 郑余朝 ■ 编著

西南交通大学出版社
·成 都·

图书在版编目（CIP）数据

兰渝铁路西秦岭特长隧道掘进机（TBM）综合施工技术/苏睿，高文山，郑余朝编著. —成都：西南交通大学出版社，2021.8
ISBN 978-7-5643-7521-8

Ⅰ. ①兰… Ⅱ. ①苏… ②高… ③郑… Ⅲ. ①铁路隧道－掘进机械－隧道施工 Ⅳ. ①U459.1

中国版本图书馆CIP数据核字（2020）第143343号

Lan-yu Tielu Xiqinling Techang Suidao Juejinji（TBM）Zonghe Shigong Jishu
兰渝铁路西秦岭特长隧道掘进机（TBM）综合施工技术

苏 睿　高文山　郑余朝　编著

责任编辑	王同晓
封面设计	曹天擎
出版发行	西南交通大学出版社 （四川省成都市金牛区二环路北一段111号 西南交通大学创新大厦21楼）
发行部电话	028-87600564　028-87600533
邮政编码	610031
网　　址	http://www.xnjdcbs.com
印　　刷	四川煤田地质制图印刷厂
成品尺寸	185 mm×260 mm
印　　张	14
字　　数	296千
版　　次	2021年8月第1版
印　　次	2021年8月第1次
书　　号	ISBN 978-7-5643-7521-8
定　　价	98.00元

图书如有印装质量问题　本社负责退换
版权所有　盗版必究　举报电话：028-87600562

《兰渝铁路西秦岭特长隧道掘进机（TBM）综合施工技术》

编委会

主　　任：苏　睿

副 主 任：高文山

主　　编：苏　睿

副 主 编：高文山　　郑余朝

编　　委：严顺景　　郑文筠　　章慧健　　龚　伦

　　　　　李　裕　　王皓正　　张金龙

前言

交通强国，铁路先行，近年来我国铁路建设迅猛发展，特别是在中西部地区，路网覆盖得到了全面的扩展。在这些铁路建设的过程中，有很多经典的施工方法及经验值得总结提炼，为后续工程建设提供借鉴。本书主要介绍兰渝铁路西秦岭特长隧道TBM综合施工技术。

兰渝铁路是一条连接我国西北地区甘肃省和西南地区重庆市的国家Ⅰ级双线电气化客货共线快速铁路，还是我国铁路网中长期规划中西北至西南区域间客货并重的大能力运输新通道，同时也是贯穿我国南北的第三条铁路大动脉。其地质环境条件复杂且特殊，沿线所经地区地震、暴洪、泥石流灾害多发。兰渝铁路西秦岭隧道位于新建铁路兰渝线中段，全长28.236km，为左右线分设的两条单线隧道，隧道施工主要采用TBM快速掘进技术，为目前国内已建成的第二长铁路隧道，是兰渝铁路全线重点控制性工程。

本书依托兰渝铁路西秦岭特长隧道，结合中铁十八局集团有限公司的科研攻关和施工过程资料，分析了如何保障地质条件复杂的特长隧道中TBM快速、安全施工的技术对策，总结了大直径特长隧道TBM施工遇到的问题以及应对措施，首次结合了TBM隧道施工同步衬砌和连续皮带机出碴技术，提出了兰渝铁路西秦岭特长隧道TBM综合施工技术。

本书第1章为兰渝铁路以及西秦岭特长隧道概况介绍；第2章概述了TBM施工方法以及西秦岭特长隧道TBM设备选型；第3章主要介绍了西秦岭特长隧道施工总体方案及规划；第4章详细介绍了西秦岭特长隧道钻爆法段施工技术；第5章主要介绍了西秦岭特长隧道TBM段开挖及支护的施工技术；第6章详细介绍了TBM施工中出碴以及运输施工技术；第7章主要介绍了TBM施工下的防排水施工技术；第8章主要介绍了西秦岭特长隧道TBM施工中一大亮点——同步衬砌设计及施工

技术；第 9 章详细介绍了西秦岭特长隧道施工通风方案及布置；第 10 章总结了西秦岭特长隧道不良地质段施工技术；第 11 章专项总结了 TBM 拆卸施工技术；第 12 章专项总结了 TBM 主轴承更换施工技术；第 13 章介绍了 TBM 及其配套设备高低压供电技术；第 14 章总结全书。

  西秦岭隧道 TBM 综合技术的成功运用，保障了隧道安全经济施工，确保了隧道顺利贯通，助力了兰渝铁路成功开通运营。全方位地进行施工技术总结，以期推动 TBM 施工技术更上一台阶，为业内相关工程提供借鉴。

  由于著者水平有限，书中不当之处恳请读者和专家批评指正。

著 者

2019 年

目录

1 概述 ··· 001
   1.1 兰渝铁路概况 ··· 001
   1.2 西秦岭隧道工程概况 ·· 002

2 TBM 概述及选型 ··· 017
   2.1 TBM 工法概述 ··· 017
   2.2 TBM 选型及相关参数 ·· 028
   2.3 皮带机选型及相关参数 ·· 036

3 施工总体方案及规划 ··· 041
   3.1 施工场地布置 ··· 041
   3.2 西秦岭隧道施工总体方案 ··· 045

4 钻爆法段施工 ·· 051
   4.1 洞口、明洞及洞门的施工 ··· 051
   4.2 洞身开挖 ·· 052
   4.3 店子坪 1 号斜井进正洞施工 ·· 055
   4.4 超前支护 ·· 057
   4.5 系统支护 ·· 058
   4.6 结构衬砌施工 ··· 061
   4.7 监控量测 ·· 062

5 TBM 段开挖及支护 ··· 065
   5.1 TBM 运输 ··· 065
   5.2 TBM 组装调试 ··· 066

5.3	TBM 步进	074
5.4	TBM 掘进	081
5.5	仰拱块预制及铺设	088
5.6	TBM 隧道支护	095
5.7	TBM 及连续皮带机维修保养	098
5.8	TBM 施工测量	113
5.9	小　结	116

6　TBM 施工出渣及运输　119

6.1	皮带机出渣	119
6.2	施工材料运输	125

7　TBM 防排水施工　132

7.1	防水施工	132
7.2	排水施工	133
7.3	施工缝处理	135

8　TBM 同步衬砌设计及施工　137

8.1	同步衬砌技术设计	137
8.2	同步衬砌施工	149
8.3	同步衬砌施工小结	152

9　西秦岭隧道施工通风方案及布置　155

9.1	通风总体原则和方案	155
9.2	施工通风方案	157

10　西秦岭隧道不良地质段施工　160

10.1	西秦岭隧道超前地质预报	160
10.2	防涌水突泥施工	162
10.3	西秦岭隧道穿越断层破碎带施工	166
10.4	西秦岭隧道高地应力段施工	170

11 TBM拆卸专项施工 ·· 173
11.1 TBM拆卸方案及准备 ·· 173
11.2 TBM拆卸施工 ·· 178

12 TBM主轴承更换专项施工 ·· 183
12.1 施工概况 ··· 183
12.2 主轴承洞内运输 ··· 184
12.3 换装洞室施工方案 ·· 186
12.4 主轴承更换施工 ··· 188
12.5 小　结 ·· 203

13 TBM及其配套设备高低压供电技术 ···························· 205
13.1 高低压供电技术创新 ·· 205
13.2 供配电系统方案 ··· 206
13.3 高压配电柜选型应用 ·· 208

14 总　结 ·· 210

参考文献 ·· 211

1 概　述

1.1 兰渝铁路概况

兰渝铁路是一条连接我国西北地区甘肃省和西南地区重庆市的国家Ⅰ级双线电气化客货共线快速铁路。兰渝铁路的线路走向为南北走向，并且是我国铁路网中长期规划中西北至西南区域间客货并重的大能力运输新通道，也是贯穿我国南北的第三条铁路大动脉。线路正线全长为886 km，全线桥隧比为72%，设计旅客列车速度目标值为160 km/h，有条件路段预留速度200 km/h。

兰渝铁路于2017年9月29日全线开通正式运营，其始于甘肃省兰州站，沿途依次经过甘肃省定西市、陇南市，陕西省汉中市，四川省广元市、南充市、广安市，重庆合川区等行政辖区，最后终于重庆北站，沿途依次穿越甘、陕、川、渝三省一市的22个市县（区）。

兰渝铁路的施工建设中，主要存在两大技术性难题。

一是兰渝铁路部分区间段地质条件复杂且特殊：兰渝铁路预计建设工期为6年，实际建设工期延后了3年，主要就是地质因素导致的。兰渝铁路全线穿越区域性大断裂10条，大断层87条，沿线所经地区地震、暴洪、泥石流灾害多发，因此兰渝铁路还被称为"地质博物馆"。兰渝铁路通过的黄土高原区和秦岭高中山区，位于青藏高原隆升区边缘地带，在区域地质上位于华北、扬子、青藏（柴达木、羌塘等）诸小板块相互汇集的部位，地质环境极为复杂特殊，施工难度极大，风险极高。

二是兰渝铁路全线存在着四大高风险隧道群：第三系富水粉细砂层隧道群、高地应力软岩大变形隧道群、岩溶突泥突水隧道群及高瓦斯隧道群。其中甘肃境内的地质条件最为复杂，尤其是第三系富水粉细砂层地质和高地应力软岩大变形地质极大地影响了隧道的开挖和掘进，给隧道的设计和施工带来了巨大的挑战，施工安全上也存在着较大的压力，并且不容易保证正常的工期。

兰渝铁路全线重点工程主要有：胡麻岭隧道、木寨岭隧道、西秦岭隧道、新城子隧道、白龙江3号特大桥。

1.2 西秦岭隧道工程概况

1.2.1 西秦岭隧道概述

兰渝铁路西秦岭隧道位于新建铁路兰渝线中段，地处甘肃省陇南市武都区境内，北起武都区外纳乡，向南经月照、洛塘，止于武都区枫相乡。西秦岭特长隧道全长28.236 km，为左右线分设的两条单线隧道，为目前国内已建成的第二长铁路隧道，是兰渝铁路全线重点控制性工程，工期紧，任务重，技术要求高。

西秦岭隧道作为兰渝铁路全线的控制性工程，主要采用 TBM（Tunnel Boring Machine）施工。多年来，我国的工程建设者在隧道建设的工程实践之中，针对地质复杂的特长隧道摸索出了一套相对完整的技术体系，成功修建了乌鞘岭、新关角等特长隧道。自 20 世纪 90 年代开始，我国引进了 TBM 技术，先后成功修建了秦岭、磨沟岭、桃花铺 2 号、中天山等隧道，提高了我国工程建设中隧道修建的技术水平。到目前为止，TBM 施工技术已引进 20 余年，但我国在大直径（10 m 以上）TBM 关键装备的研发、制造领域与国际水平仍存在一定的差距。

西秦岭特长隧道自桔柑站引出，向西南跨白龙江及国道 212 后上坡穿范家坪隧道，在该隧道出口端利用曲线变线间距并上跨潘家沟至西秦岭特长隧道进口，然后线路以人字坡穿西秦岭隧道至老盘底出口，而后线路下跨省道 206、武灌高速、洛塘河并变线间距后，穿越杨家山隧道引入洛塘河车站。

西秦岭特长隧道穿行于秦岭山区，地势总体趋于西高东低，山体陡峻，沟谷深切多呈"V"字形。高程多在 1 000～2 400 m，相对高差约 1 400 m，隧道最大埋深约 1 400 m。设计为两座单线隧道，洞身段线间距 40 m。其中一标段主要负责西秦岭隧道右线施工，二标段主要负责西秦岭隧道左线施工。

中铁十八局集团有限公司主要负责西秦岭隧道右线施工，集团公司以高标准、严要求的施工理念保障了国内铁路建设 TBM 掘进断面最大、距离最长、首次采用连续皮带出渣下衬砌并行施工的第一长隧的顺利贯通，大大提升了我国大直径 TBM 施工技术水平。本书根据中铁十八局集团有限公司对西秦岭隧道的施工全方位、全过程的总结，对兰渝铁路西秦岭特长隧道 TBM 综合施工技术进行了系统性的阐述，可以为之后修建的相似工程起到一定的借鉴作用。

1.2.2 隧道设计概况

西秦岭山脉由东向西展布，其主山体宽度达 30 km，顶峰高程为 2 600 m。西秦岭隧道总体平面图见图 1-1 所示，总体纵断面图请扫描右侧二维码查看。在西秦岭隧道设计前期勘察中，相关工作人员进行

西秦岭隧道
总体纵断面图

了大面积的方案研究和地质调查工作，采用了钻孔和可控源大地音频电磁法（CSAMT）以及全隧道范围高密度电法、工程地震等物探方法来进行了综合性、全方位的地质勘探勘察。查明了隧道通过范围内的地层岩性、地质构造、水文地质特征、围岩特征、地温、地应力、岩爆分布特征等。设计人员在选线过程中进行了多个越岭垭口隧道方案的对比，最后重点对老盘底出洞方案和下坝里出洞方案进行了比选。最终选择了老盘底出洞的设计方案，并通过桥梁的方式跨越出洞后的高速公路。虽然老盘底出洞方案隧道出口离弃渣场地距离较远，但线路绕避不良地质体，以大角度通过断裂构造，减少了对隧道的影响，并且该方案线路顺直，线路及隧道长度较短，静态投资较低。

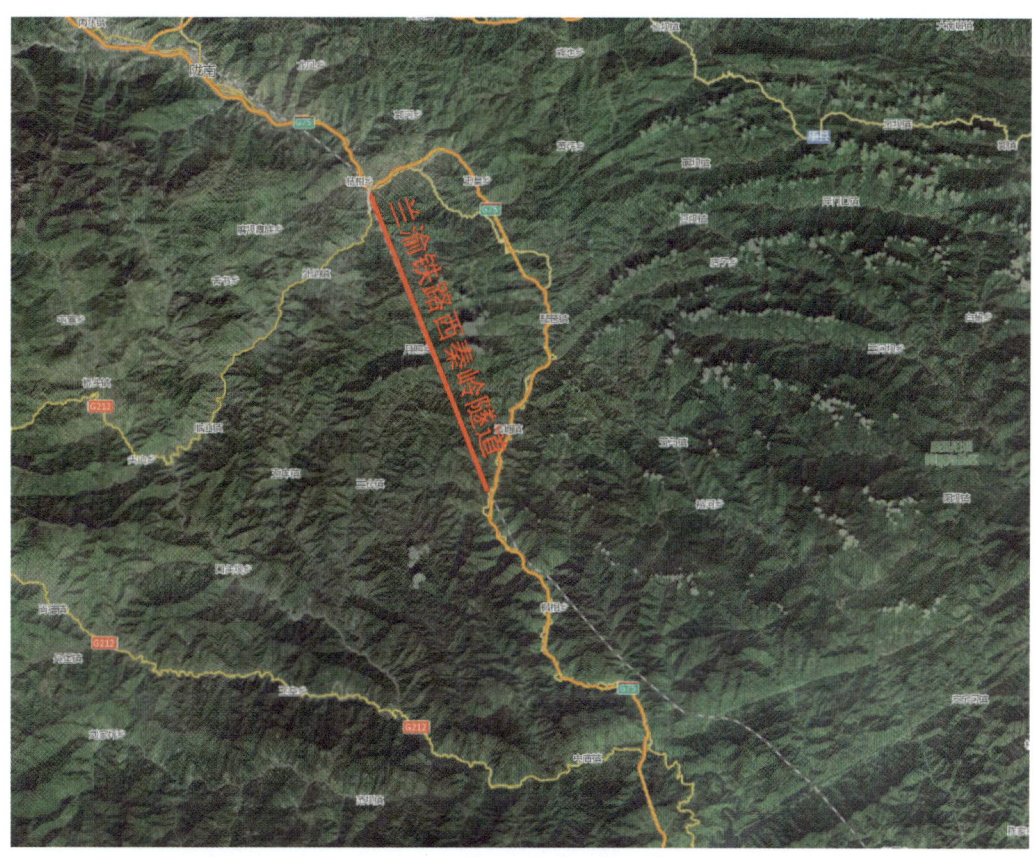

图 1-1　西秦岭隧道平面示意图

同时，在设计西秦岭特长隧道时，从地质条件、建设工期、施工技术、运营、防灾救援、工程投资等多方面进行了两座单线隧道和一座双线隧道的比选。隧道单双线方案比选表见表 1-1。

表 1-1　隧道单、双线方案比选表

项　目	一座双线隧道	两座单线隧道
施工技术难度及风险	断面大（轨面以上净空面积 87.13 m²），在软弱地层中发生坍塌的机会较大，容易发生变形，施工风险较大	断面较小（轨面以上净空面积 53.16 m²），发生坍塌、变形的机会相对较小，风险性较低
运营通风	难以充分利用活塞风	可以充分利用活塞风
防灾救援	当隧道内发生火灾时，消防灭火难度大，救援难度大，线路中断运营	当隧道内发生火灾时，可通过另一条隧道帮助灭火，可利用横通道进行紧急人员疏散，只中断一条线运营
洞内会车	会车时存在压力波危害	无会车危害
施工通风	隧道断面大，施工通风难度大	隧道断面小，施工通风难度相对较小
建设工期	长	较短
投资	较小	较大

结合西秦岭隧道地质情况，以及单、双线隧道的优缺点比选，西秦岭隧道从施工技术难度及风险、施工和运营通风、防灾救援等方面来讲，两单线隧道的方案均优于一座双线隧道的方案。

综合以上考虑，西秦岭隧道工程最终采用的是地质条件最优的 28.236 km 两座单线越岭隧道的方案。

1. 隧道断面设计

在隧道进出口以及斜井横通道段，采用钻爆法进行施工，钻爆法段包括了 TBM 出发、接收隧道和拆卸洞室，钻爆法施工典型横断面图如图 1-2 所示（以 V 级围岩有砟隧道为例）。隧道中间段（除去横通道施工段），采用 TBM 掘进机进行连续掘进施工，隧道断面按圆形设计，TBM 法施工典型断面图如图 1-3 所示；TBM 施工段隧道内轮廓如图 1-4 所示，TBM 施工中支护类型及参数见表 1-2。

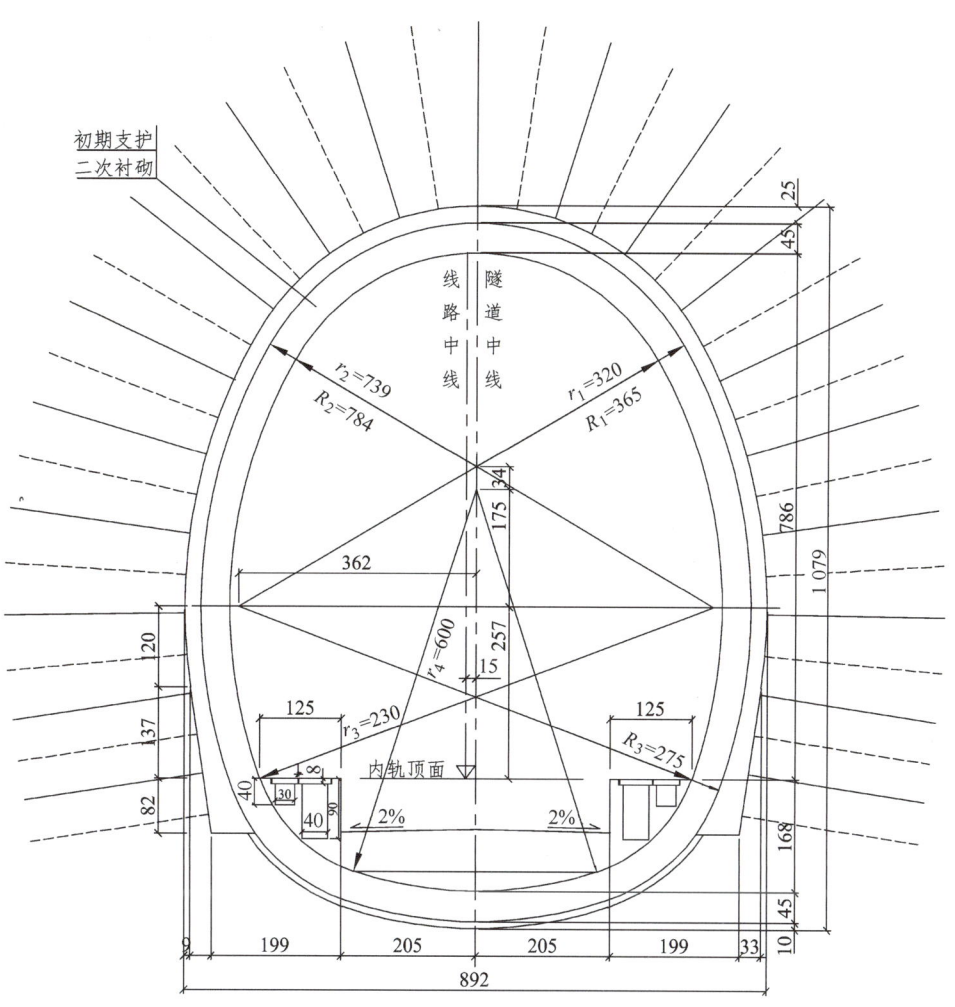

图 1-2 钻爆法施工典型断面图(单位:cm)

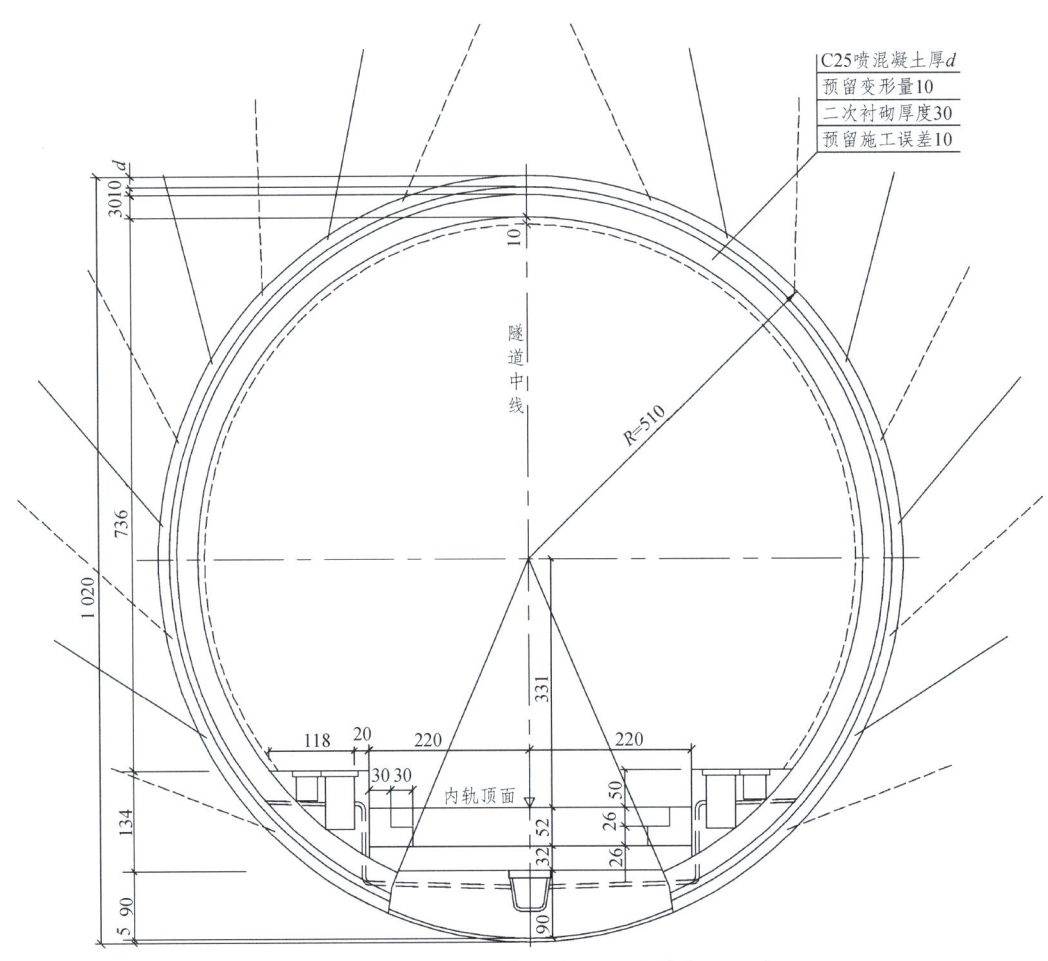

图 1-3 TBM 法施工典型断面图（单位：cm）

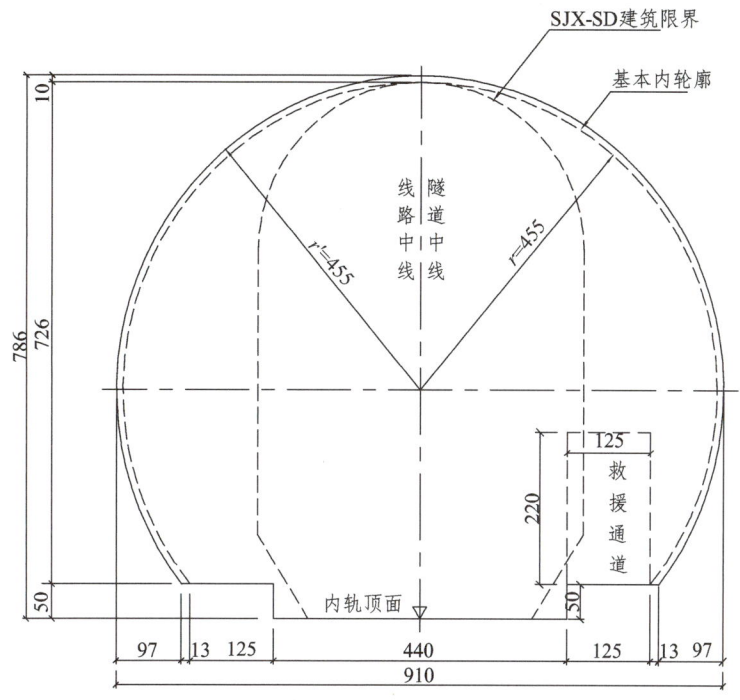

图1-4 TBM法施工隧道内轮廓（单位：cm）

表1-2 TBM支护类型、参数表

支护类型			A-1	A-2	A-3	A-4	A-5	A-6
预留变形量/cm			10	10	10	10	10	10
初期支护参数	喷混凝土	部位	全断面					
		厚度 d/cm	15	15	12	8	8	6
	R25中空锚杆	位置	半圆以上				局部	
		长度/m	3.5	3.5	3.0	2.5	2.5	2.5
		间距（$a×b$）/cm	100×80	100×100	120×120	120×150	—	
	B22砂浆锚杆	位置	边墙		—			
		长度/m	3.5	3.5				
		间距（$a×b$）/cm	100×80	100×100				
	钢筋网	位置	全断面		半圆以上		局部	
		直径/mm	$\phi 8$	$\phi 8$	$\phi 8$	$\phi 8$	$\phi 8$	$\phi 8$
		间距（$c×c$）/cm	20×20	20×20	20×20	20×20	25×25	
	钢架榀/m		1榀/0.9	1榀/（0.9~1.8）m	—			
二次衬砌/cm			30	30	30	30	30	30
r/cm			445	445	448	452	452	454
超前支护			超前小导管，L=3.5 m，间距40 cm	超前小导管，L=3.5 m，间距50 cm	—			
备注			二次衬砌钢筋混凝土结构					

2. TBM 预备隧道、出发隧道和拆卸洞室设计

根据 TBM 设计施工的相关要求，在 TBM 进行施工前，需要采用钻爆法施工进行预备隧道的施作，预备隧道采用圆形斜墙式的断面形式，初期支护以锚杆、喷射混凝土、钢筋网为主，二次衬砌为模筑混凝土。断面轮廓要满足 TBM 通行及二次衬砌厚度设计要求。注意点在于，初期支护施做后确保 TBM 外缘四周的间隙不小于 25 cm（底部不小于 20 cm），保证 TBM 步进通过，待 TBM 步进通过后再施作二次衬砌。预备隧道断面设计图如图 1-5 所示（以 V 级围岩有砟隧道工况为例）。

在 TBM 掘进施工前，需要施作 TBM 出发隧道，以满足 TBM 开始掘进的要求。同样，出发隧道也采用钻爆法施工。出发隧道的设计要保证施做二次衬砌后的断面内净空满足 TBM 通行要求，并且预留 10 cm 的间隙，以确保 TBM 组装调试通过，顺利掘进出发。出发隧道断面设计图如 1-6 所示。

西秦岭隧道拆卸洞室的设计根据 TBM 厂家以及中铁十八局集团有限公司提供的相关资料共同确定。拆卸洞室内轮廓形状为"蘑菇"形，洞室断面设计见本书第 11 章。

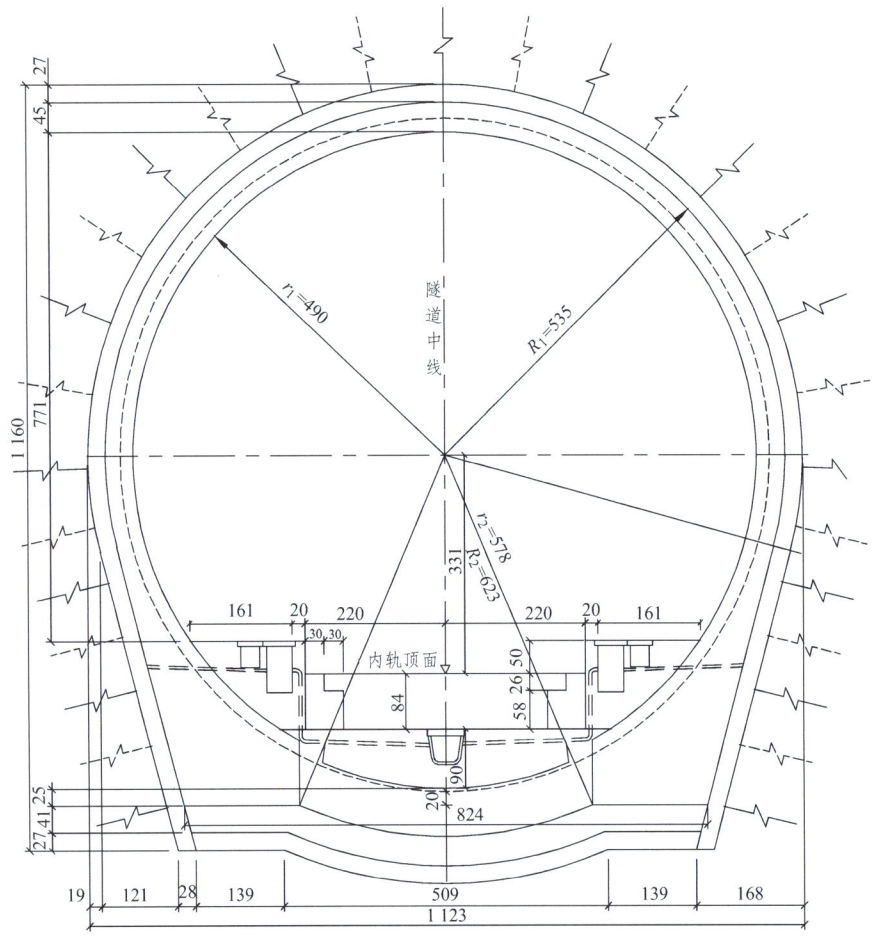

图 1-5 预备隧道断面设计图（单位：cm）

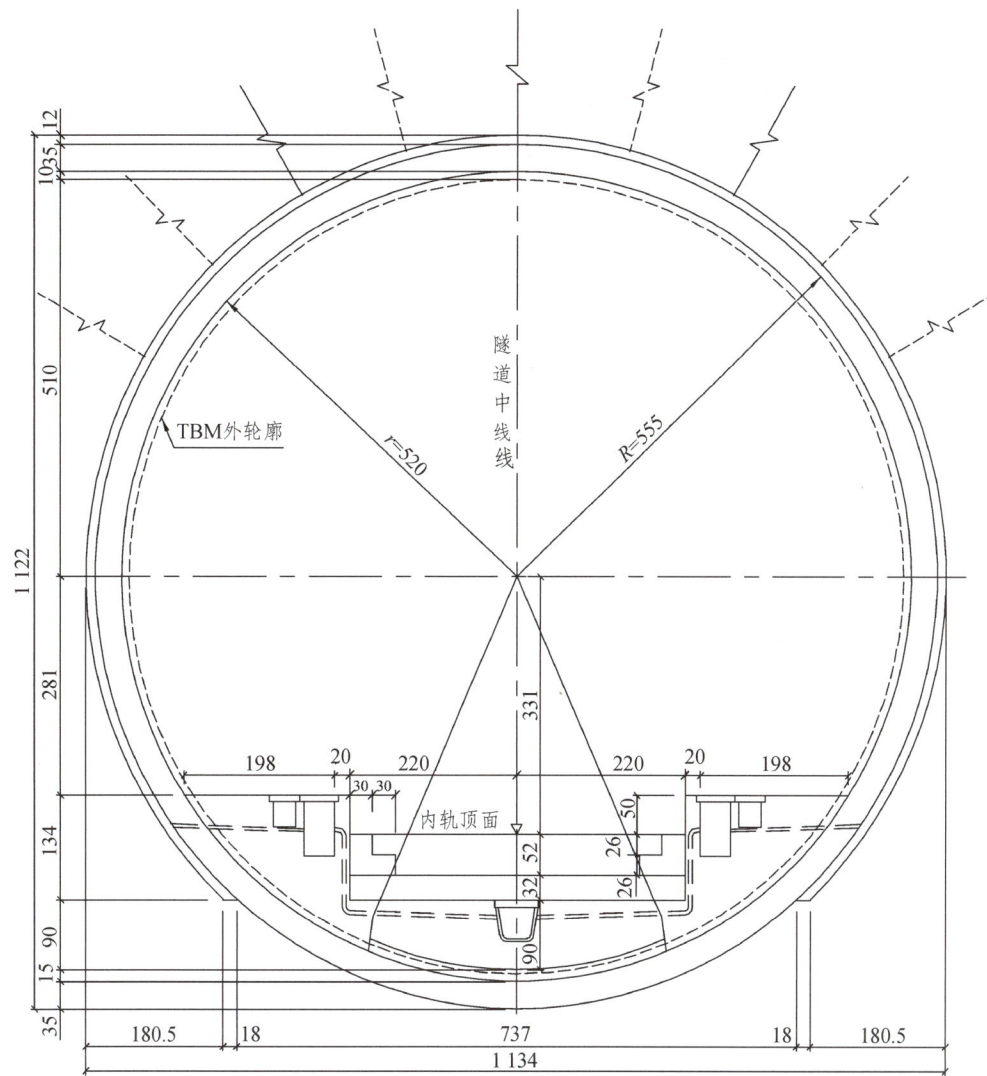

图 1-6　出发隧道断面设计图（单位：cm）

1.2.3　工程地质特征

隧道通过处地层岩性为第四系全新统松散层，石炭系下统砂质千枚岩，泥盆系下统灰岩、千枚岩，下元古界灰岩、变砂岩夹砂质千枚岩、变砂岩、砂质千枚岩，断层角砾岩和断层泥砾。隧道通过区属秦岭褶皱系之南秦岭冒地槽褶皱带。

西秦岭隧道洞身通过主要地层：西秦岭隧道进口段约 8 km 为石炭系下统泥盆系灰岩、砂质千枚岩，出口段约 20 km 为下元古界灰岩、变砂岩夹砂质千枚岩、变砂岩、砂质千枚岩，以及断层角砾岩和断层泥砾。在工点范围内断层较为发育，其中 F_6 为区域断层，F_{54}、F_{55}、F_{59} 为次级断层。

F_6 断层带构成武都山字型构造体系和文县山字型构造体系的分界。受其影响，在隧道范围形成了一系列平行的断裂和褶皱。构造带为 5 条断裂带、2 个褶皱核部。具体见表 1-3 西秦岭隧道右线围岩划分表。

表 1-3　西秦岭特长隧道右线围岩划分表

序号	里程范围	长度/m	围岩分级	地层时代	地层岩性	性质
1	DIyK395+116.582～DIyK395+151.582	35	V	Q_4、D_1	砂质黄土、粗角砾土、千枚岩、灰岩	较完整
2	DIyK395+151.582～DIyK395+201.582	50	IV	D_1	千枚岩、灰岩	较完整
3	DIyK395+201.582～DIyK395+226.582	25	III	D_1	灰岩	较完整
4	DIyK395+226.582～DIyK395+740	513.418	IV	D_1	千枚岩、灰岩	较完整
5	DIyK395+740～DIyK396+500	760	III	D_1	灰岩	较完整
6	DIyK396+500～DIyK397+300	800	II	D_1	灰岩	较完整
7	DIyK397+300～DIyK397+500	200	III	D_1	灰岩	较完整
8	DIyK397+500～DIyK399+465	1 965	IV	D_1	千枚岩、灰岩	较完整
9	DIyK399+465～DIyK399+575	110	V	D_1	F_{54} 断层带及其影响带、千枚岩、压碎岩	较破碎
10	DIyK399+575～DIyK400+035	460	IV	D_1	千枚岩、灰岩	较完整
11	DIyK400+035～DIyK400+135	100	III	D_1	灰岩	较完整
12	DIyK400+135～DIyK400+575	440	II	D_1	灰岩	较完整
13	DIyK400+575～DIyK400+675	100	III	D_1	灰岩	较完整
14	DIyK400+675～DIyK401+885	1 210	IV	D_1	千枚岩、灰岩	较完整
15	DIyK401+885～DIyK403+355	1 470	V	D_1、Pt_1	F_6、F_{55} 断层带及其影响带、千枚岩、灰岩、压碎岩	较破碎
16	DIyK403+355～DIyK403+395	40	III	Pt_1	灰岩	较完整
17	DIyK403+395～DIyK403+495	100	IV	Pt_1	千枚岩、灰岩	较完整
18	DIyK403+495～DIyK403+830	335	III	Pt_1	千枚岩、变质砂岩	较完整
19	DIyK403+830～DIyK403+990	160	IV	Pt_1	千枚岩、变质砂岩	较完整
20	DIyK403+990～DIyK404+285	295	III	Pt_1	千枚岩、变质砂岩	较完整
21	DIyK404+285～DIyK404+770	485	IV	Pt_1	千枚岩、变质砂岩	较破碎
22	DIyK404+770～DIyK404+930	160	III	Pt_1	千枚岩、变质砂岩	较完整

续表

序号	里程范围	长度/m	围岩分级	地层时代	地层岩性	性质
23	DIyK404+930~DIyK405+300	370	Ⅳ	Pt_1	千枚岩、变质砂岩	较完整
24	DIyK405+300~DIyK405+745	445	Ⅲ	Pt_1	千枚岩、变质砂岩	较完整
25	DIyK405+745~DIyK406+510	765	Ⅱ	Pt_1	变质砂岩	较完整
26	DIyK406+510~DIyK406+610	100	Ⅲ	Pt_1	变质砂岩	较完整
27	DIyK406+610~DIyK406+680	70	Ⅳ	Pt_1	千枚岩、变质砂岩	较完整
28	DIyK406+680~DIyK408+400	1 720	Ⅲ	Pt_1	千枚岩、变质砂岩	较完整
29	DIyK408+400~DIyK408+500	100	Ⅳ	Pt_1	千枚岩、变质砂岩	较完整
30	DIyK408+500~DIyK408+665	165	Ⅲ	Pt_1	千枚岩、变质砂岩	较完整
31	DIyK408+665~DIyK408+735	70	Ⅳ	Pt_1	千枚岩、变质砂岩	较完整
32	DIyK408+735~DIyK409+600	865	Ⅲ	Pt_1	千枚岩、变质砂岩	较完整
33	DIyK409+600~DIyK409+840	240	Ⅳ	Pt_1	千枚岩、变质砂岩	较完整
34	DIyK409+840~DIyK410+000	160	Ⅲ	Pt_1	千枚岩、变质砂岩	较完整
35	DIyK410+000~DIyK410+050	50	Ⅳ	Pt_1	千枚岩、变质砂岩	较完整
36	DIyK410+050~DIyK410+225	175	Ⅲ	Pt_1	千枚岩、变质砂岩	较完整
37	DIyK410+225~DIyK410+375	150	Ⅳ	Pt_1	千枚岩、变质砂岩	较完整
38	DIyK410+375~DIyK410+950	575	Ⅲ	Pt_1	千枚岩、变质砂岩	较完整
39	DIyK410+950~DIyK411+115	165	Ⅳ	Pt_1	千枚岩、变质砂岩	较破碎
40	DIyK411+115~DIyK411+450	335	Ⅲ	Pt_1	千枚岩、变质砂岩	较完整
41	DIyK411+450~DIyK411+550	100	Ⅳ	Pt_1	千枚岩、变质砂岩	较破碎
42	DIyK411+550~DIyK411+615	65	Ⅴ	Pt_1	千枚岩、灰岩、断层影响带	较破碎
43	DIyK411+615~DIyK411+650	35	Ⅳ	Pt_1	千枚岩、断层影响带	较破碎
44	DIyK411+650~DIyK411+665	15	Ⅲ	Pt_1	千枚岩、变砂岩、断层影响带	较完整
45	DIyK411+665~DIyK411+690	25	Ⅳ	Pt_1	变砂岩、灰岩、断层影响带	较破碎
46	DIyK411+690~DIyK411+740	50	Ⅴ	Pt_1	灰岩、压碎岩、断层影响带	较破碎
47	DIyK411+740~DIyK411+840	100	Ⅳ	C_1	千枚岩	较完整
48	DIyK411+840~DIyK412+200	360	Ⅲ	C_1	千枚岩	较完整
49	DIyK412+200~DIyK412+300	100	Ⅳ	C_1	千枚岩	较完整
50	DIyK412+300~DIyK412+520	220	Ⅴ	Pt_1、C_1	F_{60}断层带及其影响带,千枚岩、变质砂岩,压碎岩	较破碎

续表

序号	里程范围	长度/m	围岩分级	地层时代	地层岩性	性质
51	DIyK412+520~DIyK412+620	100	Ⅳ	Pt_1	变质砂岩	较完整
52	DIyK412+620~DIyK413+200	580	Ⅲ	Pt_1	千枚岩、变质砂岩	较完整
53	DIyK413+200~DIyK413+270	70	Ⅳ	Pt_1	千枚岩、变质砂岩	较完整
54	DIyK413+270~DIyK417+420	4150	Ⅲ	Pt_1	千枚岩	较完整
55	DIyK417+420~DIyK417+560	140	Ⅳ	Pt_1	千枚岩	较完整
56	DIyK417+560~DIyK420+515	2955	Ⅲ	Pt_1	千枚岩	较完整
57	DIyK420+515~DIyK421+110	595	Ⅳ	Pt_1	千枚岩	较完整
58	DIyK421+110~DIyK423+181	2072.742	Ⅲ	Pt_1	千枚岩	较完整
59	DIyK423+181~DIyK423+271	90	Ⅳ	Pt_1、Q_4	千枚岩、粗角砾土	较完整
60	DIyK423+271~DIyK423+351.422	80.422	Ⅴ	Pt_1、Q_4、Q_3	粗角砾土、粗圆砾土、千枚岩	较完整

西秦岭隧道右线全长 28 236.582 m，其中Ⅱ级围岩段长度 2 005 m、Ⅲ级围岩段长度 16 687.742 m、Ⅳ级围岩段长度 7 513.418 m、Ⅴ级围岩段长度 2 030.422 m，各级围岩段长度占比如图 1-7 所示。

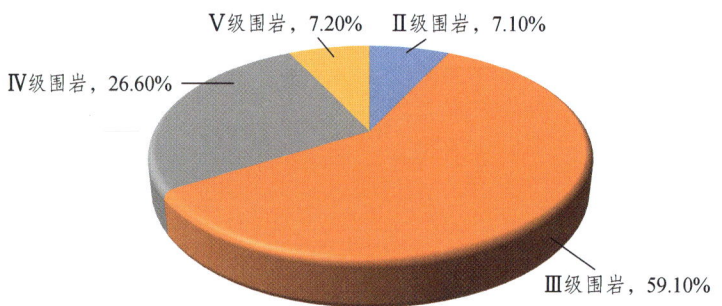

图 1-7　西秦岭隧道右线隧道围岩分级所占比例图

店子坪斜井围岩划分见表 1-4 所示，斜井全长 1 805 m，其中Ⅳ级围岩段长度 1 750 m，Ⅴ级围岩段长度 55 m。

表 1-4　辅助坑道围岩划分表

辅助坑道	里程范围	长度/m	围岩分级	地层时代	地层岩性
店子坪斜井	斜 00+00~斜 17+50	1 750	Ⅳ	D_1	千枚岩、灰岩
	斜 17+50~斜 18+05	55	Ⅴ	D_1	千枚岩

西秦岭特长隧道断层分布见表 1-5 所示。

表 1-5　西秦岭特长隧道断层一览表

编号	位置及名称	出露里程	总体走向	断裂面产状	性质	主要表现特征
F_6	临江—康县	DIyK402+460~DIyK403+377	N80°E	N75°E/60°N	逆断层	断裂破碎带宽约 910 m，由断层角砾岩、断层泥砾组成，岩石压扁拉长现象，两侧次级断裂，挤压拖拉褶皱明显，弱胶结
F_{54}	张家坪—桦坪里	DIyK400+084~DIyK400+160	近东-西	N70°E/60°N	逆断层	断裂破碎带宽约 190 m，由断层角砾岩、断层泥砾组成，见有石英脉及褐铁矿化现象，上盘岩层扭曲变形强烈
F_{55}	上沟里南约 500 m	DIyK403+644~DIyK403+810	N65°E	N65°E/50°N	逆断层	该断裂地貌上呈负地形，破碎带宽约 310 m，破碎带内主要有碎裂的灰岩、变质砂岩组成，见有糜棱岩化现象，弱胶结
F_{59}	架子石—史家坪	DIyK411+260~DIyK411+461	N80°E	N80°E/60~80°S	逆断层	破碎带宽约 170 m，破碎带内主要有碎裂的灰岩、变质砂岩、千枚岩组成，见有糜棱岩化现象
F_{60}	高家梁—水磨湾	DIyK412+029~DIyK412+160	N45°E	N40°~80°E/65°S	逆断层	该断裂地貌特征不明显，破碎带内由一系列小断层构成，物质组成为压碎岩、构造透镜体

1.2.4　水文地质特征

1. 地下水分布特征

地下水的分布、埋深与含水层（体）的富水性受控于地形地貌、地层岩性、地质构造和气候条件。西秦岭地区出露的地层岩性主要有结晶灰岩及浅变质作用千枚岩、变质砂岩、板岩组合体，岩层走向60°N~75°E，倾角40°~65°，有利于地下水的入渗及储存，同时隧道区植被茂密，地表水发育等也为地下水入渗创造了有利条件。

隧道区地下水储存场所具有典型的非均质各向异性特征，水文地质条件十分复杂，地下水的分布规律性较差。

2. 隧道涌水量预测

西秦岭隧道正常涌水量为 42 566 m^3/d，隧道开挖时最大涌水量为 129 209 m^3/d。地下水富水性分别为节理裂隙贫水区、构造裂隙水弱富水区、岩溶裂隙水和断裂构造脉状裂隙水中等富水区。隧道通过区涌水量预测见表 1-6。辅助坑道涌水量预测及水文地质评价见表 1-7。

表 1-6　隧道通过区涌水量预测表

序号	隧道起讫里程	富水性分区	长度/m	径流模数/(m³·d⁻¹·km⁻²)	影响宽度/km	正常涌水量/(m³/d)	岩性简述
1	DIyK395+116.582~DIyK395+420	Ⅲ	303.418	100	1.0	25	灰岩、千枚岩
2	DIyK395+420~DIyK399+100	Ⅱ	3 680	249~534	1.0	1 965	灰岩、千枚岩
3	DIyK399+100~DIyK403+500	Ⅰ	4 400	200	1.5	13 200	千枚岩、灰岩、断层
4	DIyK403+500~DIyK405+200	Ⅱ	1 700	430~733	1.0~1.2	1 371	千枚岩、变砂岩、背斜、断层影响带
5	DIyK405+200~DIyK406+700	Ⅰ	1 500	1800	1.5	4 050	千枚岩、变砂岩、背斜、断层影响带
6	DIyK406+700~DIyK408+000	Ⅱ	1 300	733	1.0	953	千枚岩、变砂岩
7	DIyK408+000~DIyK413+000	Ⅰ	5 000	1800	1.5	13 500	变砂岩、千枚岩、背斜向斜、断层
8	DIyK413+000~DIyK414+900	Ⅱ	1 900	929	1.0	1 765	千枚岩、板岩
9	DIyK414+900~DIyK418+800	Ⅱ	3 900	492	1.0	1 919	千枚岩、板岩
10	DIyK418+800~DIyK422+300	Ⅱ	3 500	587	1.0	2 055	千枚岩、板岩
11	DIyK422+300~DIyK423+351.422	Ⅱ	1 053.164	254	1.0	267	千枚岩、板岩
合计			28 236.582			41 070	

表 1-7　辅助坑道涌水量预测及水文地质评价表

名称	长度/m	富水性分区	预测涌水量/(m³/d)	水文地质评价
店子坪一号斜井	1805	Ⅰ~Ⅱ	5 415~11 913	地层为千枚岩与灰岩互层，地下水主要赋存于灰岩及灰岩与千枚岩岩层接触带，存在岩溶水，岩层接触带集中突、涌水的可能。斜井井口一定段落与右侧一支沟近平行，且距离较近，该沟为季节性降水影响较大的有水沟谷，一般水量2 000 m³/d，该沟谷切割较深，节理裂隙发育，存在对斜井地下水侧向补给的可能性。另外斜井井口位于潘家沟边，沟水流量较大，斜井岩性为千枚岩与灰岩互层，在灰岩出露段由于其节理及溶隙发育，规律性较差，具有隐蔽等特点，因此存在沟水的近距离补给可能，施工中在隧道进口一定范围若出现较大涌水，应采取止水措施

1.2.5　特殊岩土和不良地质

特殊岩土主要为砂质黄土，分布于隧道进口山坡表层，厚2~12 m，具有Ⅰ级非自重湿陷性，对工程的影响不大。

不良地质主要有：

（1）岩溶。

自隧道进口至月照有灰岩分布，存在岩溶水，地下水主要储存于溶隙、管道及溶洞中，该类地下水主要受控于溶隙及溶洞规模、连通性及地表水的补给情况。根据岩溶水发育规律并结合勘测区构造裂隙与层面裂隙方向，测区地下水流方向与裂隙方向平行，但岩溶水形成地下河的形式比较复杂，可能存在单管形和树枝形两类，通过物探 FH4 测试隧道通过的灰岩区自地表至洞身范围未见有大型岩溶储存水体存在。

（2）地震区。

隧道范围地震动峰值加速度为 0.20 g，西秦岭特长隧道在 DIyK401+908～DIyK402+831 范围通过全新活动断裂 F_6，处于抗震不利地段。

（3）高岩温。

隧道区地下水发育，预测隧道区属地热正常地带，但根据其他铁路经验资料推测，岩温随隧道埋深增加而增加，每千米增温约 15.8 ℃，因此隧道埋深大于 900 m 且进入洞内 5 km 以内地段，岩温可达 28.8 ℃。

1.2.6　工程意义

近年来，隧道建设者们在一次次实践中已经探索出了一套基本完整的技术体系，成功地修建了新关角隧道、乌鞘岭隧道等特长隧道。

从 20 世纪 90 年代开始，我国的隧道建设进入 TBM 施工技术的新阶段以来，隧道建设者们先后成功地建成了秦岭隧道、磨沟岭隧道、桃花铺 2 号隧道、中天山隧道等标志性重点工程。西秦岭隧道作为兰渝铁路全线的控制性工程，经综合比选，主体采用 TBM 施工。而在像西秦岭隧道这样的复杂地质特长隧道的工程中，顺利进行 TBM 施工，仍面临着巨大的考验。中铁十八局集团有限公司在施工中不惧考验、迎难之上，组成青年突击队扎根西秦岭，成功地实现了西秦岭隧道中 TBM 的长距离、快速掘进。

西秦岭隧道采用 TBM 技术进行建设主要有 2 点重要的工程价值：一是西秦岭隧道作为兰渝铁路全线的重点项目控制性工程，它的顺利建成实现了兰渝铁路全线尽早地通车运营；二是西秦岭隧道的成功修建，为我国隧道建设者们采用 TBM 综合技术修建复杂地质特长隧道实现了又一次的技术跃升，同时推动了 TBM 产业的发展以及隧道施工机械化水平的提升，从而使得我国特长隧道修建技术的水平得到进一步的提高。

1.2.7　工程特点难点

西秦岭隧道主要的工程特点难点如下：

（1）地质条件复杂，施工难度较大。

西秦岭隧道最大埋深达 1 400 m，工程区域内变质岩、沉积岩均有分布，隧道穿过 F_6 区域性大断裂和 3 条次级断裂，构造裂隙水较为发育，施工中存在高地应力、高地温、突涌水、坍塌等地质灾害，施工难度大，TBM 施工风险高。

（2）大直径长距离 TBM 快速掘进。

西秦岭隧道 TBM 直径达 10.23 m，在国内的 TBM 隧道工程中，TBM 直径仅次于 12.4 m 的锦屏隧道。并且锦屏隧道 TBM 掘进距离约为 5 km，而西秦岭隧道 TBM 连续掘进长度达 15.83 km，这对大直径 TBM 隧道施工是个极大的挑战。

（3）全线重点控制性工程，工期要求紧。

西秦岭隧道作为兰渝铁路全线的控制性工程，计划贯通工期为 68 个月。如果按照传统的 TBM 施工方法，即按照先施工掘进贯通，然后进行 TBM 拆卸及退出，最后施作衬砌的单工序作业施工方法，很难满足较短的工期要求。

（4）隧道埋深大，辅助坑道条件差，超长距离施工通风难度大。

西秦岭隧道通过埋深大于 800 m 的段落超过 16 km，最大埋深达到 1 400 m，设置辅助坑道条件差。TBM 掘进距离超过 15 km，施工通风的难度很大。

2 TBM 概述及选型

2.1 TBM 工法概述

2.1.1 TBM 施工发展史

1. 国外 TBM 的发展

世界上第一台 TBM（Tunnel Boring Machine）诞生于 1846 年，由意大利人莫斯发明。1851 年，美国人查理士·威尔逊开发了一台连续掘进 TBM，并在花岗岩中试用，没有取得成功。1881 年波蒙特开发了压缩空气式 TBM，并成功应用于英吉利海峡隧道直径为 2.1 m 的勘探导坑的施工。

美国罗宾斯公司自 1952 年开发制造出了现代意义上的第 1 台软岩 TBM 后，1956 年又研制成功中硬岩 TBM。此后，TBM 进入了快速发展时期。目前，全世界范围内共有 30 多家 TBM 制造商。其中，最具实力的是：德国威尔特公司（中国中铁装备收购）、美国罗宾斯公司、德国海瑞克公司、加拿大拉瓦特公司及日本三菱公司等。国外 TBM 隧道施工技术已经相当成熟，这为复杂地质条件下的隧道工程建设提供了技术保障。

截至目前，全球已经生产了 700 多台 TBM 掘进机。在国外很多隧洞工程中，TBM 应用相当普遍，大部分 3 km 以上的隧洞，基本上都要求用 TBM 进行施工，特别是硬岩隧道中。国外 TBM 应用的典型案例见表 2-1 所示。

表 2-1 国外 TBM 典型工程案例

项目时间	项目名称	掘进长度/km	地质	TBM 直径	TBM 类型	国家
1990 至今	南非莱索托高地水利工程	200	玄武岩、砂岩、软弱泥岩、黏土岩	4.95	敞开式 TBM	南非
1995—1999	瑞士弗莱娜铁路隧道	19	沉积岩、岩浆岩、花岗岩	7.64	敞开式 TBM	瑞士
2002—2003	格鲁吉亚卡杜里水电站引水隧洞工程	6.5	砂岩、页岩、石英岩、石英砂岩	3.00	单护盾 TBM	格鲁吉亚

续表

项目时间	项目名称	掘进长度/km	地质	TBM直径	TBM类型	国家
2002—2007	西班牙瓜达拉马高速铁路隧道工程	28.4	片麻岩、沉积岩、变质沉积岩	9.45	双护盾TBM	西班牙
2003—2016	瑞士圣哥达铁路隧道工程	56.3	硬岩、两端角砾破碎岩体	8.83~9.53	敞开式TBM	瑞士
2005—2010	西班牙帕呢雷斯铁路隧道	30.4	硬岩砂岩、板岩	双护盾10.16 单护盾9.90	带护盾TBM	西班牙
2006—2013	加拿大尼亚拉加大瀑布水电站工程隧洞工程	10.4	硬岩、玄武岩	14.4	敞开式TBM	加拿大
2008—2009	瑞士乔因德斯安全隧道	3.2	硬岩、磨砾层灰岩	3.63	敞开式TBM	瑞士
2008—2016	瑞士德朗斯抽水蓄能电站	5.6	片麻岩、硬砂岩、花岗岩	9.4	敞开式TBM	瑞士
2009—2011	美国南科布隧道	8.7	硬岩、片麻岩、花岗岩	8.3	敞开式TBM	美国

2. 国内 TBM 的发展

从 20 世纪 60 年代中期开始，我国也开始了 TBM 掘进机的研制，基本上与美国佳伐公司、德国维尔特公司和德马克公司同时起步。我国 TBM 掘进机的发展前后共经历了以下三个阶段，分别为技术研究阶段、技术引进阶段和技术自主创新阶段。

（1）技术研究阶段。

我国从 1964 年开始研制 TBM 全断面掘进机。1965 年，TBM 的研制工作被列入了国家重点科研项目。当时的国家水电部抽调了该领域的先进技术力量，集中在上海水工机械厂进行 TBM 的现场设计制造。1966 年，成功设计组装出我国第一台 TBM 掘进机，该掘进机为 SJ34 型掘进机，刀盘直径 3.4 m。该 TBM 组装完成后，在云南下关的西洱河水电站引水隧道工程进行了工业性试验，西洱河水电站引水隧道的地质为花岗片麻岩及石灰岩，抗压强度为 100~240 MPa，最高月进尺为 48.5 m。该掘进机还被用于杭州王皇山、宝石山人防洞的开挖施工。这标志着我国 TBM 的研究开始进入了启动阶段。到了 20 世纪 70 年代初期，全国先后研制了多台各种直径的 TBM，但大多都因为关键技术不达标的原因而不能应用于工程施工中。

20 世纪 70 年代中期，国家有关部门组建了 TBM 办公室，集中多方力量进行技术研发攻关，并且通过组织出国考察、邀请外国专家来华座谈等技术交流活动收集到大量的技术资料。成功研制出了我国第二代 TBM，其中由上海水工机械厂研制的刀盘直径为 5.8 m 的 SJ58A 掘进机，成功应用于 1982—1984 年的河北引滦入唐工程施工。该掘进机共掘进 2 723 m，最高月进尺 213.4 m，最高日进尺 21.35 m。

（2）技术引进阶段。

到了 20 世纪 80 年代尾期，随着我国对外开放政策的进一步扩大，国外掘进机厂商开始大规模进入国内市场。在这期间，我国通过引用国外 TBM，修建了大量的代表性隧洞工程。此处简单罗列如下。

① 引大入秦工程：引大入秦工程的主要目的是将大通河河水引入兰州秦王川，工程总长度 86.9 km。其中，引大入秦工程 30A 号和 38 号输水隧洞，两隧洞总长度约为 17 km，该引水隧洞采用了美国罗宾斯公司制造的 ϕ5.53 m 双护盾 TBM，平均月进尺为 980 m，最高月进尺为 1 400 m。该工程地层主要为黄土、砂岩、泥质粉砂岩、砂砾岩、砾岩、板岩夹千枚岩、前震旦系结晶灰岩。

② 秦岭 I 线隧道：该隧道总长度为 18.456 km，工程采用了 TBM 法结合钻爆法进行施工，于 1996 年引进了两台 ϕ8.8 m 敞开式 TBM 进行掘进施工。其中秦岭北口 TBM 掘进段长度为 5.244 km，秦岭南口 TBM 掘进段长度为 5.621 km。该工程最高月进尺 551.82 m。

③ 磨沟岭隧道：磨沟岭隧道长度 6.114 km，采用 ϕ8.8 m 敞开式 TBM 进行施工，其中 TBM 掘进段长度为 4.653 km，施工中最高月进尺为 573.9 m。磨沟岭隧道中软岩段占了 70.5%，通过该隧道的施工，隧道建设者们成功掌握了敞开式 TBM 在软弱地层中的掘进技术。该隧道于 2002 年 11 月完工。

④ 中天山隧道：该隧道长度为 22.467 km，最大埋深为 1 728 m，于 2007 年 5 月开工建设。在中天山隧道工程中，存在明显的隧道涌水、突泥、高地应力和岩爆等不良地质工况。在施工中，中天山隧道采用了两台 ϕ8.8 m 的敞开式 TBM 掘进机与钻爆法结合进行施工。

⑤ 锦屏二级水电站：锦屏水电站的 4 条主洞中，有两条主洞采用了两台直径为 ϕ12.4 m 的敞开式 TBM 掘进机进行施工，于 2008 年开工建设。主洞长度为 16.7 km。地层以 II、III 类围岩为主，超过 90% 均为大理岩，抗压强度达到了 50~100 MPa。在锦屏水电站的施工中，遭遇了高压大涌水和极强的岩爆等工程难题。掘进期间最高月进尺为 683 m。

本书叙述的西秦岭特长隧道的施工时间阶段也处于我国 TBM 技术引进阶段。

（3）技术自主创新阶段。

到了 2013 年，我国的 TBM 技术进入了自主创新阶段，相关公司开始设计并制造具有完全自主知识产权的 TBM。国内研发 TBM 掘进机的主要公司有：铁建重工、中信重工、中铁装备及中船重工。其中铁建重工于 2013 年 8 月 3 日成功研发出世界首台长距离大坡度煤矿斜井 TBM，其开挖直径 ϕ7.62 m，具有土压平衡和单护盾两种模式。中信重工于 2013 年 8 月成功研发出了国内首台 ϕ5 m 敞开式 TBM，该掘进机曾用于洛阳故县引水工程隧道的施工。中铁装备于 2013 年 11 月 26 日成功购买德国维尔特 TBM 及竖井钻机相关知识产权。

国内 TBM 典型工程案例见表 2-2。

表 2-2 国内外 TBM 隧道应用实例

名称	开始时间	直径/m	TBM类型	掘进长度/km	工程地质与施工情况
天生桥水电工程	1985	10.8	敞开式	7.5	砂岩、灰岩,30~50 MPa;施工中故障率较高,平均月进尺为 65 m
引大入秦	1991	5.53	双护盾	17	泥岩、砂岩、砂砾岩,2.8~133 MPa;平均月进尺 980 m
秦岭Ⅰ线隧道	1995	8.8	敞开式	10.8	混合花岗岩、混合片麻岩为主,78~325 MPa;最高月进尺 528.48 m
桃花铺1号隧道	2000	8.8	敞开式	6.2	石英岩、大理岩,95~200 MPa;最高月进尺 551.82 m
磨沟岭铁路隧道	2000	8.8	敞开式	4.7	石英片岩、大理岩夹云母石英岩,48~90 MPa;最高月进尺 573.9 m
中天山铁路隧道	2007	8.8	敞开式	22.5	变质砂岩、变质角斑岩、花岗岩等
锦屏Ⅱ级水电站引水隧道工程	2008	12.4	敞开式	16.7	大理岩、灰岩、砂岩及板岩等,50~100 MPa;最高月进尺 683 m
兰州水源地工程	2015	5.49	双护盾	24.4	石英闪长岩、石英片岩、花岗岩、变质安山岩,15~75 MPa

2.1.2 TBM 工作原理

TBM 全断面隧道掘进机采用了类似机器人的技术,是集机、光、电、气、液、信息技术于一体的大型隧道施工专用设备。运用了机械、电气和液压领域的高科技成果,采用计算机控制、闭路电视监视、工厂化作业,使掘进、支护、出渣、运输同步进行。掘进机主要由刀盘、机架、推进缸、套架、支撑缸、机房、皮带机及电动机等组成。其基本工作原理如下:

(1) 破岩机理。

在推力作用下,安装在刀盘上的盘形滚刀紧压岩面,随着刀盘的旋转,盘形滚刀绕刀盘中心轴公转的同时绕自身轴线自转,在刀盘强大的推力、扭矩作用下,滚刀在掌子面固定的同心圆切缝上滚动,当推力超过岩石的抗压强度时,盘形滚刀下的岩石直接破碎,盘形滚刀贯入岩石,掌子面被盘形滚刀挤压碎裂而形成多道同心圆沟槽,随着沟槽深度的增加,岩体表面裂纹加深扩大,当超过岩石的剪切和拉伸强度时,相邻同心圆沟槽间的岩石成片剥落。

(2) 掘进工作原理。

掘进机支撑板撑紧洞壁以承受刀盘掘进时传来的反作用、反扭矩;刀盘旋转,推进液压缸推压刀盘,一组盘形滚刀切入岩石,在岩面上作同心圆轨迹滚动破岩,岩渣靠自重掉入洞底,由铲斗铲起,岩渣靠自重经溜槽落入皮带机出渣,这样连续掘进成洞。刀具破岩原理图如图 2-1 所示。

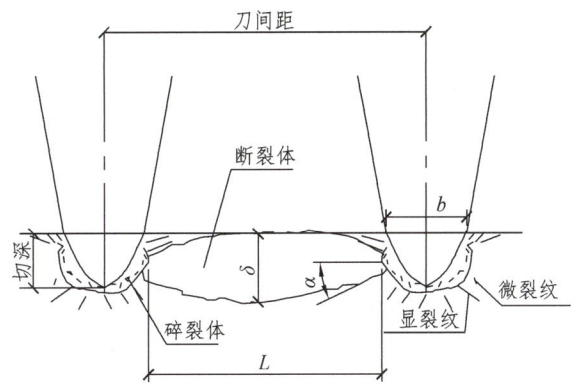

图 2-1　TBM 刀具破岩原理图

采用 TBM 施工，无论是在隧道的一次成型、施工进度、施工安全、施工环境、工程质量等方面，还是在人力资源的配置方面与传统的施工方法比都有了质的飞跃。目前已广泛应用于地铁、公路、铁路、水电、市政等隧道工程，具有安全、快速、自动化程度高、对环境影响小、实现工厂化作业的特点。

2.1.3　TBM 掘进机的分类和特点

1. 按照围岩地质条件分类

（1）在岩层中开挖隧道的 TBM：此类 TBM 通常用于在稳定性良好、中厚埋深、中高强度的岩层中掘进隧道，此类掘进机在施工中需要考虑的基本问题是如何破岩。

（2）在松软地层中开挖隧道的 TBM：此类 TBM 通常用于具有有限压力的地下水位以下的基本均质软弱地层中开挖有限长度的隧道，此类掘进机在施工中需要考虑的基本问题是如何保持裸洞和开挖掌子面的稳定。

2. 按照开挖直径分类

（1）微型 TBM：开挖直径在 25～300 cm，此类 TBM 直径较小，工作空间狭小。

（2）中型 TBM：开挖直径为 300～800 cm，此类 TBM 工作空间基本充足。

（3）巨型 TBM：开挖直径大于 800 cm，此类 TBM 用于大断面隧道施工，在西秦岭特长隧道中使用的就是巨型 TBM。

3. 按照护盾类型分类

（1）敞开式 TBM。

大部分敞开式 TBM 是没有护盾包围的，敞开式 TBM 机头由机头架和大梁组成，机头架是支撑刀盘并向刀盘传递动力的构件，装有驱动刀盘的传动系统、大轴承、密封和稀油润滑装置，还包括有导向壳体组件。敞开式 TBM 的支撑和推进机构由 4～6 只推进液压缸、一组或两组水平支撑机构和浮动支撑机构组成。水平支撑机构由左右水平液压缸和水平支撑板组成，浮动支撑机构由浮动支撑液压缸、鞍座和十字销机构组成。在敞开式 TBM 掘进时，水平支撑板被水平支撑液压缸的推力撑紧在岩壁上，水平液压以水平支撑板为支点，将推力施加给导向壳体和刀盘，推动刀盘破岩掘进。同时，在敞开式 TBM 上，一般都配备了钢拱架安装器和喷锚等辅助设备以满足不同地质条件下的施工。在采取有效的支护手段后，敞开式 TBM 同样可以应用于软弱地层的施工。

敞开式 TBM 在施工中，转向灵活易于控制，易于精确调整方向；能够及时对不良地层进行支护，时空效应好，不易塌方；在 TBM 上加装了锚杆机、混凝土喷射机、钢拱架安装机及超前钻机，并且在确定刀间距、推力、扭矩的参数以及撑靴的支撑力上，可以适应软岩、硬岩的切削特性。

（2）双护盾 TBM。

双护盾式 TBM 除了刀盘之外，全部被两个护盾包围着，分为前部、中部、后部三部分护盾。其中，前部护盾包括支撑壳体、刀盘、刀盘驱动传动系统以及 4 个撑紧前护盾的撑紧液压缸和管片安装装置。撑紧机构由撑紧弧板及撑紧液压缸均匀地布置在中部护盾的周边，每个推进液压缸的前端与前部护盾铰接，后端与后部护盾铰接。由于双护盾 TBM 有两个护盾，一个支撑靴，在地质条件较好的工段，支撑靴伸出，承受 TBM 前进时的反力，掘进和衬砌可以同时进行。在地质条件较差的工段，支撑靴缩回，形成一个护盾，由辅助推进液压缸顶在管片上前进。双护盾 TBM 适用于各种地质，既适用于软岩，也适应硬岩地段的施工。

（3）单护盾 TBM。

单护盾 TBM 除了刀盘外机头部分，其他部分全部由一个钢制护盾包围。护盾的基本作用是作为临时支护，护盾上还装有密封件以防设备进水。所以单护盾 TBM 多用于条件较差的地层中。单护盾 TBM 在推进时，利用管片作为支撑，其作业原理类似于盾构。单护盾 TBM 与双护盾 TBM 的区别在于，单护盾 TBM 施工时，掘进和衬砌不能同时进行，施工速度较慢。单护盾 TBM 与盾构的区别在于，盾构采用的是螺旋输送机出渣或泥浆泵出渣，而单护盾 TBM 通常采用皮带机出渣；并且盾构采用土压力或泥水压力来平衡开挖面的水土压力，而单护盾 TBM 不具备平衡掌子面的功能。

通常情况下，当整条隧道地质情况都比较差的作业条件下，优先考虑使用单护盾 TBM；在良好的地质条件中，则优先考虑使用敞开式 TBM；而双护盾 TBM 则通常用于复杂地层的长隧道开挖，一般适用于中厚埋深、中高强度、地质稳定性基本良好的隧道，对各种不良地质和岩石强度变化有较好适应性。图 2-2 分别展示了敞开式 TBM、双护盾 TBM、单护盾 TBM 及斜井 TBM。

（a）敞开式 TBM

（b）双护盾 TBM

（a）单护盾 TBM

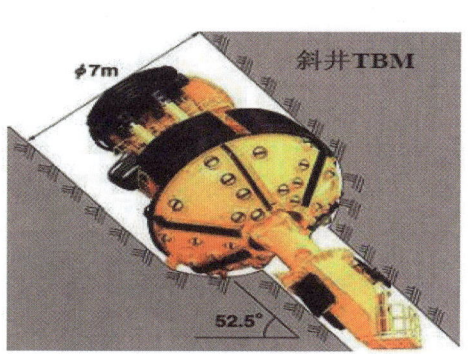
（b）斜井 TBM

图 2-2　各类圆形断面 TBM 掘进机

2.1.4　TBM 掘进系统介绍

TBM 掘进系统主要包括主机系统和后配套系统。

1. 主机系统

（1）支撑系统：支撑系统是 TBM 的固定部分，当 TBM 在掘进时，支撑系统支撑着设备的重量，并通过撑靴将推力和扭矩的反力传递给洞壁，撑靴通过球形铰自动均匀地支撑在洞壁上。每一对撑靴都可以单独地移动，以此来适应不同间距下钢拱架的安装。

（2）刀盘：较大直径的滚刀可以承受更大的推力，但在大推力下施工又会缩短轴承的使用寿命，并且需要频繁换刀，反而增加了施工时间，通常不推荐采用大直径盘形滚刀。

（3）驱动系统：刀盘的驱动分为了电动和液压两类，其中电动又分为单速、双速和调频。通常刀盘的调速方式都采用无级调速，该方式可以在掘进过程中有效地适应不同条件下的岩石。当围岩较硬时，可以加快刀盘转速，加大刀盘推力；当处于较软围岩中时，可以提高扭矩，减慢刀盘转速。

2. 后配套系统

后配套系统安装在主机后面的平台车上，主要包括运输系统、施工通风、除尘和降温系统、支护系统以及激光导向系统等。

（1）运输系统。

国内外目前在 TBM 的施工中通常采用的出渣方式有：有轨运输、无轨运输和皮带机运输。

① 有轨运输是用机车牵引斗车出渣，机车分为内燃机车、电瓶机车和架线式电力机车。电瓶车使用方便灵活且无污染，但电瓶寿命短，效率低，牵引动力不足；架线式电力机车同样无污染，使用方便，但需要随时架线；内燃机车虽然会产生一定的污染，但是牵引动力足够，使用寿命较长，仍然是长大隧道工程 TBM 施工中的首选。

② 无轨运输在施工中污染较为严重，通风所需的费用较高，附件洞室的施工工程量也较大，通常在隧道开挖长度大于 2 km 时，不推荐采用无轨运输的方式。

③ 皮带运输通常指连续皮带机运输，其优点是出渣效率高，产生的污染较小，通风所需的费用也较少，对施工的干扰小，一旦出现故障，出渣系统将失去作用，所需要的检修、维护时间长。

（2）施工通风、除尘和降温系统。

① 通风系统：TBM 的施工通风比传统的钻爆法巷道式通风更为便捷，只要确定了标准，进行了合理的设计，有一定的管理水平，便可以满足施工的要求。

② 除尘系统：在 TBM 刀盘的正面安装有喷水装置，可以有效降低刀具在切削中产生的粉尘。但主要的除尘任务还是由除尘器负责。

③ 降温系统：通过系统中串入空气和冷水对石渣和机械部分进行降温。

（3）支护系统。

在进行 TBM 掘进施工时，要对地质的变化因素进行充分的考虑，要确保掘进机具有快速掘进的能力，并且具有在软弱地质条件下安全通过的能力。因此，在特殊地质条件下，即使选用了双护盾掘进机，也应该考虑超前预报和支护结构的计划；在使用敞开式掘进机时，更要加强对支护结构的选择。

施工中的钢拱架要紧跟着刀盘对岩石进行支护，钢拱架的类型主要为工字型或 H 型，同时钢拱架要与仰拱预制块衔接。

TBM 上配备的锚杆机通常可以完成拱部 180°范围内的锚杆作业，锚杆作业与主机作业往往同时进行。

（4）激光导向系统。

TBM 激光导向系统主要由激光测量单元、后视棱镜和前视棱镜单元、测倾仪单元、控制单元、数据传输等单元组成。TBM 激光导向系统具有数据的输入和输出功能、数据的处理与存储功能、自动监测功能及数据传输抗强电干扰的功能。

2.1.5 影响 TBM 施工的地质因素

TBM 是专用性较强的工程机械，其对地质条件的适用性不算太完美，地质条件在很大程度上成了 TBM 施工重要的限制因素。地质条件的优劣、岩石的强度、耐磨性及岩体结构面的发育程度等决定了 TBM 的选型及其工作效率能否正常发挥。限制 TBM 正常施工的主要地质因素如下：

（1）岩石的硬度和耐磨性。

岩石的硬度和耐磨性主要由其矿物成分中的石英、长石等决定，石英、长石的含量越高，则岩石的硬度越高，耐磨性越大。尤其是当围岩中，石英、长石含量达到 70% 以上时，其单轴抗压强度往往会达到 300 MPa 以上。高硬度、大耐磨性的岩石，对刀具的磨损很大，使刀具不能获得足够的推力，会很大程度上的限制 TBM 的掘进效率，影响施工进度。通常 TBM 主要适宜在匀质的中硬岩和软岩中施工。

（2）岩石单轴抗压强度。

岩石的类型是影响 TBM 掘进效率的一个重要因素，通常掘进机用盘形滚刀进行破岩时，滚刀贯入岩石边缘下部会产生较高的应力场，同时在岩石上产生综合裂隙，开挖面上的岩石在与滚刀的接触带上会产生一个半圆形的挤压带，挤压带内的岩石在滚刀的作用下产生拉张裂隙并向挤压带外围扩张。通常大多数 TBM 适用的岩石单轴抗压强度的范围为 30~150 MPa，TBM 所能承受的岩石极限单轴抗压强度为 350 MPa。当岩石的单轴抗压强度超过 350 MPa 时，目前的刀具质量还无法实现破岩。

（3）结构面发育程度及其产状。

岩体结构面的发育程度及其产状对 TBM 掘进效率的影响也比较显著。在岩体中某些结构面的发育，比如节理、裂隙的发育会一定程度上地帮助 TBM 进行破岩。适当地节理间距可以有效地提高 TBM 的破岩效率，但当节理间距过大或过小都不利于 TBM 破岩。同时，节理的产状也对 TBM 破岩有较大的影响，当节理的走向与隧道轴线的走向交角较大且倾角也较大时，有利于 TBM 的破岩，因为在两个刀具间可以形成贯通的拉张裂隙。

（4）岩体完整程度。

岩体的完整程度同样会影响 TBM 的破岩效率，当岩体完整时，岩石上拉张裂隙的形成完全由刀具的切割产生，需要刀具做大量的施工，降低了 TBM 的掘进效率；当岩体较为破碎时，刀具直接贯入岩石，不容易产生挤压带，同样会降低 TBM 的掘进效率。TBM 施工中所适应的岩石完整程度为 $0.25<K<0.7$，（K 为岩石完整性系数）。

2.1.6　TBM 施工优缺点

1. 优　点

TBM 施工的优点主要有：

（1）快速。

TBM 作为一种集机、电、液压、传感、信息技术于一体的隧道施工成套设备，可以实现连续掘进并同时完成破岩、出渣、支护等作业，掘进速度快，效率高。它将钻爆法打眼、爆破、排尘、出渣等作业进行合成，从根本上克服了钻爆法工序多、施工干扰大、超欠挖严重、安全性风险高、环境条件差及劳动强度大等缺点并使各工序连续作业，实现了工厂化施工。

（2）优质。

TBM 靠机械能采用滚刀切削岩石，其刀盘外径就是开挖所需尺寸，一次成形的洞壁不仅表面光滑，超欠挖量极少，而且能够最大限度地发挥和利用围岩的自稳能力。TBM 可根据需要配备一定数量的辅助设备，从而做到边掘进边进行各种形式的支护，如锚固、挂网、喷混凝土、设置钢梁钢拱架等，由于开挖面规则，对原岩节理和地质条件的影响非常小。

（3）高效。

TBM 具有快速施工的特点，大大地缩短了工程的建设工期和提前投入使用的时间，可较早地实现其经济效益和社会发展产能效益。同时由于超挖量小可节省大量二次衬砌费用，降低劳动强度和材料消耗。

（4）安全。

TBM 的施工作业特点，改善了作业人员的洞内劳动条件，减轻了体力劳动量，可防止掘进到中等稳定地层时顶板冒落，避免了爆破施工可能造成的人员伤害，保护人员设备的安全。

（5）环保。

TBM 施工不用爆破，作业现场环境污染小；避免了极为严重的洞内施工污染，创造了良好的劳动条件，实现了工厂化的文明施工，保护了生态环境；同时减少了长大隧道的辅助导坑数量，进而减少了隧道施工造成的水土流失，有利于环境保护。

（6）自动化、信息化程度高。

TBM 所采用的计算机控制、传感器、激光导向、测量、超前地质探测、通信等技术是集机、光、电、气、液、传感信息技术于一体的隧道施工成套技术，自动化程度很高；其在施工过程中，可实现数据采集、加工、处理和传输及姿态的调整等功能，信息化程度很高。

2. 缺 点

同时，TBM 施工也存在着一定的不足：

（1）地质适应性较差。

TBM 对隧道的地层最为敏感，不同类型的 TBM 适用的地层也不同。一般的软岩、硬岩、断层破碎带可采用不同类型的 TBM 并辅以必要的预加固和支护设备进行掘进，但对于大型的岩溶暗河发育的隧道、高地应力隧道、软岩大变形隧道、可能发生较大规模突水涌泥等特殊不良地质隧道，则不适合采用 TBM 施工。在这些情况下，采用钻爆法更能发挥其机动灵活的优越性。

（2）不适宜中、短距离隧道的施工。

由于 TBM 体积庞大，运输较困难，施工准备和辅助施工的配套系统较复杂，加工制造周期长，因此对于中短距离隧道很难发挥其优越性。

（3）断面适应性较差。

断面直径过小时，后配套系统不易布置，施工较困难；而断面过大时又会带来电能不足、运输困难、造价昂贵等种种问题。一般地说，直径在 3～12 m 的隧道较适宜采用 TBM 施工；直径在 12～15 m 的隧道应根据围岩情况和掘进长度、外界条件等因素综合比较；对于直径大于 15 m 的隧道，则不宜采用 TBM 施工。变断面隧道也不能采用 TBM 施工。

（4）运输困难，对施工场地有特殊要求。

TBM 属大型专用设备，全套设备重达几千吨，最大部件重量达上百吨，拼装长度最长达 200 m。同时洞外配套设施多，主要有混凝土搅拌系统、预制厂、修理车间、配件库、材料库、供水、供电、供风系统、出渣系统，装卸调运系统，进场场区道路，TBM 组装场地等。这些对隧道的施工场地和运输方案等都提出了很高的要求。有些隧道虽然长度和地质条件较适合 TBM 施工，但运输道路难以满足要求，或者现场不具备布置 TBM 施工场地的条件等都是 TBM 特殊要求的体现。

（5）经济性相对较差。

选择何种施工方法所考虑的另一个主要因素就是经济性。TBM 不但一次性配套费用高，并要求隧洞工程有一定长度，且直径与费用成正比。再者，TBM 一机一洞，即一个隧道施工完后下一个工程的断面必须与前一次施工的断面相同，否则即使设备完好也难物尽其用。倘若首次使用的型号不能兼顾或继续使用，则该项目在长度、断面及一次性费用等方面的经济问题就显得尤为突出。

2.2 TBM 选型及相关参数

2.2.1 TBM 选型

西秦岭隧道在进行 TBM 选型时，不但要保证 TBM 可以满足西秦岭隧道段内的地质条件，而且要求 TBM 可以适应西秦岭隧道掘进段超长距离、快速掘进的技术条件。在进行 TBM 类型、技术参数与系统配置时考虑了以下几个关键点：地质条件的适应性，工程工期的要求，施工工艺和施工方法的需求，对设备耐久性的要求。

针对上述关键点，中铁十八局集团有限公司在进行 TBM 设备选型时，考虑了如下的主要技术要求：

（1）刀盘：刀盘要求使用优质的材料和先进工艺进行制造，要充分保证刀盘的耐磨性；同时刀盘要具有合理的结构，保证刮渣板等零件可以进行方便的更换；此外刀盘要对进入内部的石渣尺寸进行有效的限制，避免对刀盘内部结构造成损坏；并且刀盘的结构和强度要保证可以满足西秦岭隧道长距离快速掘进要求；最后还要求刀盘应该具有可伸缩的扩孔装置或者保证可以扩孔的相应措施。

（2）刀具：首先刀具要匹配相对型号较大的盘形滚刀，然后刀具应当要具有相对良好的固定方式，此外刀具的换刀模式要求可以进行简单、快捷的背装式换刀。

（3）主轴承：首先需要考虑的是，主轴承要具有较高并且可靠的寿命，要具备至少可以满足 20 km 快速掘进的要求，以此满足西秦岭特长隧道的掘进施工；同时，要求主轴承具有较高的承载能力，且受力情况合理，不会出现明显的应力集中现象；此外要求主轴承应该采用优质的密封和润滑；并且要保证主轴承上相对运动部件具有良好的耐磨性能；最后施工中也要考虑及时、准确地对主轴承进行检查监测，实时掌握主轴承的磨损状态。

（4）刀盘驱动：首先，刀盘驱动要考虑采用可以反转的 VFD 无级变频调速的电机驱动；同时，刀盘驱动要具有可靠的冷却方式；最后，要保证刀盘驱动的传动和减速装置可以耐受冲击，驱动的寿命可以满足西秦岭隧道的施工需求。

（5）护盾：首先，应该考虑采用具有合理结构且材料与制造工艺先进的护盾；同时，护盾要能够有效地减小施工过程中产生的振动，起到保护刀盘、驱动组件等设备的作用；此外要考虑护盾的下部支撑可以有效清除洞底的废渣。

（6）支撑调向与推进系统：首先，该系统应该具有较大的推力和与之相适应的水平支撑力，以此满足隧道施工中的掘进；同时，要保证所选撑靴的结构合理，可以适合西秦岭隧道工程地质条件及所需要的支护方式；此外，要考虑系统的调向操作应当便捷，要保证施工中在掘进和换步时都可以实现调向；最后要考虑相对运动部件动作的灵活及平顺，在换步时，方便且节约时间。

（7）TBM 主梁：主梁应该具有合理的结构，具有先进的加工工艺，主梁要求具备较高的强度和刚度,并且要具有耐冲击的特性。

(8)后配套系统:同样应该具有合理的结构,并且要具有充足的强度和空间,后配套系统的附属设备布置要合理。

(9)钢支撑支护设备:首先,在选型时要考虑钢支撑支护设备可以实现运输、拼装、定位、撑紧等一系列工序的要求;并且,该设备应当具备相应的保护措施,可以确保施工中人员与设备的安全;同时,该设备要求可以与隧道的掘进进行同步施工,以此提高施工效率。

(10)锚杆钻机:首先,在选型时要求锚杆钻机具有较大的钻孔范围(圆周方向270°);同时,要保证钻机的钻孔直径不小于38 mm,钻孔深度不小于3.5 m,施工中可以实现锚杆的机械安装;最后,同样要保证锚杆钻机具有一定的操作安全性。

(11)管棚钻机:首先,要求管棚钻机具备高效的成孔效率、可以进行跟管作业;同时,要保证管棚钻机操作方便;此外,钻机的超前支护范围要满足西秦岭隧道的施工需求,要具有相应的配套注浆设备。

(12)喷锚设备:首先,要求喷锚设备在刀盘后部可以支持施工人员进行手动超前喷锚;同时,混凝土泵要具有可靠的性能;此外,喷锚设备要满足施工人员在施工中可以靠近掌子面;最后,相应的速凝剂泵要保证计量准确、适应性强、耐腐蚀,并应该配备能够满足施工需求的压缩空气系统。

(13)配变电设备:首先,需要配备两台变压器并联运行向VFD进行供电,另外有一台为其他设备进行供电;同时,应该保证配变电设备可以实现安全的独立操作,对其输出电压进行合理分配,以满足各部位的需求;最后,要完善相应的安全保护措施,对应急发电机组进行合理的配置。

(14)PLC系统:PLC系统要求采用世界知名品牌的先进产品,并且要保证系统可以进行扩充,可以实现各主要功能的合理协调。

(15)液压系统:TBM的液压系统要求全部采用世界知名品牌的先进产品。

(16)通风除尘系统:首先,要求可以向TBM施工区提供足够的通风量与风压;同时,要配备环保的空气冷却装置;此外,要对风机和风管的布设进行合理选择,要保证通风管路可以随掘进不间断延伸。除尘系统要保证施工环境经除尘器净化后可以满足我国有关规定,对有害气体采用合理科学的检测措施。

(17)给排水设备:首先,给排水设备要保证清水箱具有足够的容量,配备有性能良好的过滤器和硬水软化装置;同时,要保证水箱用水泵可以满足刀盘喷水、冲洗、打锚杆、出渣时降尘等施工用水的需求;此外,给排水设备应当设计有冷却用水的单独闭路循环系统,可以满足刀盘驱动、液压、润滑等系统的冷却使用;给排水设备还要确保供水管路可以随着TBM的掘进进行不间断地延伸,并且刀盘后部应该设置合适的潜水泵,在反坡和涌水时进行施工排水;最后,还要确保给排水设备的污水箱容量足够并且具有良好的沉淀功能,污水排水泵具有足够的流量与扬程。

(18)空压机:空压机的配置应该根据TBM配备的喷锚设备和配置的其他风动工

具来进行，针对西秦岭隧道的施工，需要配置适宜的螺旋式空压机，并且要确保风量与风压可以满足施工的需求。

（19）数据采集系统：TBM 的数据采集系统要保证可以进行各种传感器的合理布设；并且在施工中可以进行整机主要工作参数的采集，可以自动保存至微机，以供随时查阅。

（20）测量系统：TBM 的测量系统应该选配世界知名品牌的先进激光导向测量设备，可以准确提供西秦岭隧道施工中 TBM 的当前方位并准确预测下一掘进循环中 TBM 的方位。

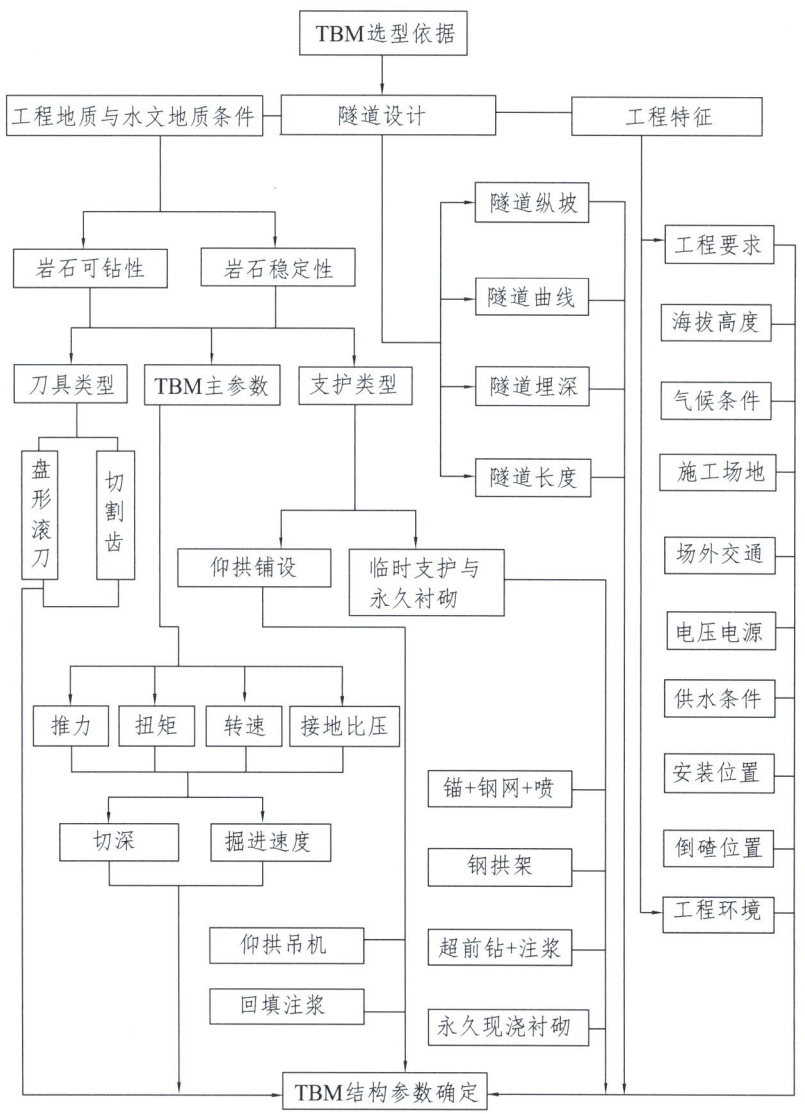

图 2-3　TBM 选型依据流程图

TBM 选型依据图 2-3 所示步骤进行，主要考虑工程地质与水文地质条件、隧道设计及工程特征三个主要方向。中铁十八局集团有限公司通过进行广泛的调查与研究、TBM 现场实地考察、同类 TBM 对比分析等工作，分别考虑各主要方向的要求和所需条件，最终确定 TBM 结构及主要技术参数。

在 TBM 的选型过程中，对三家 TBM 制造商提供的掘进机技术参数指标进行了分析与评价如下：

（1）似性能：三种厂家的 TBM 掘进机均采用主梁水平支撑模式，功率和推力的选择也大体相近。TBM 刀盘均为分体组装，锚杆钻机、超前钻机等辅助设备的选型也基本相似。

（2）灵活性：厂家一提供的 TBM 长度最长但其转弯半径相对较小，灵活性要优于其他厂家提供的设备。

（3）刀盘、刀具：三家厂商 TBM 配备的刀盘和刀具都具有各自特有的特点，各有所长。但是厂家一使用的为 19 英寸（1 英寸 = 2.54 cm）盘型滚刀，该种刀具的承载能力大，破岩能力强，可以满足掘进过程中的快速施工。

（4）刀盘驱动：三家厂商的刀盘驱动功率基本上大体相近。厂家二的 TBM 刀盘驱动可以提供出更大的扭矩输出，这一特点有利于在西秦岭隧道具有收敛性的岩层中进行掘进；厂家一的 TBM 主轴承寿命具有显著的优势，可以保障西秦岭隧道 16 km 的长距离快速掘进，厂家一的主轴承寿命超过 17500 h，而其他两家厂商的 TBM 主轴承寿命约为 15000 h 左右。

（5）推进系统：三家厂商的推进系统基本相似，但是厂家二的 TBM 油缸回收速度快，可以缩短换步的时间，可以提高 TBM 的掘进效率。

（6）撑靴：厂家一 TBM 中的撑靴可以提供的最小接地比压 2.8 MPa，这一特点有利于 TBM 在软弱围岩中的掘进。

（7）主机皮带机：在三家厂商提供的主机皮带机中，厂家一具有明显的优势，厂家一提供的皮带机功率最小，转速慢，但是其输送能力最强，输送能力高于其他两家厂商设备 400 m³/h。

（8）混凝土喷射系统：在混凝土喷射系统方面，厂家三要略占优势。厂家三的混凝土喷射系统设计了 4 个喷锚机械手，增加了在撑靴前方进行超前喷射的两个机械手，这一设计有利于施工中软弱围岩段进行早封闭，在地质条件较差的洞段 TBM 掘进中具有一定的优势。

（9）装机功率：在装机功率方面，三个厂家各有优势。但是厂家一在配置污水外排、污水泵等方面，选型的设备使用范围大，可以更好地适用于西秦岭隧道中反坡排水，可以保证施工中 TBM 的快速掘进。

（10）后配套结构：在这个方面厂家一具有明显的优势，厂家一采用了封闭式门架结构可以更好地满足西秦岭隧道的掘进施工。

（11）除尘风机：在这个方面，同样厂家一要更具优势。其选用的除尘风机功率最高，除尘能力最强，可以保证隧道内的空气质量，促进施工中 TBM 的快速掘进。

（12）后配套皮带机：对比三家厂商提供的后配套皮带机，厂家一提供的皮带机功率较低，但出渣运输能力最强，具有明显的优势。

同时，TBM 选型考虑必须适应本工程地质条件，满足长距离快速掘进的要求，确保工期。本工程 TBM 施工段位于陇南至洛塘河间，线路穿越秦岭山脉。西秦岭隧道由西北向东南展布，穿行于秦岭高中山区，地势总体趋势西高东低，山体陡峻，沟谷深切多呈"V"字形，高程多在 1 000～2 400 m，隧道最大埋深约 1 400 m。工程范围内的地层主要为：第四系全新统松散层，石炭系下统砂质千枚岩，泥盆系下统灰岩、千枚岩，下元古界灰岩、变砂岩夹砂质千枚岩、变砂岩、砂质千枚岩，断层角砾岩和断层泥砾。围岩级别多为Ⅲ级，岩体多较完整，局部整体性差。正常涌水量为 42566 m^3/d，最大涌水量为 129 209 m^3/d。因而 TBM 选型必须针对性强，完全适应本工程 TBM 施工段的工程要求。

通过对三家厂商提供选型的 TBM 主要性能与技术参数进行对比分析，结合西秦岭隧道掘进距离长，工期时间紧，地质条件复杂，Ⅲ级围岩段居多的技术要求，确定了厂家一提供的 TBM 掘进机更适用于西秦岭隧道的施工。

根据西秦岭隧道地质条件、技术规范、工期要求，结合相关 TBM 施工经验，综合考虑掘进机施工的掘进速度、机器利用率、隧道岩石情况、支护类型等，最后选定的掘进机类型为敞开式全断面硬岩掘进机，刀盘直径 10.23 m（刀具磨损后最小洞径 10.2 m），每循环掘进行程为 1.8 m。该机要求有：快速的施工效率，Ⅲ级围岩平均月进尺不少于 450 m；各工序平行作业，可同时完成隧道开挖及初期支护的全部工作，以保证高效率；连续的生产能力；高度安全（人员、设备）的工作环境。由于开挖出的石渣运量大、运距长，TBM 施工需运输的材料又比较多，根据相关要求，并从利于运输及节约成本的角度考虑，实际施工中采用的出渣方式为连续皮带机出渣。

主梁式的掘进机具有以下的优点：首先，主梁式掘进机结构简单，施工中快速灵活。因为只有一对水平浮动支撑，在换步时速度快，提高了 TBM 的掘进速度。同时，该掘进机转弯半径小，施工中转向灵活；并且该掘进机对于在岩质均匀，单轴抗压强度为 40～100 MPa 的围岩中的施工具有突出的优势。此外，该掘进机可以利用水平浮动支撑、推进油缸、斜油缸、侧支承来进行水平、垂直调向，施工人员操作方便并且可以在掘进中进行调向；该掘进机还配备有钢丝网安装机，保证施工的方便快捷；该掘进机的刀盘表面采用耐磨合金板进行焊接，有效提高了设备的耐磨性；掘进机刀盘采用 19 英寸滚刀，可以承受的推力大，破岩量大，增大了 TBM 掘进进尺；该掘进机刀具的固定模式采用的是稳定可靠的楔形固定，可以使刀具故障率大大降低。

2.2.2 TBM 主要技术参数

西秦岭隧道采用的 TBM 掘进机由美国罗宾斯公司设计、提供相应的技术支持，并且由我国南车集团成都隧道装备有限公司进行生产制造，关键的核心部件进行全球采购。该 TBM 掘进机为目前国内最大的硬岩敞开式全断面隧道掘进机。见图 2-4 所示。该机主要分为三个部分：主机、连接桥和后配套，刀盘直径为 10.23 m，整机全长 180 m 左右，总重量约为 1 800 t，采用美国罗宾斯公司拥有全球专利的 19 英寸滚刀技术，大幅度地提高了掘进机的使用效率，确保了整机的质量和技术的先进性。其主要技术参数见表 2-3 所示。

图 2-4 用于西秦岭隧道施工的敞开式 TBM

表 2-3 敞开式 OT10.2-TBM 主要技术参数表

主部件名称	细目部件名称	技术参数
	主机长度	26 m
	整机长度	160 m
	整机质量	1 600 t
	最小转弯半径	650 m
刀盘	刀盘型式/材质	A588/A36
	分块数量	6 块
	质量	190 t
	开挖直径	10.2 m
	中心刀数量/直径	4 把/432 mm
	正滚刀数量/直径	54 把/483 mm
	边滚刀数量/直径	9 把/483 mm
	刀具额定载荷	311 kN
	扩挖刀（最大扩挖量）	100 mm
	换刀方式	前/背

续表

主部件名称	细目部件名称	技术参数
刀盘驱动	驱动型式	变频
	功率	12×315 kN = 3 780 kN
	转速	0～8.0 rpm
	额定扭矩	9 864 kN·m
	脱困扭矩	14 783 kN·m
	主轴承寿命	17500 h
	主轴承密封形式	内外唇密封
推进系统	油缸数量	4个
	油缸行程	2000 mm
	最大伸出速度	100 mm/min
	最大回缩速度	500 mm/min
	总推力	33 500 kN
撑靴	油缸数量	2个
	油缸行程	635 mm
	总的有效支撑力	74 000 kN
	最大接地比压	2.8 MPa
主机皮带输送机	皮带宽度	1 370 mm
	皮带机长度	23.4 m
	皮运行速度	2.1 m/s
	出渣能力	1 388 m^3/h
翻渣机	规格型号	侧翻
	能力	25 t/h
	翻转角度	170°
	翻车数量	1个
仰拱块安装机	起吊质量	16 t
锚杆钻机系统	规格型号	ATLAS COPCO 1838
	数量	2个
	钻孔范围	360°
	冲击功	20 kN
混凝土喷射系统	控制方式	湿式
	混凝土输送泵的型号/数量	2台
	机械手数量	2个

续表

主部件名称	细目部件名称	技术参数
混凝土喷射系统	喷射范围	340°
	移动行程	12 m
	混凝土罐的容量/数量	6 m³
电气系统	变压器容量	2×3 000 kW 1×1 500 kW
	功率因素修正	>0.95 kW
	变压器防护等级	IP55
	初级电压	10 kV
	次级电压	690/400/230V
	应急发电机容量	100 kW
	电缆卷筒存储能力	400 m
装机功率	刀盘驱动	12×315 kW=3780 kW
	主轴承润滑脂泵	75 kW
	推进系统	100 kW
	仰拱块安装机	50 kW
	仰拱块拖拉系统	20 kW
	锚杆钻机	110 kW
	喷射系统	44 kW
	后配套皮带机	75 kW
	主机皮带机	75 kW
	除尘器	184 kW
	二次通风机	75 kW
	空压机	150 kW
	供水系统	20 kW
	污水泵	100 kW
	污水外排	75 kW
	其他设备	300 kW
后配套拖拉油缸	数量	2个
	拖拉力	150 t
	曲线半径	500 m
后配套台车	拖车的结构型式 （敞开门架式或封闭平台式）	敞开门架式
	拖车数量	10节+斜坡段
	允许列车通过尺寸 （长×宽×高）	4 500 mm×1 600 mm×1 500 mm

续表

主部件名称	细目部件名称	技术参数
后配套皮带机	皮带宽度	1 100 mm
	皮带机长度	桥式皮带机 60 m+后配套皮带机 27 m
	功率	75 kW
	出渣能力	1 200 m³/h
	运行速度	2.1 m/s
除尘系统	除尘器数量	1 个
	型式	干式
	过滤装置精度	<1 mg/m³
	能力	1 200 m³/min
二次风机	功率	3×25 kW
	风管直径	2 000/2 200 mm
	风量	1 842 m³/min
空气压缩系统	空压机数量	2 台
	能力	14.7 m³/min/台
	最大压力	7
	储风罐	3 m³
供排水系统	新鲜水水箱容量	10 m³
	新鲜水水管卷筒储存能力	100 m
	污水水箱容量	10 m³
	回水水管卷筒储存能力	100 m
	污水泵	0.3 m³/s
超前支护钻机	规格型号	Atlas Copco 1838
	冲击功	20 kN
	功率	36 kW
	钻孔直径范围	23~165 mm

2.3 皮带机选型及相关参数

2.3.1 皮带机出渣划分及选型

西秦岭隧道右线 TBM 自隧道出口方向开始施工，中铁十八局集团有限公司创新性地采用连续皮带机进行出渣。TBM 掘进完成第一阶段到达通过罗家理斜井钻爆法施工段后，TBM 步进通过该区段，同时进行连续皮带机的拆除，并将其转移至 TBM 掘进第二阶段，并安装斜井固定式皮带机，实现出渣。皮带机出渣区段划分如图 2-5。在西秦岭隧道右线施工中第一阶段连续皮带机运行长度不小于 9 965.164 m（7 857 m + 2 108.164 m = 9 965.164 m），第二阶段运行长度不得小于 9 808 m（7 915 m + 1 893 m = 9 808 m），因而确定连续皮带机总长度取为 10 000 m。

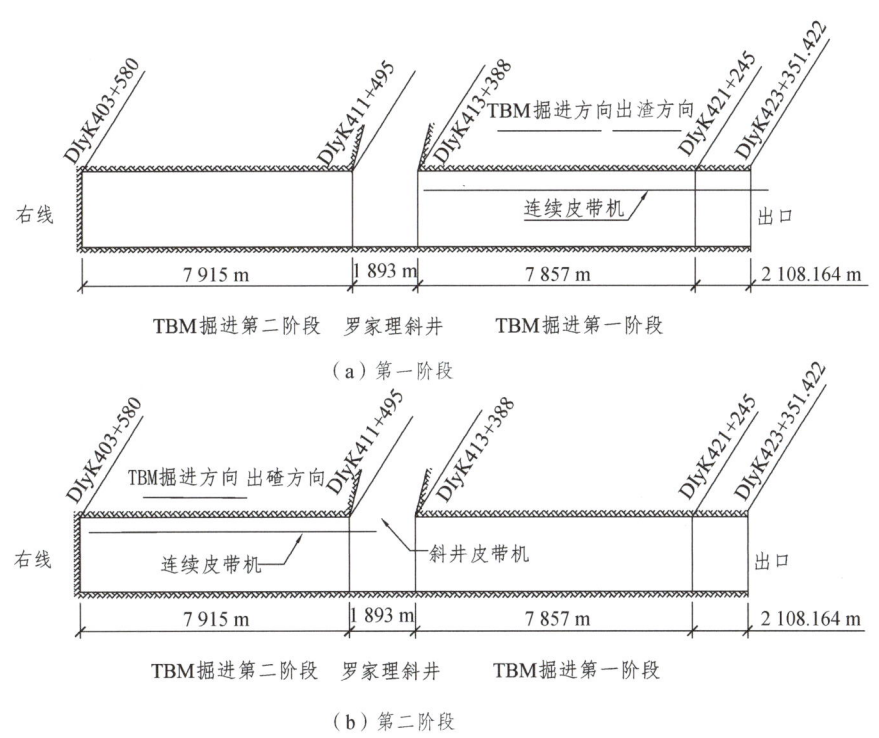

图 2-5 皮带机出渣阶段划分示意图

安装在洞壁上的连续皮带机运输任务繁重，运输量大、运输距离长，同时还要求它可以随着 TBM 的掘进不间断地向前延伸。连续皮带机的选型、安装、运转对掘进机的连续工作有很大的影响。皮带机的主驱动与辅助驱动必须具有足够的功率，并可以根据载荷自动调整输出功率；皮带机的张紧装置可以根据皮带载荷实时进行张紧力的调整，始终保持皮带处于最佳的张紧状态，尤其是在皮带机刚启动时，对张紧力的及时调整尤为重要；连续皮带机的驱动装置、张紧装置寿命必须满足 20 km 掘进的需要，斜井固定式皮带机也必须满足 10 km 掘进的需要；连续皮带机皮带储存机构要求在不影响皮带正常运行的同时尽可能扩大储存容量，以扩大掘进机连续掘进的长度；皮带耐磨性能必须绝对可靠，可以抗划伤，同时具有较低的拉伸率；皮带机的硫化设备、硫化材料与硫化工艺必须先进，既要能够保证接头的质量，又要利于节省时间；皮带机托滚与滚筒的质量要保证可靠，并且设备之间始终保持良好的润滑，如果零件有损坏，可以进行简便的维修更换；最后，皮带要与 TBM 具有良好的衔接，方便出渣及皮带桥的延伸。

由于斜井的坡度比较大，施工中皮带运行的时候石渣可能会出现滚落现象，对此也要有足够的考虑。

皮带机的选型原则：皮带机的长度应满足完成西秦岭隧道施工的需要，同时具有足够的动力；连续皮带机应能与掘进机控制系统互相连接、接口匹配、程序兼容，具有控制室远程控制功能和安全连锁功能；连续皮带机的输送能力要能够满足掘进机最高掘进速度的要求，皮带机的寿命能够满足本工程掘进的需要并且与TBM的寿命相匹配，皮带机的系统应安全可靠；皮带机应具有故障诊断功能、显示和报警功能；具有防止跑偏和自动调向的功能；为了保证运输的安全，连续皮带机沿途应设置带速传感器和紧急拉线开关，出现意外情况时，及时停止皮带机，进行处理，以免出现更大的损伤；为便于使用以及维护保养，斜井皮带机与连续皮带机应选用同一供应商的产品。

2.3.2 连续皮带机性能及参数

西秦岭隧道采用的连续皮带机为槽式皮带机，大部分安装在主洞洞壁上，前端辅助驱动安装在TBM后配套上，实现了真正意义上的连续工作。"侧轨/支撑/悬挂"（将连续皮带固定在隧道中的支架）连接在隧道洞壁上，并且在掘进过程中，皮带机机架可以在TBM后配套尾部进行连续安装，并不影响TBM的掘进。皮带机随TBM掘进而逐渐延伸，皮带储存机构每次可以储存的皮带长度为500 m，即可以满足250 m掘进的用量，该系统随着掘进机向前掘进的同时从皮带仓内连续延伸皮带。当皮带仓内的皮带用光时是唯一需要关闭整条皮带机的时候。通常，在该停机时段可以在掘进过程中预先估算出并同时在这一时间段安排设备的维护保养。

连续皮带机主要包括变频调频皮带机主驱动装置、辅助驱动、皮带、储带仓、皮带打滑探测装置、回程助力器、移动式尾部装置、皮带机架、支承结构、皮带托辊、皮带接头、控制装置、皮带连接台和硫化设备等，该系统基本包括以下组件：

（1）皮带机主驱动电机：采用变频电机，并由变频器控制，装机功率为355 kW×2，该驱动由一前一后组成，由带变频控制的电气软启动器进行控制。

（2）辅助驱动：变频驱动，装机功率为355 kW×2，由与主驱动相同的设备构成并且辅助驱动的设计可以满足在隧道内进行快速的安装。

（3）张紧器/皮带仓：设计储存能力为500 m长，带宽1 370 mm，皮带存储在皮带仓内2个带有成组滚筒的仓架中，随掘进机前进自动延伸。张紧器完全由电动绞车控制。

（4）皮带仓具有双重功能：一是作为皮带的存储设备，随着TBM向前掘进，皮带张紧力增强时，通过与张紧绳连接的测力计进行测量，皮带从皮带仓中释放相应的长度，皮带机每次可延伸250 m长；二是作为一个张紧器在皮带启动或峰值负荷阶段保持正常的张紧力。皮带仓在皮带启动时能够提供较高的收紧力，一旦皮带达到了要求的速度，皮带仓的张紧力会自动调节到较低的水平，以提供较低的运行张紧力，使皮带具有更好的耐磨性能。电驱动卷扬机通过钢丝绳和滑轮移动张紧小车，以获得需要的张紧力。

（5）程序控制：为了协调驱动装置和皮带机启动时皮带的自动张紧调节，连续皮带机由 PLC 程序控制。皮带机 PLC 系统设置在皮带机驱动装置处，其控制系统（包括与 TBM 控制的接口）操作端安装于 TBM 操作室中。PLC 系统可以对皮带打滑、启动顺序开关、皮带仓压力实现控制。

（6）托辊及三角安装架：皮带机上部为槽形托辊，用以承运石渣，回程直托辊安装于下部，托辊及皮带架以三脚架固定于隧道洞壁。

（7）胶带：皮带机胶带采用的是耐磨型钢丝胶带，规格，ST1250-1000，每卷胶带长度 500 m。

（8）移动尾翼：移动尾翼由液压悬挂油缸安装在一个重型滑槽中。油缸可调节尾翼使其始终保持与皮带机系统主线的重合。该移动尾翼存在一个可供在皮带机侧轨上安装槽行托辊和回程托辊的"窗口"。该皮带机由钢结构（"侧轨"）支撑。侧轨和回程托辊从移动尾翼前方进行安装。当尾翼被拉过侧轨时，可通过尾翼窗口将槽形托辊安装与侧轨之上。然后，侧轨和托辊从移动尾翼尾端导出。从皮带机上卸下的渣土在这里被转移到隧道连续皮带机上。移动尾翼包括液压动力皮带机校正移动装置，允许尾翼位于隧道的右侧（自隧道进口向出口方向）。尾翼安装在一台特殊的台车上，包括在 TBM 后配套系统的范围内，由掘进机带动前进。驱动尾翼的液压动力由掘进机液压系统提供。

（9）急停：包括电气开关和拉线的全套设备，覆盖于连续皮带机全程，拉线开关每隔 100 米安装一个，其间用拉线连接，遇到紧急情况可方便实现急停。

（10）皮带硫化台：该平台可以使皮带易于在连接平台上硫化连接以及储存胶带于皮带仓，全长设有单轨和吊机。

连续皮带机主要技术参数如表 2-4。

表 2-4　连续皮带机主要技术参数

皮带机长度	10 000 m
输送能力	1 900 t/h
皮带速度	3.05 m/s
皮带型号	ST1250-1000 型 5+4 耐磨型钢丝胶带
皮带宽度	1 370 mm
环境温度	5～50 ℃
主驱动功率	2×355 kW
驱动方式	变频电机驱动
辅助驱动功率	2×355 kW
张紧机构功率	18.5 kW

续表

控制系统	PLC
皮带储存能力	500 m
驱动滚筒直径	820 mm
从动滚筒直径	520 mm
上托滚直径	108 mm
上托滚间距	1.50 m
下托滚直径	108 mm
下托滚间距	3.0 m
硫化	随机提供硫化器以及硫化材料
穿行同步衬砌台车	成熟方案
与TBM掘进速度的匹配性能	1 900 t/h，相当于6.3循环/h，满足掘进进度要求
与TBM后配套皮带机的衔接	移动尾翼
连续皮带机延伸的便利性	随TBM掘进同步完成延伸
急停保护	急停开关、拉线开关

2.3.3 斜井皮带机性能及参数

为便于施工组织、方便运行管理，总体上节约斜井皮带机采购成本以及施工运转、维护保养成本，西秦岭隧道斜井内的固定式皮带机为单套供左右两线TBM施工弃渣运输。主要技术参数如表2-5。

表2-5　连续皮带机主要技术参数

项目	性能参数
长度	2 689 m
系统整体坡度	上坡 12.21%
运渣能力	1 800 t/h
皮带宽度	1 220 mm
皮带速度	183 m/min
皮带型号	ST-2500 阻燃钢丝橡胶输送带
驱动	1 200 kW
辅助驱动	1 200 kW
控制系统	PLC 程序控制
槽形托辊	直径102 mm滚轮，以1.53 m为中心布置方式
回程托辊	直径102 mm滚轮，以3.06 m为中心布置方式

 施工总体方案及规划

3.1 施工场地布置

3.1.1 布置原则

针对西秦岭隧道工程特点,中铁十八局集团有限公司根据 TBM 场地配套"由整体到局部,由主体到辅助,由急到缓"的原则,结合实际施工情况,分清主次,有条不紊地进行了场地大型临时工程布置和施工。

本着节约用地、保护环境、有利生产、方便生活、便于管理的原则,采取集中与适当分散布置相结合,充分利用现有道路加以拓宽改造,以节约土地,减少临时工程的投入。

依据施工图纸、技术规范、现场踏勘,根据工程地形、交通条件,结合施工特点、生产规模、施工工艺进行布置。最大限度地满足了工程施工机械、材料的进场。遵循施工线路的总平面布置,施工场地现场总平面布置图见图 3-1 所示。现场实际布置效果图见图 3-2 所示。

3.1.2 汽车运输便道

西秦岭隧道施工所用的汽车运输便道主要由两部分组成:改扩建便道和 TBM 运输主干道。

(1)改扩建便道:从既有的 212 国道及甘肃 206 省道接线引入施工主干道,改扩建便道,充分地利用了既有公路。施工便道的结构形式为:单车道,泥结石路面,一般地段宽度为 3.5 m,路基宽度为 4.5 m。每隔 300~500 m 设置了一个会车道,会车道长度 30 m,宽度 6 m。施工便道总长度为 10.85 km,其中新建引入线 1.6 km,改(扩)建便道 9.25 km。

(2)TBM 运输主干道:甘肃 206 省道姚渡至西秦岭隧道出口段约 48 km,此段为砂石路面,平整度较差;道路宽 4~6 m 不等,局部错车困难。TBM 运输中,对此段道路进行了整修拓宽。原有桥梁约 17 座,在运输 TBM 中对其进行了临时加固,小桥采用 40b 工字钢纵梁对桥面进行了加强,大桥采用桥下搭支架设钢立柱的方式进行了

加强。甘肃206省道段拓宽至7.5 m，每隔500 m设置了一处错车道，两侧设置了排水沟，路面进行重铺，采用泥结碎石路面。

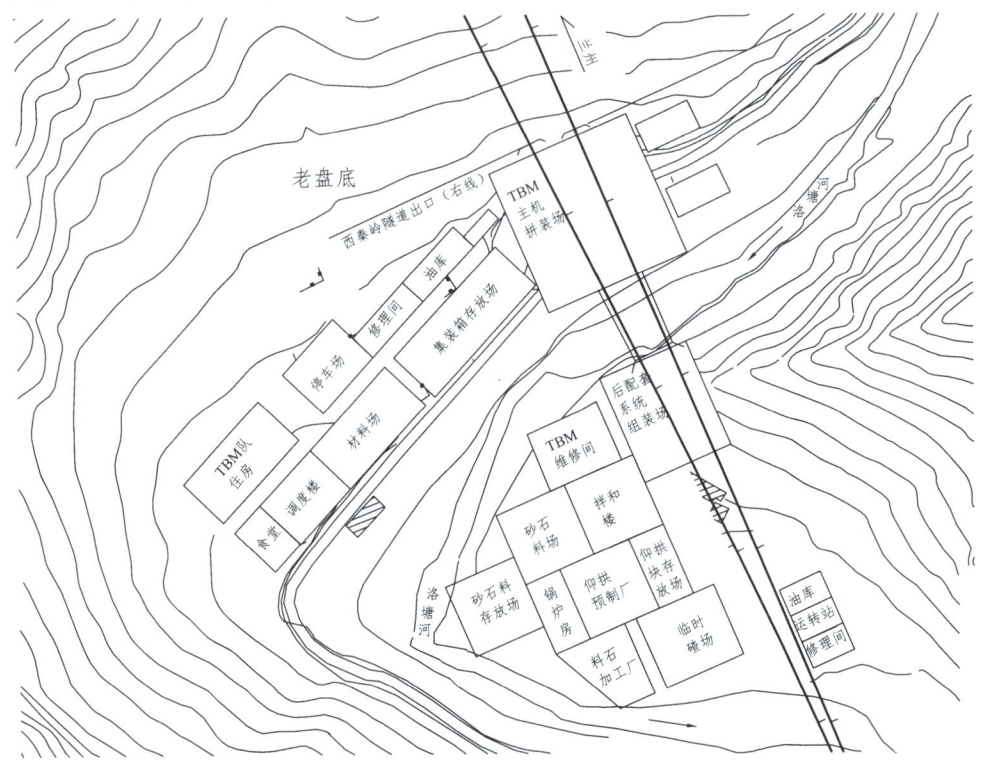

图3-1 施工场地现场布置图

图3-2 施工现场总平面布置效果图

3.1.3 TBM 施工场地布置

TBM 部件多，体积和重量大，需要占用较大的组装和临时堆放场地。针对西秦岭隧道出口端施工场地狭小，且紧邻洛塘河，结合 TBM 施工特点，中铁十八局集团有限公司在进行西秦岭隧道出口端场地布置时考虑了以下几点：① 满足 TBM 最高施工效率的要求。② 具有足够的防洪能力。③ 充分利用地形条件。④ 充分考虑环境条件。

利用原甘肃 206 省道右侧场地填筑后作为主要生产设施和生活设施布置场地。主要生产、生活场地的布置见图 3-1 及表 3-1 所示。其中主要有：TBM 主机拼装场地，设置在紧靠西秦岭隧道出口侧，填筑场地按 1∶1 进行了放坡，坡面采用浆砌片石进行防护。场地长 80 m（沿线路方向），宽 80 m。TBM 后配套系统组装厂设置在主机拼装场地后方，长 60 m，宽 60 m。

表 3-1　TBM 施工临时设施数量表

序号	项目	单位	工程量
1	TBM 主机组装场地	m²	6 400
2	TBM 后配套拼装场地	m²	3 600
3	仰拱块预制厂	m²	3 200
4	拌和站及水泥、砂石料场	m²	4 800
5	材料存放场	m²	4 200
6	TBM 配件库	m²	500
7	刀具维修间	m²	300
8	机车修理间	m²	200
9	油库	m²	250
10	配电房	m²	150
11	临时渣场	m²	1 800
12	集装箱存放场	m²	2 400
13	停车场	m²	500
14	办公、生活用房	m²	2 200
15	浴室	m²	190
16	食堂	m²	675
17	篮球场	m²	420
18	场内道路	m	1 000
19	污水处理设施	m²	150

3.1.4　施工生活、生产用水

本工程施工用水取自洛塘河的地表水，根据附近居民的采水情况，地下水较浅，水量和水质能够满足施工的需要。在隧道进出口及辅助坑道口设置了高压水池。设置了给水干管路 8.729 km。在洛塘河打一口井作为取水点，修建了一座 600 m³ 蓄水池，修建了变频恒压供水抽水泵站。自泵站经 ϕ200 mm 的钢管通过主洞已掘进段引至 TBM 后配套系统上的清水箱。各用水区选用枝形管网，明暗相结合的敷设方式，供水管路沿道路两旁进行铺设，穿越道路的管道采用暗敷设，其余敷设方式均采用明设。施工中，结合当地气候条件，供水管路明管部分采取了相应的保温措施。

生活用水采用的是打井或引用泉水的方式解决。所有施工及生活用水均进行了净化处理，并进行了水质试验分析，确保合格后使用。

3.1.5　垃圾及污水处理

本项目共设置了污水处理站 4 座，涉及水域白龙江为Ⅲ类水体，洛塘河为Ⅱ类水体，均要求达到一级排放标准或更高标准，在西秦岭隧道进出口，店子坪斜井、大元坝横洞设置了隧道施工污水临时处理站 4 座，污水经过净化处理并达到国家标准《污水综合排放标准》(GB 8978—1996) 的规定后进行排放。施工中还确保了严禁将含有污染物质或可见悬浮物质的水随意排放。

施工和生活产生的垃圾或固体废料由汽车集中运至指定地点进行填埋。

3.1.6　施工通信

本项目洞外施工通信利用现有通信公司的通信网；洞内施工通信与移动运营商协商进洞建立了通信基站，并在每个作业区安放程控电话，修建了临时通信线路 38 km，项目经理部安装了 28 部长途程控电话，安设了宽带网络，方便与业主及上级主管部门网络的联系，各工区采用手机通信、宽带网络、无线上网卡等进行网上联系，现场指挥人员、测量人员配备了对讲机。

3.1.7　弃渣场

本项目一共设置了 6 处弃渣场。弃渣场坡脚均施作 M10 浆砌片石挡墙防护，弃渣场顶面、坡面进行了绿化。本项目弃渣场设置见表 3-2 所示。

表 3-2 弃渣场设置表

序号	渣场名称	弃渣场位置	弃渣量/万立方米	占地面积/亩	担负隧道名称	平均运距/km
1	潘家沟弃渣场	潘家沟上游	60	55	西秦岭隧道进口工区	1.0
2	张家河坝弃渣场	DIK397+000 左侧 2.0 km 处透防乡沟支沟	65	58	西秦岭隧道进口工区和店子坪斜井工区	2.5
3	店子坪弃渣场	DIK397+000 左侧 2.0 km 处透防乡店子坪沟	86	106	店子坪斜井工区	0.60
4	李园沟弃渣场	DIK424+200 重庆方向右侧 2.5 km 处李园沟	95	105	西秦岭隧道出口工区	5.0
5	唐家沟弃渣场	DIK424+700 重庆方向右侧 3.0 km 处唐家沟	126	193	西秦岭隧道出口工区	7.0

注：1 亩 ≈ 666.667 m²

3.2 西秦岭隧道施工总体方案

西秦岭隧道总体施工方案为：隧道进出口段采用钻爆法进行施工，在店子坪和罗家理斜井段，正洞也采用钻爆法进行施工。隧道主体剩余大部分采用 TBM 掘进施工。结合西秦岭隧道地质状况及 TBM 的适应性研究，在西秦岭隧道进口段，约 8 km 距离（F_6 活动断层前）的地层岩性多变，软硬不均，断裂构造发育，在施工中采用了钻爆法进行施工，并设置店子坪 1 号和 2 号斜井辅助施工。在西秦岭隧道剩下的 20 km 距离中，地质条件元古界变质砂岩、砂质千枚岩为主，岩性较为均一，软硬适中（岩石饱和单轴抗压强度为 30～60 MPa），非常适合 TBM 的施工，所以在西秦岭隧道左右两线分别采用 2 台敞开式 TBM 并行施工，并在距出口 10 km 处设置了罗家理斜井，通过钻爆法处理 F_{59} 次级断层以及约 1 km 多的石炭系地层。同时，罗家理斜井还具备 TBM 设备中间检修维护、TBM 长距离施工通风、出渣以及作为运营防灾紧急救援站点等功能。

施工方案见图 3-3 所示。

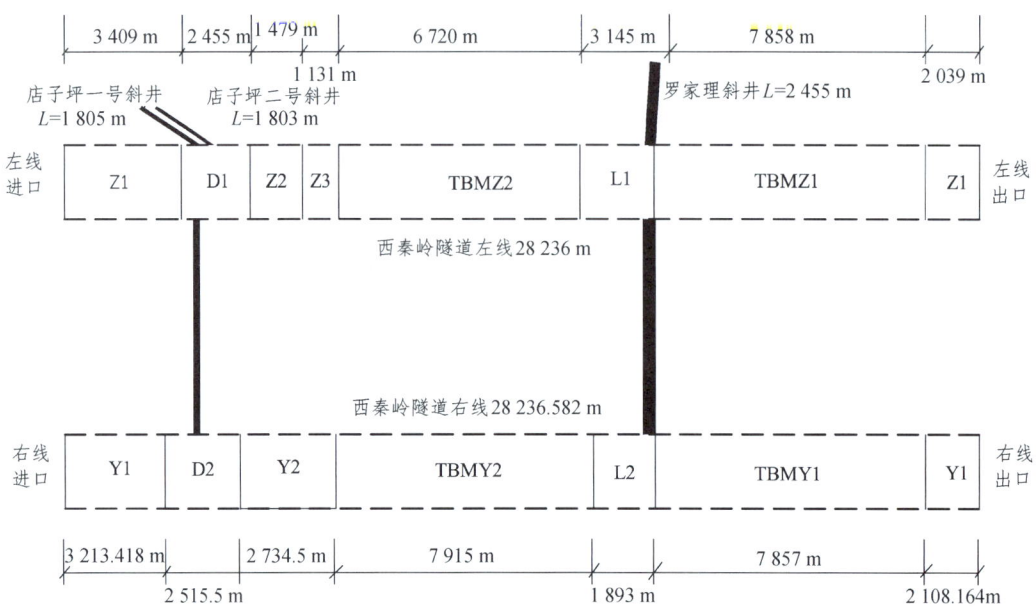

说明：①Z1、Z2、Z3等为左线钻爆法施工区段；
②D1、D2为店子坪斜井施工区段；
③Y1、Y2为右线钻爆法施工区段；
④L1、L2为罗家理斜井施工区段；
⑤TBMZ1、TMBMZ2为TBM法施工隧道左线区段；
⑥TBMY1、TMBMY2为TBM法施工隧道右线区段。

图 3-3　西秦岭隧道总体施工方案

3.2.1　西秦岭隧道钻爆法施工总体方案

西秦岭隧道钻爆法施工段围岩情况与TBM施工段相比，相对较为软弱。

其中黄土覆盖层隧道段落在施工中严格按照"先探测、管超前、非爆破、严控水、强支护、早衬砌"的原则组织施工。同时，黄土覆盖层段存在地表冲沟、陷穴的情况，施工中对其进行了加强处理。

在石质隧道破碎带段按照"先支护、后开挖、短进尺、弱爆破、快封闭、勤量测"的原则组织施工。

在洞身开挖前，根据地质资料做好地质超前预报，并确定相应的开挖方法。正洞Ⅱ、Ⅲ级围岩采用全断面法进行开挖，Ⅳ级围岩采用台阶法进行开挖，Ⅴ级围岩采用短台阶预留核心土法进行开挖。斜井自身开挖均采用全断面法。钻孔采用风动凿岩机，出渣采用装载机配合大型自卸车无轨运输的方式。

隧道开挖后，立即按照设计要求进行初期支护。衬砌采用的是液压大模板衬砌台车仰拱超前，先墙后拱法进行施工。

在施工过程中，监控量测紧跟开挖、支护作业，按照设计要求进行布点和监测，并根据现场情况及时进行了动态调整或增加量测的项目和内容。量测数据及时分析处理,并将监测结果运用到施工过程中。

中铁十八局集团有限公司在进行钻爆法段的施工时本着"实用先进、选型科学、着重工效、优化合理"的原则,部署了四条主线、五条辅线的机械化配套方案,见表3-3。

表 3-3　机械化配套方案

分类	机械化作业线名称	主要设备配套方案
主线	钻爆作业线	作业台架、YT28 风动凿岩机
	装运作业线	挖掘机、装载机、自卸车
	支护作业线	注浆机、压浆机、TK500 混凝土湿喷机
	衬砌作业线	12 m 整体式液压钢模衬砌台车、10 m 组合式钢模衬砌台车、混凝土输送车、混凝土输送泵、混凝土拌和站
辅助线	高压供水作业线	HYGS 型变频调压供水设备
	高压供风作业线	L-20/8 电动压风机、VY-12/8 内燃压风机
	供电作业线	1250 kVA、800 kVA 型、500 kVA 型、315 kVA 型、200 kVA 型变压器、GF400、GF500 内燃发电机
	通风排烟作业线	SDF(C)-No14、SDF(D4)-No14、SDF(D3)-No13、SDF(c)-No13 轴流通风机、SDS112K-4P-30 射流风机
	排水作业线	200WQ250-15-18.5、150WQ220-15-15、100WQ65-15-5.5 潜水泵
	超前地质预报	TSP 系统、地质雷达、红外探水仪、水平地质钻机

3.2.2　西秦岭隧道 TBM 法施工方案

中铁十八局集团有限公司制定的西秦岭隧道 TBM 施工总体方案为:TBM 在洞外进行组装,步进通过钻爆开挖段到达掌子面,完成系统(主机、后配套、连续皮带机)整体调试后开始掘进施工。首先完成第一段掘进到达罗家理斜井工区,步进通过钻爆开挖段到达下一段掌子面开始掘进作业。TBM 设计开挖直径 10.20 m,掘进行程 1.8 m。

TBM 开挖段出渣运输采用了连续皮带机运输,在 TBM 步进通过罗家理斜井工区时完成皮带机的转场,开挖第二阶段。开挖出渣倒运到临时渣场。

隧道内材料运输采用的是有轨运输方案,每个掘进行程铺设一块预制仰拱块,仰拱块上布置四轨双线,石渣通过皮带机运出,隧道车、仰拱块车和混凝土罐车将混凝土、锚杆、钢拱架等材料运输到 TBM。

支护施工通过 TBM 自带的超前支护及系统支护设备进行,超前钻机完成超前探测、超前小导管、超前锚杆的支护工作后,锚杆钻机及混凝土喷射机械手进行系统支护施工。

TBM施工段采用特殊设计的衬砌台车跟随TBM开挖并同步进行衬砌施工。台车的设计可保证通风风筒、连续皮带机结构通过并不中断TBM施工。

TBM施工贯通隧道到达拆卸洞室后将主机拆卸分解,分块运输到洞外。后配套进行必要拆卸后整体拖出洞外进行拆卸。

中铁十八局集团有限公司制定的TBM分项施工方案如下:

(1) TBM组装、步进方案。

TBM主机及后配套组装完成并步进一段距离后,当安装空间足够时,开始进行连续皮带机部分的组装。包括连续皮带储存仓、主驱动及附属电气控制设备。

TBM的步进使用本身的液压系统作为动力,依靠步进机构在预先施工好的地面上滑动完成步进。步进重点程序控制如下:步进时,保证各部位连接的可靠性,提前清理周边空间的障碍物,成功避免了影响步进的情况出现;步进过程中,随时观察步进区域地基下沉情况,并对地基下沉段及时地做出了处理;步进换步时,保证掘进机轴线与隧道轴线的偏差;在太大偏差出现时,对其进行纠正,确保了TBM始终沿隧道中心轴线标记线步进;步进到掌子面后,完成主机调试及连续皮带机的调试,并进行联机整体调试。

(2) TBM开挖、支护、出渣、材料运输方案

本项目采用ϕ10.2 m敞开式TBM进行隧道开挖施工,开挖、支护、出渣同步实施。TBM开挖直径为10.23 m(新刀),掘进行程1.8 m。施工中,为有效控制掘进方向,根据激光导向系统提供的TBM主机位置数据进行了调向作业,完成对主机掘进方向的调整,保证了TBM的掘进方向始终处于控制范围内。

施工中,每一循环都根据地质资料和上一循环掘进情况,选择合理的掘进模式。TBM有两种掘进模式,一种为低速掘进模式,此模式下刀盘转速为2.7 r/min,刀盘转速低,扭矩大,推进力、撑靴需要的支撑力较低,适合围岩松软、稳定性差的地段采用;另一种为高速掘进模式,此模式下刀盘转速为5.4 r/min,刀盘转速高,扭矩相对较小,推进力、撑靴需要的支撑力较大,适合围岩整体性、稳定性好的地段采用。

TBM施工劳动力组织按掘进、整备、保障和运输四部分作业进行了配置。TBM施工设置了2个掘进工班,1个维护工班和1个保障工班。掘进工班主要是负责洞内TBM的掘进作业。维护工班主要负责机械的维修、保养作业。运输组配属掘进和整备工班,与掘进、整备工班同时作业,承担洞内外的运输任务。保障工班配合掘进、整备工班作业,负责洞外各项保障工作。施工中,各工班互相配合,保证施工的协调一致。

锚杆支护和喷射混凝土支护均利用TBM配套设备在掘进施工的同时完成。钢拱架安装利用TBM自身的钢拱架安装设备完成。

(3) 同步衬砌实施方案。

为保证TBM施工段衬砌施工能够跟随开挖实施,中铁十八局集团有限公司经过系

统研究对衬砌台车进行了特殊的设计，使台车可以保证通风风管运行、材料运输车辆的运行、连续皮带机的正常运行。TBM 施工跟随的高压电缆、水管在台车内穿越。

同步衬砌施工安排了 3 部台车跟随 TBM 施工，第一部台车紧跟 TBM 施工，对围岩较差洞段及时衬砌，有能力的情况下保证尽量多的施工；第二部台车在第一部的后方，预留横通道等辅助洞室的施工位置，完成可施工段的衬砌作业；第三部台车在第二部的后方，待相应辅助洞室开挖完毕后，完成剩余的全部衬砌作业。

混凝土由洞外自动计量混凝土拌和站生产，机车牵引混凝土输送车运送到灌注地点，轨行式混凝土输送泵泵送入模。混凝土灌注完成后，由施工人员按规范进行养护。

（4）TBM 通过钻爆施工段、连续皮带机转场方案。

西秦岭隧道在 DIK413+388 处设置了罗家理斜井辅助正洞施工，在 TBM 开挖到达钻爆施工段前进行钻爆法施工，TBM 开挖施工距斜井工区 100 m 时停止钻爆施工。TBM 到达斜井工区后步进通过钻爆段继续完成第二段隧道的开挖和支护施工。

钻爆施工段将开挖完成的隧道的底板施工为平面，并做了相应的处理，保证了 TBM 的顺利通过。TBM 到达钻爆施工段后依次安装了相应的步进机构，然后利用 TBM 自身的动力向掌子面步进。

施工中，在 TBM 开始安装步进机构的同时，实施了连续皮带机的转场施工，TBM 开挖段和钻爆施工段贯通后，拆卸连续皮带主驱动、回收皮带、拆卸洞壁支架，并及时将主驱动部分倒运到了斜井位置。

在钻爆施工段提前完成连续皮带支架的安装，后配套系统通过斜井后，也及时安装皮带储存仓和主驱动。同时安装了斜井内的转接皮带机，并进行了连续皮带机和斜井皮带机的联动测试。在 TBM 到达掌子面前完成联动测试，确保 TBM 正常掘进的施工。

（5）TBM 法与钻爆法对接拆卸方案。

在 TBM 到达钻爆法对接位置前，施工人员明确掘进机适时的桩号及刀盘距贯通面的距离，并互相做好了技术交底工作。

根据掘进进度及围岩情况，拆卸洞位置选在了地质情况较好的 Ⅲ 级围岩地段，开挖后洞室结构自稳能力较好。

TBM 到达对接位置最后 20 m 时，施工人员根据围岩的地质情况确定了合理的掘进参数，确保低速度、小推力和及时的支护，做好掘进姿态的预处理工作。

并且，施工人员在 TBM 到达前，对洞内的测量导线进行了检查；准备好了 TBM 到达所需的各类材料、工具；对接收台和滑行轨进行检查测量；加强对变形的监测和与操作司机的沟通；增加监测的频次，并及时反馈监测结果。施工人员在洞内拆卸时，对掘进机拆卸段衬砌情况进行了检查。

TBM 掘进到达拆卸洞之前，严格按照设计进行初期支护、衬砌，并预埋滑行轨。利用人工配合机械将 TBM 刀盘余渣清理完毕，TBM 步进到拆卸位置。然后在拆卸洞内将主机和后配套分解断开，后配套进行了简单必要拆卸后整体拖出洞外拆卸，主机大件拆卸分解为可通过专用板车运输的构件后拖出隧道出口。

（6）TBM 施工段横通道开挖及衬砌。

西秦岭隧道每隔 500 m 布置了一条横通道，由于本工程 TBM 施工隧道采用同步衬砌施工，因此在衬砌施工前完成了横通道口的开挖。第一部跟随 TBM 进行衬砌施工的台车在预留横通道位置不进行衬砌施工，横通道口的开挖采用组合台架风钻钻孔全断面光面爆破的方式，石渣通过小型挖掘机装渣到有轨矿车运送到洞外。

4 钻爆法段施工

4.1 洞口、明洞及洞门的施工

4.1.1 洞口施工

西秦岭隧道洞口施工过程为：首先，开挖并施作了洞口天沟、截水沟，以截排地表水，然后采用机械的方式对洞口土方及表层风化石方进行了自上而下的分层开挖；然后，采用分层弱爆破的方式对硬岩进行了自上而下的控制开挖，并通过人工进行了坡面的修整，及时施作了喷射混凝土以达到对坡面进行封闭的目的，避免了因长时间暴露而造成坡面坍塌的情况出现；最后，施作了路堑边坡防护。

4.1.2 明洞及洞门施工

西秦岭隧道明洞的施工过程如下：

（1）洞口明洞采用了明挖法进行施工，待施工开挖至明暗分界线后，先施做导向墙，再施做暗洞超前大管棚，随后及时做好明洞衬砌后进入暗洞施工，待明洞混凝土达到设计规定的强度后及时进行了明洞洞顶的回填施工。

（2）拱墙主体浇筑由暗洞向外施做，采用整体模板台车泵送混凝土一次浇筑成型。拱圈按断面要求制作了定型挡头板、外模和骨架，并在施工过程中采取了相应的措施，避免了走模的情况出现。

（3）待明洞衬砌完成后，施工人员及时按照规范施做外防水层及拱脚纵向排水管、环向盲沟，施工中保证排水顺畅。然后采用热熔双缝焊接的方式，自上而下环向敷设卷材防水层，卷材防水层向隧道内延伸不少于 0.5 m，保证了其与暗洞防水板连接良好。

（4）待拱圈混凝土达到设计强度、拱墙背防水层施作完成后，对称、均匀地对拱背土石方进行了回填。

此外，明洞的施工中还确保了：在基础混凝土灌注前排除基坑内积水，并对基底进行固化处理。超挖部分采用同级混凝土进行回填。

西秦岭隧道洞门的施工过程：洞门与明洞的施工同时进行。在隧道进洞后，即进行洞门及洞口段的衬砌施工，衬砌模板采用整体台车，混凝土集中拌和，泵送入模。

4.2 洞身开挖

西秦岭隧道钻爆法施工中，隧道开挖工艺施工流程为：首先进行超前地质预报，并进行超前支护的施工；然后进行钻爆作业，待钻爆作业完毕后进行通风和排危工作；接着施作初期支护，进行出渣运输，并对开挖断面进行检测；最后进入下一个循环。

4.2.1 全断面法开挖

钻爆段正洞Ⅱ、Ⅲ级围岩采用了全断面法进行开挖。施工过程中周边眼间距为 50 cm，周边眼至内圈眼间距为 60 cm，周边眼装药集中度为 0.20 kg/m，装药不耦合系数为 1.4，每循环进尺 3.5 m，单位耗药量 1.2 kg/m³。

西秦岭隧道全断面法施工爆破设计示意图见图 4-1 所示。

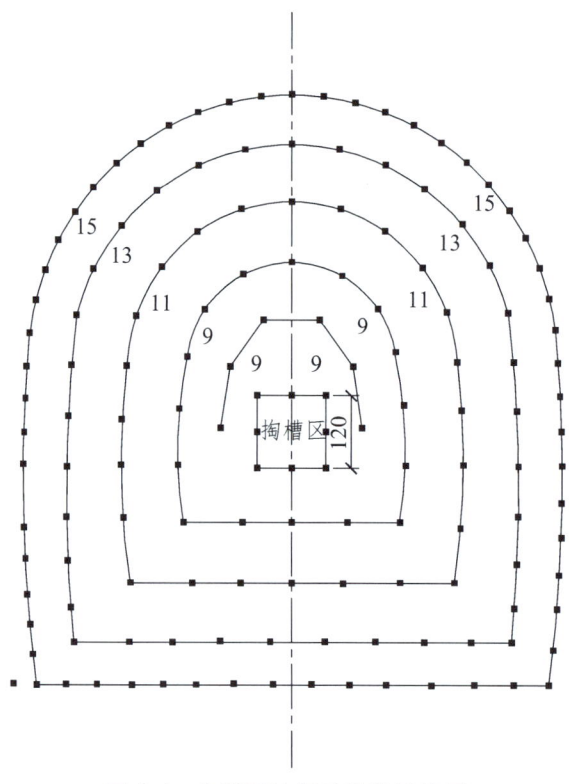

图 4-1　全断面法爆破设计示意图

4.2.2 台阶法开挖

钻爆段正洞Ⅳ级围岩在施工中采用了台阶法开挖，施工中使用的爆破参数见表4-1。台阶法施工爆破设计图见图4-2所示。

表 4-1 上半断面钻爆参数表

炮眼名称	炮眼直径/mm	炮眼深度/cm	炮眼个数	周边眼抵抗线/cm	周边眼间距/cm	单孔装药量/kg	装药量/kg	单位耗药量/(kg/m³)
周边眼	42	280	25	60	50	0.15	3.75	1.05
辅助眼	42	280	24	—	—	0.45	10.80	
掏槽眼	42	320	6	—	—	0.60	3.60	1.05
底眼	42	280	10	—	—	0.50	5.00	

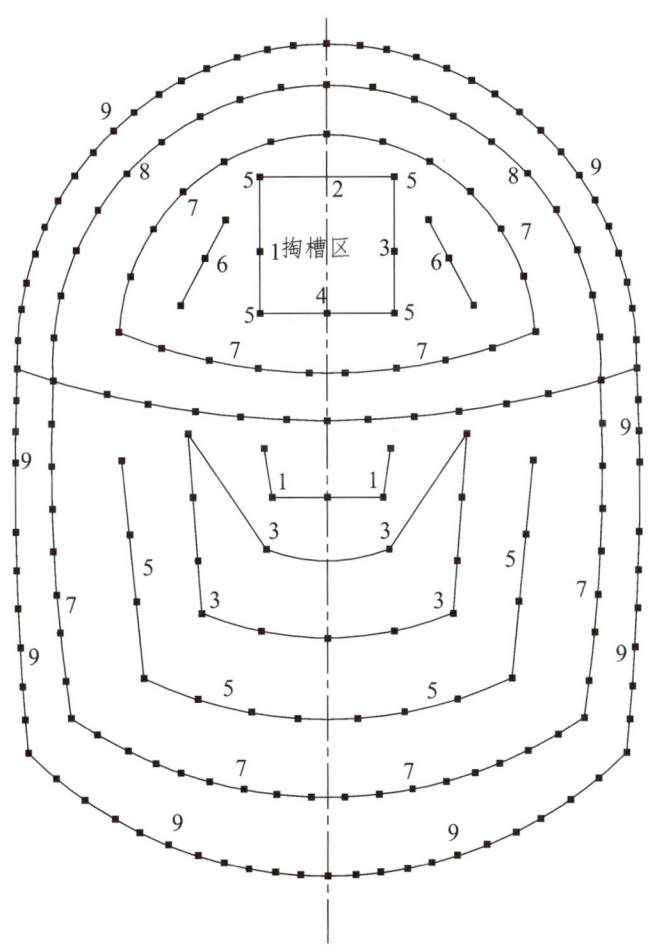

图 4-2 台阶法施工爆破设计示意图

4.2.3 环形开挖留核心土法开挖

西秦岭隧道钻爆段Ⅴ级围岩段，在超前支护的基础上采用了环形预留核心土法施工，并通过小导管超前支护辅助作业，人工使用风镐配合小型挖掘机械进行开挖。施工中，开挖步骤为：首先施作超前支护，然后进行上部环形土体的开挖，并施作上部环形部位的初期支护；接着进行下部两侧土体的开挖，并施作初期支护；再进行核心土的开挖；接着进行底拱开挖，施作仰拱衬砌，进行仰拱回填；最后施作拱墙衬砌。

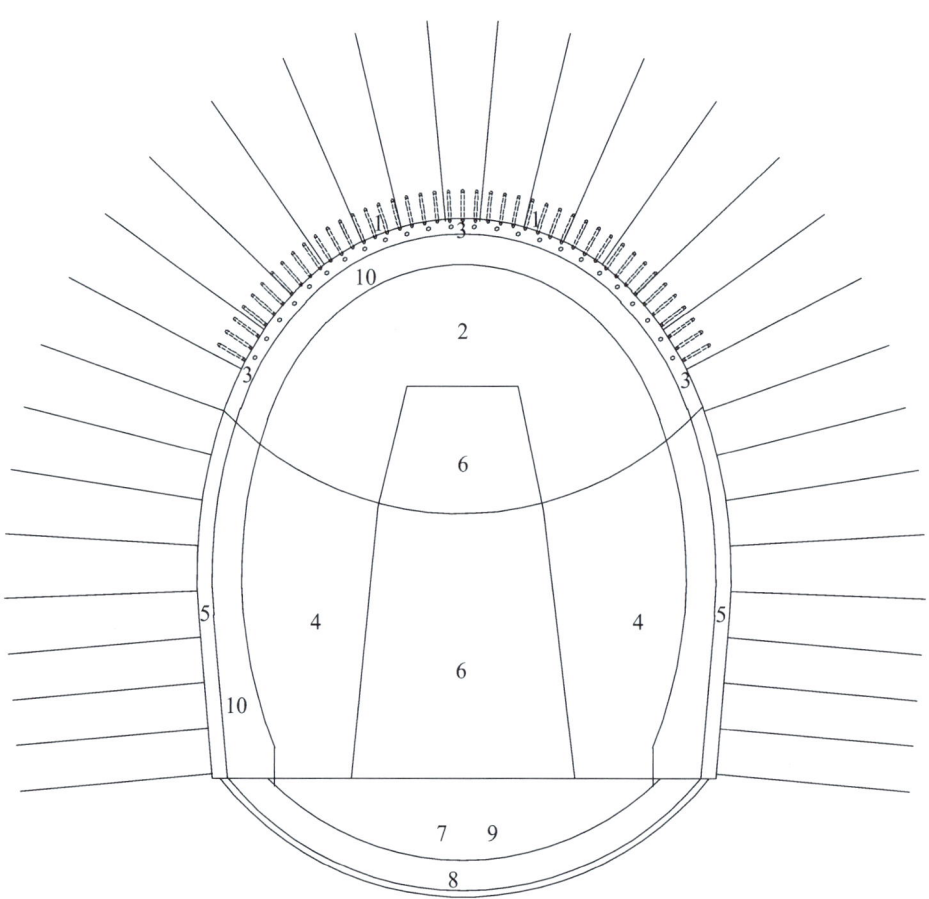

图 4-3 环形开挖留核心土法分布施工示意图

4.2.4 连拱段隧道开挖

在洞身连拱隧道段采用中导坑及台阶法进行了开挖。施工中，导坑超前开挖并进行支护，待导坑开挖及中隔墙衬砌完成后，先施工左线隧道，待左线隧道衬砌完成后，再施工右线隧道，左右线均采用台阶法开挖，上台阶超前下台阶5~6 m。连拱隧道段施工过程为：首先进行中导坑开挖，并施作支护；然后进行中隔墙的浇筑，并施作防偏压刚性支撑；接着进行左线上半断面土体开挖及支护和左线下半断面土体开挖及支护；接着进行右线上半断面土体开挖及支护和右线下半断面土体开挖及支护。施工过程示意图（不包括二衬）见图4-4所示。

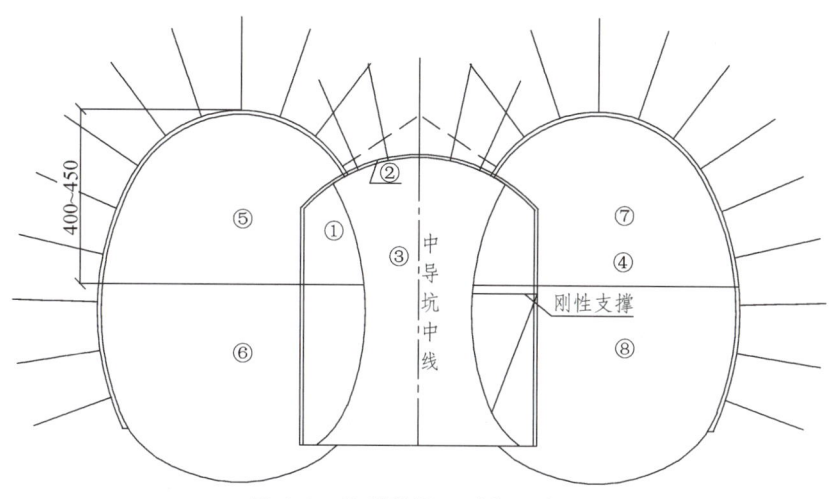

图4-4　连拱段施工过程示意图

此外，在施工中中导坑采用全断面法开挖，开挖时采用了风动凿岩机钻眼，直眼掏槽，光面爆破。中导坑开挖后及时进行初期支护。中隔墙采用定型钢模从DIK394+650向DIK394+691方向依次灌注。在开挖左侧正洞时，中隔墙右侧用工字钢进行了支顶。

4.2.5　燕尾段隧道开挖

西秦岭隧道燕尾段隧道按照短台阶工法进行了开挖。施工中的顺序为：在开挖施工前先施作超前支护，然后开挖左洞，并及时进行初期支护，待左洞二衬（含仰拱）完成20 m后再进行右洞的开挖。因为燕尾段的岩基较薄，施工中对施工人员提出了较高的要求，尽可能地减少了开挖对岩基的扰动。

4.3　店子坪1号斜井进正洞施工

西秦岭隧道一共设置了3座辅助坑道，其中店子坪1号斜井水平投影长度为1 805 m，综合坡度为11.29%，店子坪1号斜井与西秦岭隧道左线洞身斜交于DIK399+350处，然后穿越左线，通过施工横通道斜交45°进入右线DIyK399+350.81处进行右线施工，斜井与左线线路平面交角为137°53′32″。

4.3.1 斜井进左线施工

在斜井进左线施工过程中,为了确保施工的安全,当斜井施工至斜 00+50 处时,采取台阶法继续向交叉口处施工。并且在交叉口 10 m 段采用 I16 钢架对井底进行锁口施工,直到斜井与左线贯通为止。

施工过程中的支护参数为:拱墙设置 $\phi 22$ 全螺纹砂浆锚杆,砂浆锚杆长度为 2.5 m,间距为 1.2 m×1.2 m,砂浆锚杆按照梅花形进行布置。同时拱墙设置了 $\phi 8@200$ 的钢筋网片,采用 C25 喷射混凝土,厚度为 23 cm,在斜井与左线隧道贯通前,在左线隧道正洞中,提前对 DIK399+350 斜井开口处进行 I20 工字钢门架支护加固,该支护断面图见图 4-5 所示。

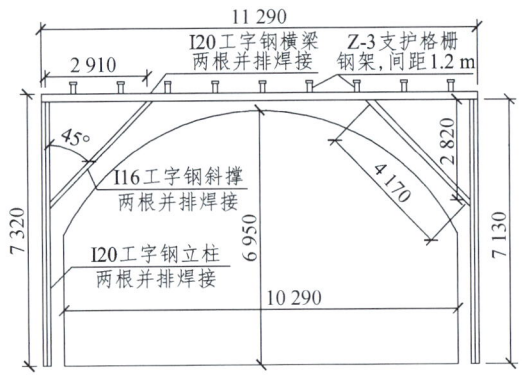

图 4-5 斜井与正洞交叉口处加固支护断面图

同时,在施工中为了确保交叉口处的安全,在交叉口锐角端的斜井及左线隧道正洞各 10 m 范围内,将 $\phi 22$ mm 的全螺纹砂浆锚杆更改为了 $\phi 25$ mm 的中空注浆锚杆以加固锐角端,其余的支护参数不变。

4.3.2 横通道进入右线施工

在店子坪 1 号斜井左线往右线横通道的施工中,为了满足预计工期的计划,将原设计的辅助施工通道斜交右线正洞 45°进入右线隧道的施工方案,调整为了横通道垂直进入右线隧道正洞,交右线隧道于 DIyK399+350.81。为了方便施工中的行车,店子坪 1 号斜井处左右两线横通道的高度为 780 cm,宽度为 690 cm,横通道从左线 DIK399+350 开挖进入右线。在横通道的施工过程中,在距离左线线路中线 21~22 m 处以不大于 30%的坡度进行爬坡施工,采用上台阶的方法进行开挖施工,在右线隧道正洞中线处施工到拱顶高程。然后向下施工,扩挖至右线隧道正洞标准断面。

由于横通道与左右两线交叉口段地质条件为泥盆系下统钙质千枚岩,节理较发育,并且表层为强风化层。所以在施工中隧道左右线和横通道的交叉口处设置了格栅钢架，保证了交叉口的安全。

4.3.3 施工安全保障

在施工中，为了更好地协调左右线隧道 3 个掌子面，2 个交叉口的车辆运营，提高左右线施工效率。在左右线横通道的两个交叉口设置了 3 处双向交通指示灯，2 处应急照明灯，并且设置了 3 名专职交通指挥员，保障了施工的安全、高效。

同时，在横通道的施工中，对围岩的监控量测也进行了加强，确保相关加固支护措施的安全合理；制定了相应的安全预案；确保了落底施工时间的及时，减少了初期支护的变形；并且在上台阶开挖拱脚处对超挖进行了严格的控制，确保了上台阶的钢架拱脚落在实底之上。

4.4 超前支护

4.4.1 超前长管棚

洞口段超前管棚的长度为 20 m、30 m，超前长管棚采用的是 $\phi 89$ mm × 6 mm（$\phi 108$ mm × 6 mm）的热轧无缝钢管，接头钢管采用的是 $\phi 95$ mm × 6 mm（$\phi 114$ mm × 6 mm、$\phi 114$ mm × 9 mm）的热轧无缝钢管。端部设置了长 15 cm 的丝扣以便连接；每节管段长度为 6 m、4 m 交替使用，以保证隧道纵向同一横断面内的接头数不大于 50%。

管棚的打设仰角为 2°。管棚施作前，首先，应制作施工混凝土导向墙，导向墙由 I20b、I16 的工字钢架、$\phi 108$ mm × 6 mm（$\phi 140$ mm × 5 mm、$\phi 140$ mm × 6 mm）的导向钢管和 C20 混凝土构成；之后再选择了钻机钻具的组合，架设好钻孔工作的平台；接着对待钻孔口进行测量定位并安装设置钻机；之后再进行钻孔施工，清洗孔洞，并对孔洞质量进行检验；最后，进行退钻、卸杆、卸钻具的工作。

同时，在钻孔前精确测量了钻孔的平面位置，倾角、外插角，并编写了孔号；钻孔时严格控制钻孔仰角，并且严格控制钻孔平台位置，避免侵入开挖线，确保了相邻管不出现相交情况；钻孔时严格控制钻进压力与速度，避免了断杆情况的出现。

4.4.2 超前小导管

施工中，超前小导管采用的是现场加工生产的小导管，首先喷射混凝土封闭岩面，然后凿岩机钻孔并将小导管打入岩层，最后注浆泵压注水泥浆完成超前小导管的施工。

超前小导管采用的是外径为 $\phi 42$ mm 的钢花管，长度为 3.5 m 或 2.5 m；施工中同时确保了压浆孔的钻孔角度、深度、密度及浆液配比符合设计要求，注浆压力符合规范要求。

超前小导管以紧靠开挖面的钢架为支点，打入钢管后注浆，形成钢架支护环。

注浆所用水泥浆的水灰比为 0.5~1.0，液浆由稀到浓逐级变换，施工中先注稀浆，然后逐级变浓至水灰比为 0.5 为止。

在实际施工中有串浆情况的出现，因为施工时注浆机较少，采用的处理措施为：将串浆孔及时堵塞，轮到该管注浆时，再拔下堵塞物，用铁丝或细钢筋将管内杂物清除并用高压风或水冲洗，然后再注浆。

施工中还出现了水泥浆进浆量很大，压力长时间不升高的异常情况。采用的处理措施为：调整浆液浓度及配合比，缩短凝胶时间，进行小泵量低压力注浆或间歇式注浆，使浆液在裂隙中有相对停留时间，以便凝胶。

4.5 系统支护

西秦岭隧道钻爆段施工中初期支护的主要类型为：系统锚杆采用的是 $\phi 25$ mm 的中空注浆锚杆、R32N 自进式锚杆、$\phi 22$ mm 砂浆锚杆；C25 喷射混凝土支护、喷锚网支护、钢架喷锚网支护；钢架分为型钢钢架和格栅钢架。

初期支护施工流程为：首先进行了初期支护施工前的准备工作；然后开始清理危石、处理欠挖部分，同时进行了通风排烟降尘；接着吹净岩面，检查断面超欠挖情况；然后初次喷射混凝土封闭岩面，施作锚杆，并挂设钢筋网，检查有无质量问题，对存在的质量问题进行了改进；然后进行施工放样，安装钢架，并检验安装的钢架是否符合标准，对不满足标准的钢架进行了调整；待钢架满足标准后，喷射混凝土至设计厚度，施作拱部超前支护并进行焊接。至此，便是初期支护整个一循环的流程。

4.5.1 中空注浆锚杆

中空注浆锚杆施工流程为：首先标出了锚杆的位置，其次对锚杆进行了检查和连接，接着进行锚杆的钻进施工，然后检查了孔眼的畅通性并安装了止浆塞，接着用制备好的浆液进行注浆，然后上垫板、旋紧固螺帽、封口，最后进行清洗整理。

采用水泥砂浆的配比为：水泥∶砂∶水=1∶1∶0.45；外加剂添加量为：水泥∶早强剂=1∶0.01。施工中，注浆按照以下程序进行：首先，迅速将锚杆、注浆管及注浆泵用快速接头连接好；其次，开动了注浆泵注浆，直至浆液从孔口周边溢出或压力表达到设计压力值为止。同时,在施工中保证每根锚杆的施工"一气呵成",一根锚杆完成后,迅速卸下注浆软管和锚杆接头,清洗后移至下一根锚杆使用。注浆过程中,每次移位前及时清洗快速接头,以保证注浆连续进行。

4.5.2 砂浆锚杆

施工中,隧道边墙的锚喷支护采用的是砂浆锚杆,杆体采用了 $\phi 22$ mm 螺纹钢筋。施工过程:首先将砂浆锚杆按照设计要求的间距和深度进行布钻施工。成孔后,用高压风吹净孔内岩屑,然后用注浆机将早强水泥砂浆注入锚孔内,再将锚杆插入孔眼内,待砂浆强度达到设计要求后上垫板,垫板保证紧贴岩面,紧固螺帽。其中垫板的尺寸为 15 cm × 15 cm × 6 mm。

施工中操作的两个要点:① 对于向下的锚杆,先将注浆管插入孔底,随后边注浆边向外拔注浆管,直到注满为止。② 对于向上的锚杆,采用排气注浆法,将内径 4 ~ 5 mm、壁厚 1 ~ 1.5 mm 的软塑料排气管沿锚杆全长固定在杆体上,并在孔外留 1 m 左右的富余长度;将锚杆缓慢送入孔中至设计位置;将长 250 ~ 300 mm、外径 25 mm 左右的薄壁钢管用早强水泥固定在孔口位置并将孔口堵密;注浆前对排气管进行检查,确认排气管畅通即进行注浆施工。

4.5.3 钢筋网

施工时,钢筋网首先在洞外加工成片,然后在洞内焊接形成整体。钢筋类型及网格间距根据设计要求进行施工。

同时,钢筋网根据初喷混凝土面的实际起伏状进行铺设,并与受喷面的间隙为 3 cm。钢筋网与钢筋网、钢筋网与锚杆、钢筋网与钢架的连接筋点焊在一起,确保了钢筋网在喷射时不晃动。

此外,在钢筋网制作前对钢筋进行了校直、除锈及油污等处理工作;确保了喷射混凝土保护层厚度不小于 2 cm;对喷射中脱落的石块及混凝土块,及时地清除。

4.5.4 喷射混凝土

施工中,对开挖断面进行检验后,喷射混凝土采用湿喷的工艺进行。喷射混凝土施工采用的工艺流程见图 4-6。

喷射混凝土施工中总结的要点如下:

喷射混凝土原材料选用的是普通硅酸盐水泥、细度模数大于 2.5 的硬质洁净砂、粒径 5 ~ 12 mm 连续级配碎(卵)石和化验合格的拌合用水。然后将原材料按设计配合比进行拌和。

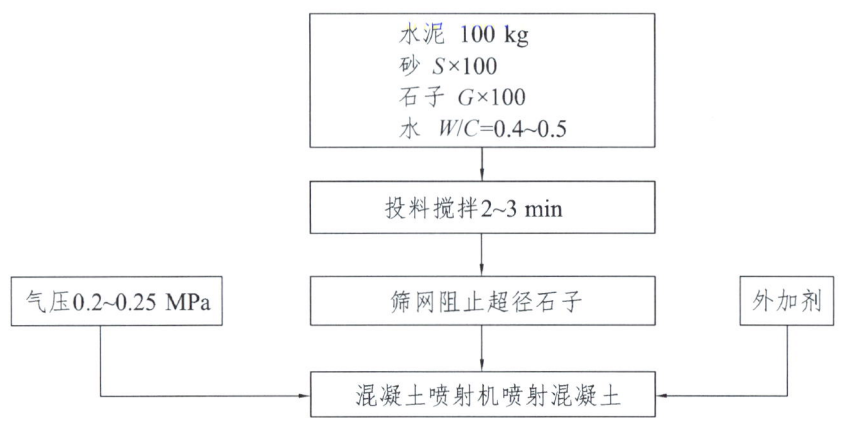

图 4-6 喷射混凝土施工工艺流程

同时,在喷射前对隧道断面进行了认真的检查,对欠挖部分及所有开裂、破碎、出水点、崩解的破损岩石进行了清理和处理,清除了浮石和墙角虚渣,并用高压水或风冲洗了岩面。

在喷射初期支护钢架、钢筋网时,喷头稍加偏斜。喷射混凝土作业采取了分段、分片,先墙后拱、自下而上的顺序依次进行。喷嘴做反复缓慢的螺旋形运动,螺旋直径约为 20~30 cm,保证了混凝土的喷射密实。合理地掌握风压及喷射距离,减少混凝土的回弹量。

在喷射混凝土终凝 2 h 后,进行洒水养护,养护时间不少于 14 d。

施工中在有水地段喷射混凝土时,还进行了额外的施工操作:

当涌水点不多时,设置导管引排水后再进行喷射混凝土的施工;在涌水量范围较大工段,设置了树枝状排水导管后再进行喷射混凝土的施工。在涌水严重工段,设置泄水孔,边排水边进行喷射混凝土的施工。并且,增加了水泥用量,改变了配合比,喷射混凝土由远而近逐渐向涌水点逼近施工。

4.5.5 钢 架

施工中,钢架首先在洞外加工成型,然后在洞内用螺栓连接成整体。洞内的钢架安装在初喷混凝土之后进行,并将钢架与定位系筋焊接。钢架之间设置了纵向连接筋,钢架间用喷射混凝土进行了填平。钢架拱脚必须安放在稳固的基础上,在钢架基脚部位预留 0.15~0.2 m 原岩,并且拱脚两侧设置了锁脚锚杆。钢架在架立时垂直隧道中线,保证了倾斜度不大于 2°,在钢架和围岩之间间隙过大的地方设置了混凝土楔形垫块,用喷射混凝土喷填。

为了保证钢架位置安设准确,在钢架架设前,施工人员预先打设了定位系筋。系筋一端与钢架焊接在一起,另一端锚入围岩中 0.5~1 m 并用砂浆锚固。隧道开挖时在钢架的各连接板处预留了钢架连接板凹槽,拱脚或墙脚处预留了安装钢架槽钢凹槽。

初喷混凝土时，在凹槽处打入木楔，为架设钢架留出了连接板的位置。

在钢架架立结束后，随即进行喷射混凝土施工，并将钢架全部覆盖，使钢架与喷混凝土共同受力。

4.6 结构衬砌施工

4.6.1 仰拱施工

在钻爆法施工段有仰拱的地段采用仰拱先行的施工方法，以起到早闭合，防塌方的作用，并营造了良好的施工环境。为了保证工期要求，减少仰拱及填充对施工进度的影响，降低施工干扰，在开挖和浇筑混凝土时利用仰拱栈桥保证了运渣车辆和其他车辆的通行。施工中仰拱混凝土与填充混凝土分开进行浇筑。

隧底开挖底部高程符合设计要求，隧底范围岩石局部突出每平方米内不大于 $0.1~m^2$，侵入断面不大于 5 cm。超挖部分采用同级混凝土进行了回填。

施作仰拱混凝土时首先将基底清理干净，并且注意及时排水。然后支立模板，排干积水，经验收合格后浇筑混凝土，仰拱进行整体浇筑，一次成型。

仰拱的钢筋绑扎和浇筑采用大样板，以保证钢筋保护层的厚度，确保不露筋。

填充混凝土在仰拱混凝土终凝后进行浇筑，一次浇筑到位。

4.6.2 衬砌施工

西秦岭隧道钻爆法施工段衬砌施工流程如下：首先通过监控量测确定了二次衬砌的施作时间；然后进行二次衬砌施作前的准备工作，进行中线水平放样，挂设防水板、铺设环纵向盲沟，铺设衬砌台车轨道；接着进行台车移位，并涂刷脱模剂；然后进行台车定位的工作，进行水平定位定模、拱部中心线定位以及边墙模板净空定位；接着安装止水带，并清理基底，装设钢制挡头模板；然后进行了止水带隐蔽检查，包括自检和监理工程师检查；然后进行混凝土的灌筑，混凝土在洞外进行拌和由罐车运输至掌子面，并进行泵送灌筑。最后将台车脱模退出，并进行二次衬砌的养护。

钻爆法段隧道拱墙衬砌在围岩及初期支护变形基本稳定后进行施工，施工中保持适度紧跟开挖。钻爆法段隧道二次衬砌采用衬砌台车，整体浇筑。混凝土由洞外自动计量拌合站集中拌合，由混凝土搅拌输送车运输至浇筑地点，然后由混凝土输送泵泵送入衬砌台车模板内。

施工前首先准确测量使衬砌台车进行定位，保证衬砌台车中线与隧道的中线一致，拱墙模板成型后对其进行固定，测量复核无误；然后清理基底杂物、积水和浮渣，装设钢制挡头模板，按设计要求装设了止水带，并自检防水系统设置的情况；最后自下而上灌注混凝土，先墙后拱，对称浇筑。

混凝土通过模板上预留的孔口进行浇筑，模板上的预留的孔口分层布置，层高不大于 1.5 m。捣固采用的是插入式振动器。

为防止拱部混凝土浇筑出现空穴，在拱部加强振捣，防止出现漏振。

施工中二次衬砌拆模的时间符合下列规定：

（1）在初期支护变形稳定后施工的，混凝土强度应达到 8.0 MPa。

（2）初期支护未稳定，二次衬砌提前施做时混凝土强度达到设计强度的 100%。

（3）特殊情况下，根据试验及监控量测结果决定拆模时间。

混凝土浇筑完毕后，混凝土的养护期限严格按照《铁路隧道工程施工技术指南》及设计要求进行了执行。

4.7 监控量测

4.7.1 量测项目

根据相关规范的规定，施工前对西秦岭隧道确定了必测项目和选测项目，并在施工中进行了监控量测。必测项目包括洞内外观察、地表沉降量测、净空水平收敛量测和拱顶下沉量测；选测项目包括围岩内部变形量测、围岩压力量测、支护及衬砌应力量测、锚杆内力量测和钢架内力及所承受的荷载量测、隧底隆起等。施工中量测项目见表 4-2。

表 4-2 隧道必测项目及要求表

项目名称		方法及工具	布 置	测试时间
必测项目	洞内外观察	观察、数码相机、地质罗盘	全长度开挖后及初期支护后进行	每次爆破后及初期支护后，每天至少 1 次
	净空水平收敛	各种类型收敛计或全站仪	根据不同围岩地段 5～50 m 布设一对测点	初读数在开挖后 12 h 内读取，最迟不超过 24 h，而且在下一循环前获取。
	拱顶下沉	水准仪、钢挂尺或全站仪	根据不同围岩地段 5～50 m 布设一个测点	
	地表沉降	水准仪或全站仪	横向间距 2～5 m、纵向间距 5～20 m	洞口施工之前、每天至少 1 次

4.7.2 测点密度与量测频率

监控量测中的洞内观察分为开挖工作面观察和初期支护状况观察两部分，开挖工作面观察在每次开挖后进行一次，当地质情况基本无变化时，每天进行了一次量测。观察后绘制了开挖工作面略图（地质素描），填写了工作面状态记录表及围岩级别判定卡。对初期支护观察每天至少进行了一次，观察的内容包括检查喷射混凝土有无裂损，锚杆有无松动，钢架支护工作状态等。

洞外观察的内容包括洞口地表情况、地表沉陷、边仰坡稳定、地表水渗透等观察。

周边位移的量测包括水平净空变化量测、拱顶下沉量测及施工中在部分地段还增设了隧底上鼓的量测。量测断面间距和测点数量见表 4-3。

表 4-3 周边位移量测断面间距和测点数量表

围岩级别	断面间距	每断面测点数量	
		水平净空变化	拱顶下沉
3	30~50	1 条测线	1 个测点
4	10~30	1 条测线	1 个测点
5	5~10	1~2 条测线	1~3 个测点

在避免爆破作业破坏测点的前提下，施工中的监控量测测点保证了尽可能靠近工作面埋设，一般为 0.5~2 m，并在下一次爆破循环前获得初始读数。初读数在开挖后 12 h 内进行了读取，最迟不超过 24 h，而且在下一循环开挖前，完成了初期变形值的读数。

水平净空变化量测和拱顶下沉量测采用相同的量测频率，量测频率见表 4-4。

表 4-4 量测频率表

位移速度/（mm/d）	量测断面距开挖工作面的距离/m	量测频率
≥5	<1B	2 次/d
1~5	（1~2）B	1 次/d
0.5~1	（2~5）B	1 次/2~3d
0.2~0.5		1 次/3d
<0.2	>5B	1 次/7d

注：B 表示隧道开挖宽度。

对特殊地段、特殊部位及不良地质地段，在原布点密度的基础上，增加了布点密度，同时增加了测量频率。

4.7.3 选测项目量测

施工中采用的监控量测选测项目及方法见表 4-5。

表 4-5 监控量测选测项目及方法表

序号	项目名称	监控手段及工具	测点布置	量测频率			
				1～15d	16～30d	1～3 月	>3 月
1	锚杆内力	电测锚杆、锚杆测力计、锚杆拉拔计	每 10 m 一个断面，每个断面至少 3 根锚杆				
2	围岩内部变形	多点位移计	每个代表性地段 1～3 个量测断面，每个断面不少于 10 个测点	1～2 次/天	1 次/2 天	1～2 次/周	1～3 次/月
3	围岩压力	压力盒	每个代表性地段 1～3 个量测断面，每个断面不少于 20 个测点	1～2 次/天	1 次/2 天	1～2 次/周	1～3 次/月
4	钢支撑内力	支柱压力计或其他测力计	每个代表性地段 1～3 个量测断面，每个断面 1～3 对测点	1～2 次/天	1 次/2 天	1～2 次/周	1～3 次/月
5	支护、衬砌内应力	各种混凝土内应力计或应变计	每个代表性地段 1～3 个量测断面，每个断面不少于 20 个测点	1～2 次/天	1 次/2 天	1～2 次/周	1～3 次/月

5 TBM段开挖及支护

5.1 TBM运输

5.1.1 主要运输设备

在TBM施工开始前需要将TBM相关设备运抵施工场地，其中西秦岭隧道TBM施工主要部件的尺寸及重量见表5-1所示。

表5-1 TBM主要部件尺寸及重量

序号	设备部件名称	单位	数量	尺寸/mm	重量/t
1	刀盘上部中心块	件	1	6 444×2 855×1 635	38.1
2	刀盘下部中心块	件	1	6 444×3 589×1 635	45.5
3	刀盘边块	件	2	7 036×2 021×1 495	20.2
4	刀盘边块	件	2	7 036×2 060×1 495	19.4
5	顶护盾	件	1	4 969×2 844×1 675	14.3
6	刀盘支撑	件	1	7 475×6 552×880	64.8
7	主轴承和密封总成	件	1	6 975×6 975×1 145	58.0
8	左、右护盾	件	各1	3 867×2 644×669	5.258
9	左、右支撑	件	各1	1 898×1 800×7 080	26.7
10	主梁前部	件	1	8 011×4 977×4 320	65.75
11	主梁后部	件	1	7 886×3 730×1 800	27.5
12	鞍架	件	1	4 945×3 309×4 158	43.0
13	后支撑	件	1	3 383×3 343×4 646	22.5
14	前部立式支撑	件	1	4 400×1 700×1 800	18.55
15	撑靴	件	2	1 661×2 424×6 012	28.5
16	变压器	台	3	4 369×1 308×2 400	10.0
17	操作室	个	1	1 841×1 783×2 154	2
18	撑紧油缸	件	2	6 791×1 380×1 470	17

5.1.2　运输方式及线路

根据施工进度安排,中铁十八局集团有限公司于 2009 年 12 月 20 日,将包括部件、工具、备件等在内的全部货物运抵了施工现场。

因为西秦岭出口工地仅依靠省道 S206 与外界相连,运输时采用了汽车运输与铁路运输相结合的模式进行。并从成都开始采用汽车运输,中间经过了广元、宁强、勉县、略阳、康县、琵琶至施工现场。其中,国道 G212 段路面相对较好,坡度和弯度也较为缓和,仅对部分影响 TBM 通行的弯道及桥梁进行了整修及加固。并对西秦岭出口至姚渡 S206 段进行了整修拓宽,以满足 TBM 运输要求。

5.2　TBM 组装调试

TBM 成套设备以裸件形式及集装箱形式运抵工地现场。主机部分以大的总成裸件抵达,主机附属设备大部分装箱到达,后配套系统大多以裸件运到工地,液压、电气均装箱到达,将这些不同形式、不同类型的部件按照制造商设计文件要求、精度要求用专用机具组装起来,分别完成了主机、连接桥、后配套及附属设备的组装并用相关部件连接成一体,完成调试并达到设计文件要求即完成了掘进机的组装任务。

5.2.1　组装调试准备工作

在 TBM 组装调试前,根据隧道出口位置和隧道的走向确定了掘进机的组装位置和掘进机的始发方向。对主机组装场地的标高进行了严格的控制,避免了掘进机步进时进行爬坡行走。对主机组装场地的地基进行了夯实、龙门吊走行轨道采用钢筋混凝土结构。保证组装场地地面抗压强度为 20 MPa、浇筑了 30 cm 厚混凝土。然后依据洞口位置、步进方向,在组装场地对刀盘、轴承、护盾、主梁、连接桥等的摆放位置和组装位置进行了标注,以保证主机组装顺序的正确安装对位。

因为进场顺序决定了大件进场后摆放及组装时的合理性和便利性,特别是刀盘、主轴承、机架等的摆放,直接影响到主机的安装位置,所以在大件进场时,按预先标注的各部件位置图(图 5-1)顺序进行摆放。

根据 TBM 结构特点,对施工人员进行了专业分工和岗前技术培训,尤其确保各类工程师认真学习了 TBM 有关技术资料,熟悉掌握了 TBM 的机、电、液等原理。

由于组装期间的特殊工具及用水、用电的需求,组装开始前在组装场地设置了风、水、电系统,并配置了适当的高压风管、水管、电缆、配电箱等。组装现场配备了适量的灭火器、消防砂等消防用品。

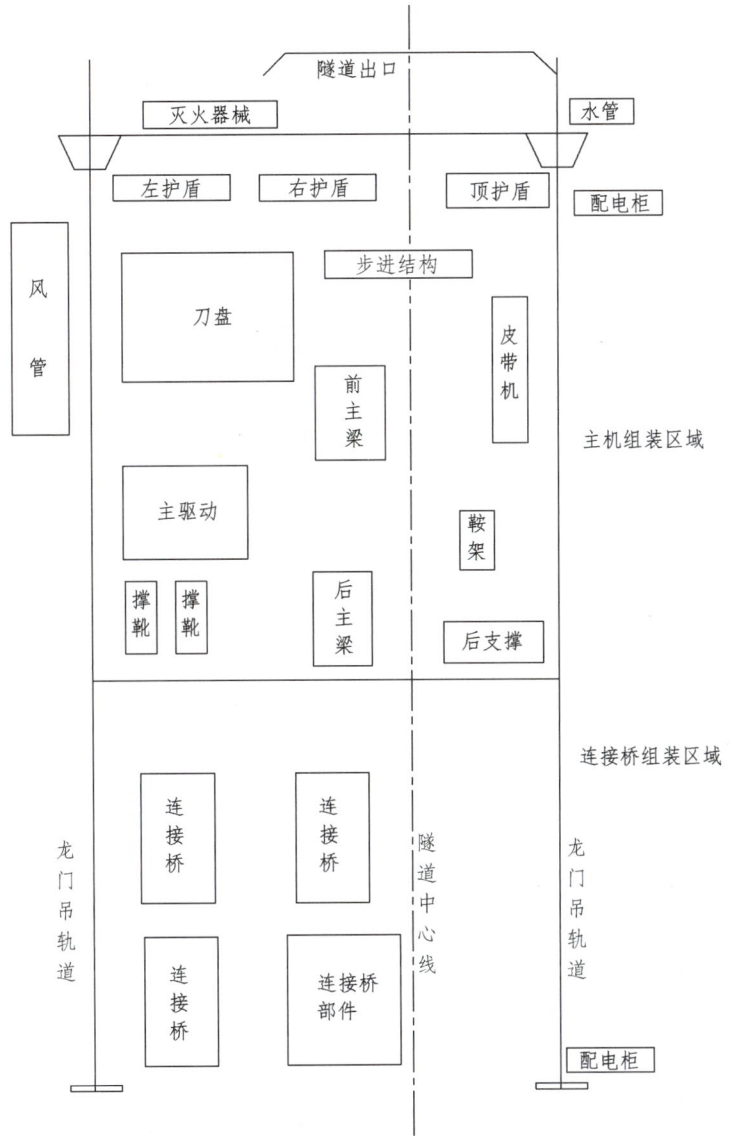

图 5-1　TBM 掘进机主要大件摆放图

同时，由于安装期间任务烦琐，所用工具、清洗材料、液压管接头、特殊工具等很多，所以在主场地龙门吊走行轨一侧，面向洞口依次放置了以下集装箱：工具间、螺栓螺母存放间、液压间、电气间及用于存放各类液压件的集装箱。

施工中为了加快组装进度，节约组装时间，组装工作在场地内分区域同步进行。投入的组装相关主要设备、机具见表 5-2。

表 5-2 TBM 组装主要机械设备

序号	名称	数量	规格	备注
1	龙门吊	1台	300 t	2×150 t+20 t（主机）
2	龙门吊	1台	25 t	连接桥组装
3	龙门吊	1台	32 t	后配套组装
4	汽车吊	2台	50 t	一台配合组装，一台用于倒运
5	汽车吊	1台	25 t	用于倒运
6	叉车	1台	5 t	
7	倒运板车	1辆		
8	气动扳手	2把		
9	液压扳手	1套		
10	液压预紧扳手	1套		含夹具
11	扭矩扳手	8	0~1440 N·m	国产
12	各类吊具	6套		
13	变矩器	2套		
14	常用扳手	4套		
15	液压升降平台	2台	10 m	
16	导链	20把	0.5~10 t	
17	电焊机	10台	0~500 A	

5.2.2 组装及调试操作

1. 主机组装

TBM 主机的安装，首先以主机的几大构件拼装为主，然后根据先主机部件后辅机部件、先主要结构件后零碎构件、先零件后部件、先内部后外部、先下层后上层的安装顺序逐步进行了组装，最后再进行走台、盖（踏）板、扶梯、护栏、传感器元件、控制元件以及信号线路、强电线路、液（气、水）压管路的布设。

施工中采用的主机（含连接桥）组装流程为：首先安装下支撑，放置机头架，将机头架和轴承进行拼装；然后安装内外密封，安装机头架；接着进行了主梁前段和溜渣槽的安装；然后进行主梁后段、支撑鞍架及支撑油缸的安装；然后安装后支撑、安装左右撑靴和推进油缸；接着进行主驱动的安装，并安装左右支撑；然后安装皮带机、环形梁安装器；接着进行刀盘的整体吊装，并安装锚杆钻机；然后进行泵站的安装，并安装走道踏步扶梯；接着安装顶部支撑、连接桥以及喷锚机械手；最后安装后部桥架、桥架皮带机及底部清渣系统。

施工中，TBM主机现场安装流程如下。

第一步：将刀盘分块水平放置在安装区域前端，将刀盘分块按要求组合焊接在一起，并水平放置在安装区域前端（见图5-2）。

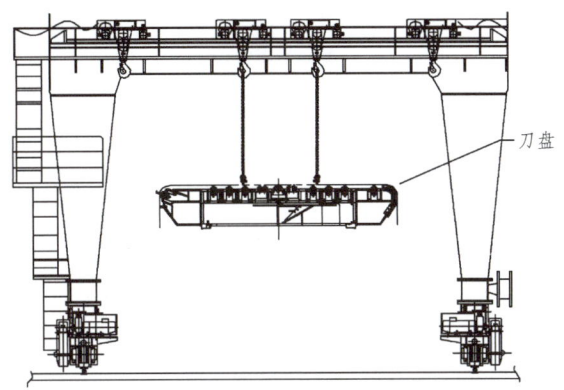

图5-2 刀盘安置示意图

第二步：把支撑架放置到了指定位置，把前支撑放置在行走梁前端，并将它们焊接在一起（见图5-3）。

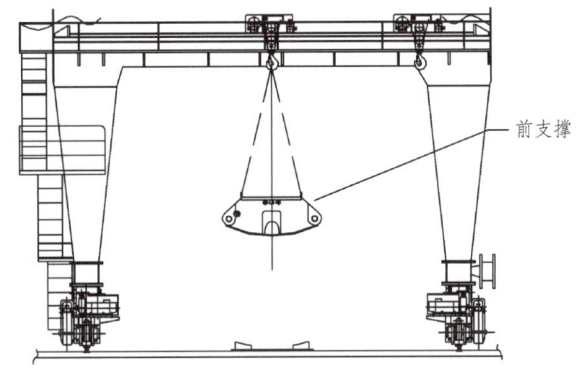

图5-3 支撑架安装示意图

第三步：安装机头架到了水平支撑上（见图5-4）。

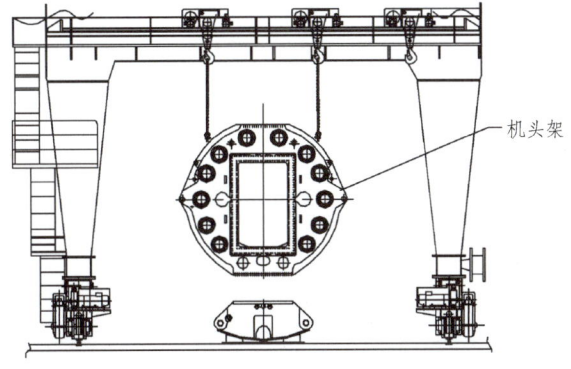

图5-4 机头架安装图

第四步：安装主梁到机头架，安装皮带机和溜渣槽，把行走梁放到了主梁下面（见图 5-5）。

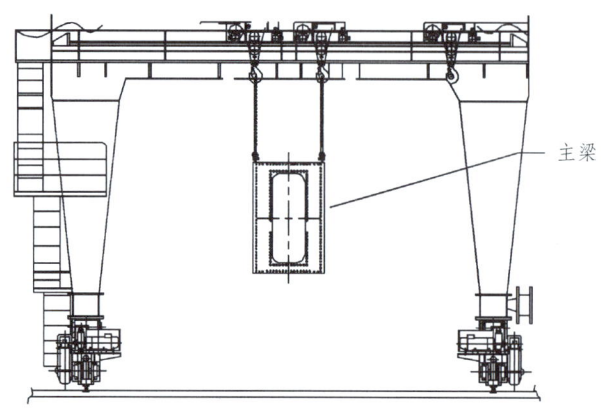

图 5-5　主梁安装示意图

放置行走梁后，主机组装情况示意图（见图 5-6）。

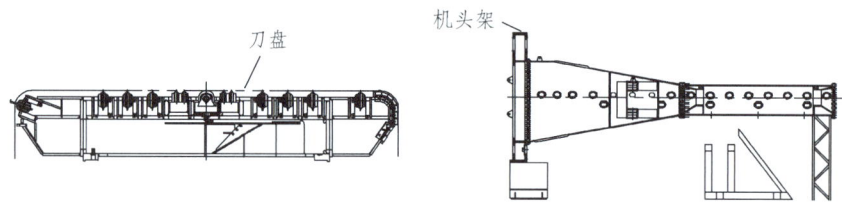

图 5-6　行走梁组装示意图

第五步：安装支撑鞍架到了主梁的后端，安装上支撑油缸到支撑鞍架，安装鞍架到行走梁（见图 5-7）。

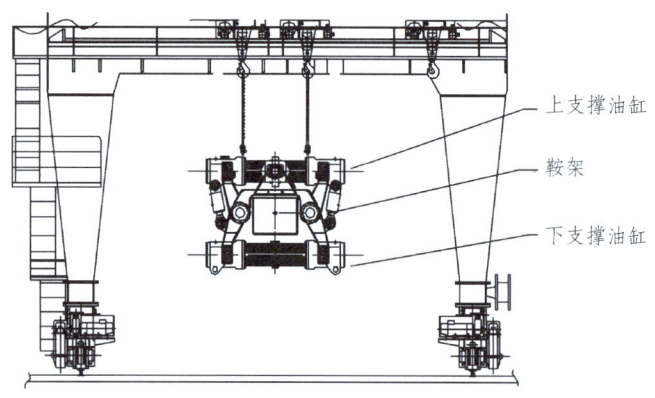

图 5-7　鞍架安装示意图

安装完成支撑鞍架后，主机组装示意图（见图 5-8）。

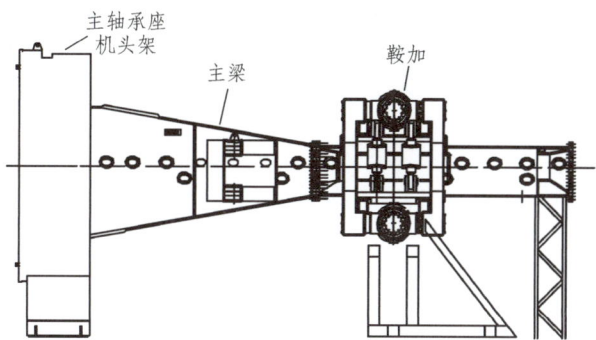

图 5-8 鞍架组装整机示意图

第六步：安装支撑油缸、推进油缸、撑靴到支撑鞍架总成，安装后支撑总成（见图 5-9）。

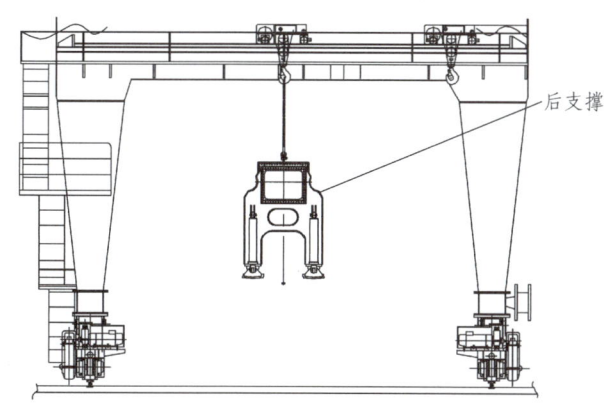

图 5-9 后支撑组装示意图

安装完成第六步后，整机示意图（见图 5-10）。

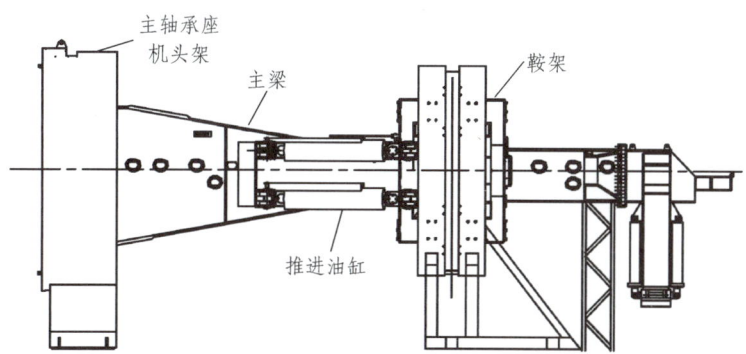

图 5-10 后支撑组装整机示意图

第七步：安装主驱动总成和侧支撑到机头架（见图 5-11）。

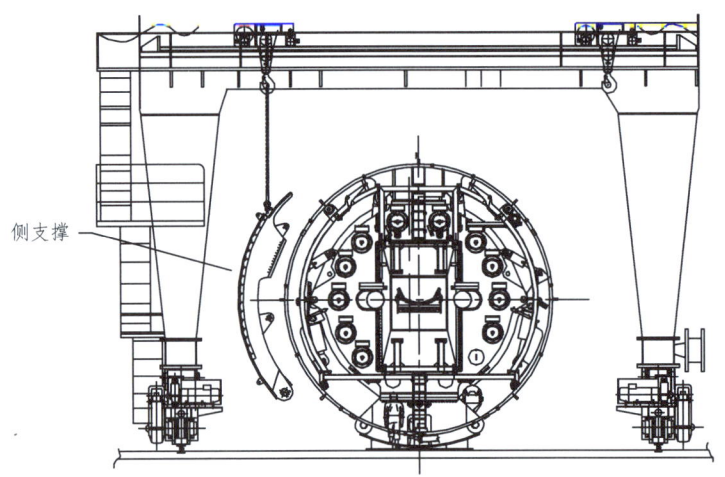

图 5-11 侧支撑安装示意图

安装完成侧支撑后,整机示意图(见图 5-12)。

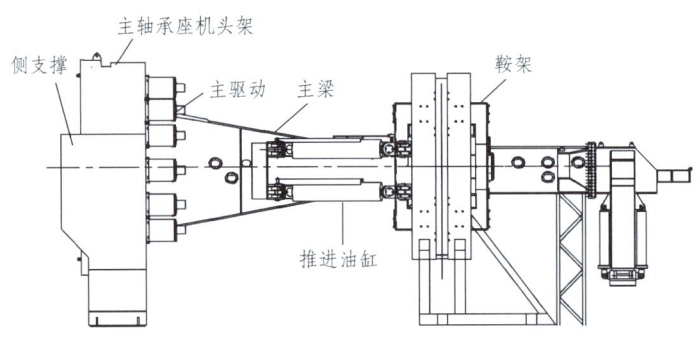

图 5-12 侧支撑安装整机示意图

第八步:将环形支架、锚杆钻机、走道、扶梯、踏板、泵站安装到了 TBM 上,安装刀盘到机头架上,安装顶支撑和侧顶支撑到 TBM 上(见图 5-13)。

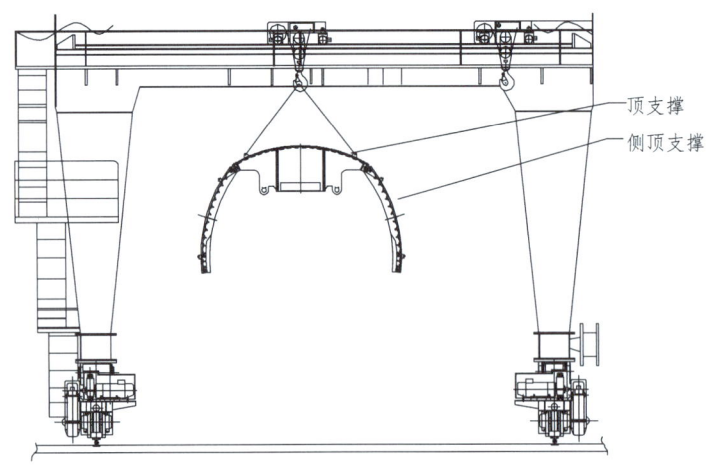

图 5-13 顶支撑组装示意图

主机组装完成，整机示意图见图 5-14。

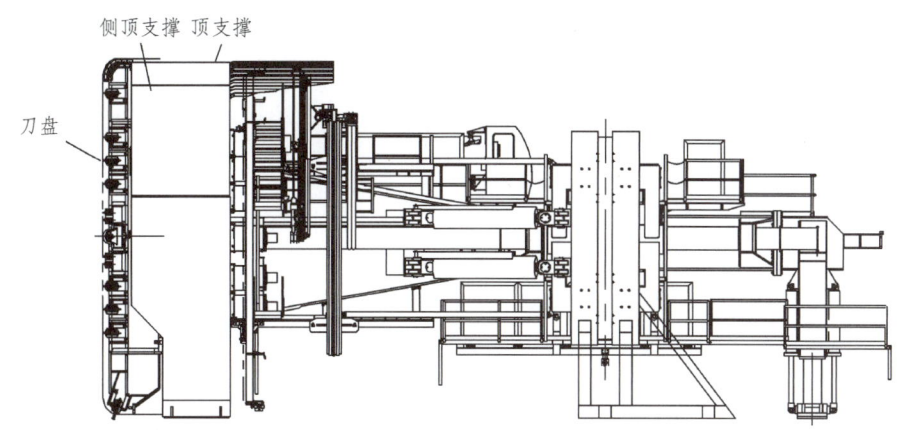

图 5-14　TBM 整机示意图

安装过程中总结了几点细节：在安装前对所有部件的安装接合面进行了处理和清洗；避免了安装工具的超量程使用；所有螺栓均按照规定的方法和规定的力矩紧固并及时做好了标记；对于重要部件的回转类接插件，保证与其配合件之间打有记号，找到标记后，仔细对正，使运转部件回转平稳，达到静态、动态的平衡。

2. 后配套系统组装

在本项目的施工中，由于施工场地有限，后配套组装无法全部同时与主机组装开始，于是先期组装前五节车辆，然后前移到已建好的洛塘河大桥的临时桥架上，待主机与连接桥相连后，迅速前移前五节车辆与连接桥相连，达到整机供电调试的目的。待主机调试前移后，接着组装最后五节后配套车辆。并确保每节后配套车辆单独组车运输。

后配套每节车辆的组装流程基本相同，都是先组装好结构框架，其次是辅助设备的安装，然后安装每节车辆上面的液压、电气系统。

3. 系统调试

根据现场组装的完成情况，在独立系统组装完成后，进行了各系统的调试工作。调试内容为：着重进行了独立系统的功能性试验，根据设计标准进行试验。机械部分，试验了能否完成设计动作、噪音大小等；液压部分，试验了动作的压力、流量、频率（油脂系统）、泄漏等；电气部分，试验了电压、电流、控制电压、频率、功率因数、PLC 模块功能等；风水系统，试验了压力、泄漏、管路布置等；通信系统、试验了通信功能。待独立系统调试完成后，进行了整机功能即掘进状态的调试。

5.3 TBM 步进

5.3.1 TBM 步进方式

在通常的 TBM 施工中，主要有如下的步进方式：

（1）反力架式。

TBM 组装完成后，在主机的尾部设置反力架，反力架的形式通常为钢结构或者混凝土结构。步进的过程中，TBM 推进油缸顶推在反力架上，并且需要不断在推进油缸与反力架之前安装类似于管片的结构物，从而实现主机的前移，并拖动后配套的前进。反力架式步进方式通常应用于单护盾、双护盾及盾构工程中，且步进长度通常都比较短。引大济湟工程中 TBM 的步进方式就采用的是反力架式步进。

（2）掘进式。

掘进式步进过程为：敞开式 TBM 的撑靴在完成衬砌的洞壁上撑紧，步进前进的动力由推进油缸提供，底护盾在隧道底板上向前滑行，该步进过程类似于 TBM 的掘进过程。由于掘进式步进要求撑靴紧紧撑在洞壁衬砌上，对衬砌的施工质量以及强度要求较高，掘进式步进在施工中的应用也较少。

（3）蛙跳式。

蛙跳式步进主要针对双 X 型支撑敞开式 TBM 的步进，其步进机构分别安装在底护盾、前后外机架、后支撑上，步进动力同样由推进油缸提供。步进过程中，首先前后外机架步进机构支撑 TBM 主机；然后将底护盾、后支撑步进机构提离地面，伸出推进油缸，推动主机在两个外机架上向前滑动；待行程到位后，底护盾和后支撑步进机构被放下，并对主机进行支撑；最后两机架步进机构脱离地面，收回推进油缸，并带动机架前移，进入下一循环。但随着 TBM 掘进技术的发展，蛙跳式步进在实际工程中应用越来越少，处于被淘汰的边缘。

（4）轨行式。

轨行式步进过程：首先在 TBM 的主机下方安装带有动力的驱动轮和支撑轮组，然后通过驱动轮和支撑轮组在提前铺设好的钢轨上带动 TBM 向前步进。轨行式步进适用性比较广，但显然这种方式的成本也相对较高。我国大伙房输水工程中 TBM 的步进方式就采用的是轨行式。

（5）滑轨式。

滑轨式步进过程：首先在步进段提前铺设滑轨，滑轨的形式为钢轨或者型钢；

然后将步进油缸安装在底部护盾后方,在推进油缸的另外一侧设置轨夹,通过轨夹夹紧轨道,从而为 TBM 在滑轨上的步进提供动力。滑轨式步进的适应性同样比较强。

(6)坦克式。

坦克式步进过程为:首先在 TBM 的主机底部安装移动装置,用于承载主机并可以背负主机进行移动。该种方式在盾构隧道中应用比较多。

(7)滑板式。

滑板式步进过程为:先在 TBM 底护盾下部安装一小滑板,再在混凝土底板上设置一大滑板,小滑板可以在大滑板上滑动,并且将步进油缸安装在大滑板和底护盾之间,通过小滑板和大滑板的相对滑动进行 TBM 的步进。在滑板式步进中还在撑靴的下方设置了支撑支架用以确保 TBM 的稳定。滑板式步进速度快,成本低,西秦岭隧道 TBM 步进也采用的是这种方式。

5.3.2 西秦岭隧道 TBM 步进方案

西秦岭隧道施工工期紧,对 TBM 步进的进度要求更是达到了 1 000 米/月。施工中,在 TBM 步进之前,西秦岭隧道面临三个 TBM 步进难点:

(1)由于预备洞钻爆法施工后,仅进行了初期支护,二次衬砌要在 TBM 步进之后再进行施工,所以钻爆法开挖后的预备洞边墙凹凸不平,无法利用 TBM 上的撑靴作为步进驱动力。

(2)由于仰拱预制块为弧形,而预备洞底部为平底,施工中需要考虑怎样操作来确保仰拱预制块随着步进同时安装的平整度和稳定性。

(3)施工中还要考虑 TBM 的始发段怎样进行步进过渡并顺利开始掘进。

虽然 TBM 厂家罗宾斯公司建议步进方式采用油缸推进结合弧形滑道的步进方案,但是中铁十八局集团有限公司的技术人员在实际施工中,通过前期细心研究探索,提出了电机驱动、整体托架步进的方案,并对两种步进方案进行了对比分析:

1. 油缸推进结合弧形滑道进行步进

该方案中,TBM 的步进中,刀盘由弧形钢板支撑放在弧形滑道上,弧形钢板上安装了 2 组推力油缸(200 t×4),油缸的行程为 1.8 m。步进过程中的动力为弧形钢板和弧形滑道之间摩擦力的反作用力。当完成 1.8 m 的行程后,刀盘被前举升油缸撑起,后支撑油缸伸长,同时收缩推力油缸来带动后配套的前行。

该方法的步进原理为:弧形钢板和弧形滑道之间的滑动摩擦系数大约为 0.5~0.6,而 TBM 设备与弧形钢板之间的滑动摩擦系数大约为 0.1~0.2。并且钢板与滑道之间的接触面积要大于钢板与 TBM 之间的接触面积。从而导致钢板和滑道之间的摩擦力要大于 TBM 与钢板之间的摩擦力。

同样，该方案也存在几个难点：

（1）怎样确保弧形滑道施工的精确性。要保证弧形滑道和弧形钢板之间有着最大的接触面积，才能提高最大的滑动摩擦力，保证 TBM 的快速步进。

（2）施工中要避免推进力过大，从而导致弧形钢板的翻转，引起 TBM 的失稳。

（3）施工中还要考虑推力是否够大，是否能够推动 TBM 进行步进。

（4）在此方法下，怎样提高 TBM 的步进速度。

（5）从经济性上考虑，怎样节约施工成本。

2. 电机驱动结合整体托架轨道进行步进

此方案中，刀盘同样由弧形钢板进行支撑，并将其放置在弧形钢板两侧焊接的前端整体式托架上（通过 8 台整体式托架进行承载，每台托架承载量超过 100 t）向前滑行，整体式托架可以利用转向销将托架和轮对铰接固定。TBM 的撑靴放在后端的整体托架上，通过轮轨前行，并且 TBM 后配套和油缸保持同步前行。该方案的步进行程还是为 1.8 m，当前进 1.8 m 后，将整体式托架的走行轮锁死，后支撑腿收起，后配套牵引油缸收缩带动后配套前行，从而实现 TBM 的步进作业。

当然，此方案也存在几个难点：

（1）整体式托架及轨道设计的安全性能否满足步进过程中的承载要求及稳定性要求。

（2）在 TBM 主机步进一个循环后，是否有足够的空间可以让后侧的整体式轨道迁移至 TBM 前方进行重复使用。

（3）如何设计驱动电机才能满足步进施工中 16 个电机的同步运行，驱动电机的功率采用多大合理。

（4）在此方法下，怎样提高 TBM 的步进速度。

（5）从经济性上考虑，怎样节约施工成本。

以上两种步进方案，经过了专家论证会的认真研究，结果认为要保证 16 台驱动电机同时运行，在技术层面有难度，并且扁担梁式托架走行轮对平整度要求很高。最后西秦岭隧道 TBM 的步进还是采用原方案，即油缸推进结合弧形滑道进行步进的方案。

5.3.3　西秦岭隧道 TBM 第一阶段步进

西秦岭隧道 TBM 第一阶段的步进为从隧道出口 TBM 组装调试场地步进到隧道掘进始发掌子面。在西秦岭隧道第一阶段的步进施工前，进行了相应配套结构和场地的施工，进行了配套设备机具的安装：

（1）出发隧道的施工。

西秦岭隧道 TBM 出发隧道断面设计图见本书图 1-5，但在施工中发现，如果继续按照原设计断面图进行施工，TBM 无法步进到掘进掌子面。并且原设计断面图中没有举升油缸和滑行托架的位置。此外在出发隧道的施工中还要投入衬砌台车的使用。因此对出发隧道进行了变更设计，变更后的断面图见图 5-15。

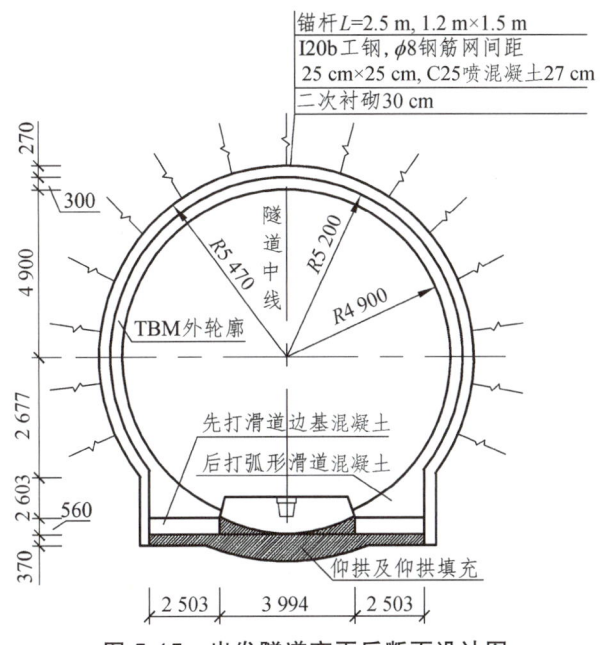

图 5-15　出发隧道变更后断面设计图

变更设计后的出发隧道首先施作初期支护，待 TBM 步进通过后再施作二次衬砌。出发隧道支护参数见表 5-3 所示。

表 5-3　出发隧道支护参数表

围岩级别	初期支护								二次衬砌
	C25 喷混凝土 /cm	系统砂浆锚杆			HPB235 钢筋网			I20b 钢架 /（榀/米）	拱墙厚度 /cm
		长度/m	间距 /（m×m）	位置	直径 /mm	间距 /（cm×cm）	布网位置		
Ⅲ	30	3	1.2×1.5	拱墙	$\phi 8$	25×25	拱墙	0.5	30

（2）滑道的施工。

步进滑道的施工距离比较长，在洞口外的 17 m，钻爆法预备段以及 TBM 掘进始发段 20 m 进行滑道的施工。步进滑道采用的是 C30 混凝土。在施工中，为了提高施工速度及步进滑道的精确度，首先施作了隧道两边边墙的基础，以此满足后续施工中台车轨道的铺放；待钻爆法段和 TBM 掘进始发段施工完成后，采用滑道模板台车施工隧道中间部分。在滑道模板台车进行施工时，对滑道的平整度有严格的要求，要求滑道的平整度小于 10 mm。并且滑道的施工采用坍落度为 3~5 cm 的干硬性混凝土，施工中至少保证每天 100 m 的施工速度。

在滑道施工结束后，对重要部位进行了检算，其中滑道的边基部位的举升油缸底部与混凝土基础面的接触应力在 2 MPa 左右，弧形钢板与混凝土面的接触应力在 0.3 MPa 左右，TBM 后支撑与混凝土基础面的接触应力大约在 3.8 MPa 左右。以上重要部位均满足强度要求。

（3）洞口段场地施工。

在 TBM 进行组装时，对隧道出口预留了 10 m 的位置以保证 TBM 组装调试相关车辆的通行。同时，在 TBM 组装前，对洞口段 20 m 范围内的场地进行了硬化处理以满足 TBM 的组装施工。硬化施工采用的是 1 m 厚的 C30 混凝土，硬化施工的宽度为以隧道中心线为中心，两侧各宽 7.5 m。

（4）弧形钢板的加工与安装。

TBM 步进中采用的弧形钢板用 70 mm 厚钢板进行加工，弧形钢板的长为 7 688.5 mm，宽为 5 736.8 mm，将其弯成弧形，其中外半径为 5 120 mm，内半径为 5 050 mm。并且弧形钢板的前方上翘 3 cm，后方上翘 10 cm，以此防止收缩油缸钢板推进时与滑道混凝土相碰导致步进阻力的增大。同时，为了防止弧形钢板在滑动中产生侧向翻转，在弧形钢板的端头部焊接上弧形钢板防扭工字钢（524 mm×306 mm×21 mm×40 mm）。最后，弧形钢板要在 TBM 主机组装前就位。

（5）滑行支架的安装。

在 TBM 步进过程中，撑靴均已收回，为了对 TBM 主机和支撑靴进行支撑，在 TBM 进行组装的同时，在撑靴的下方安装了 1 个滑行支撑架。滑行支架可以随着 TBM 的步进向前滑行。并且在护盾两侧对应的位置上焊接好了举升受力钢板，安装好举升油缸。

（6）推进油缸的连接。

步进推进油缸的安装在 TBM 组装调试完成后进行，步进推进油缸共分为两组，每侧 1 组，每组 2 个。将推进油缸的前部与护盾进行连接，后部与弧形钢板进行连接。其中，每个推进油缸的推力为 200 t。

在上述准备工作结束后，进行 TBM 的步进。TBM 的步进主要分为以下 4 个步骤：

（1）步进推力油缸进行推进伸长。

TBM 步进开始后，首先通过步进推进油缸将刀盘向前伸长 1.8 m，同时处于 TBM 撑靴处的推力油缸也向前伸长 1.8 m，从而使 TBM 主机及后配套向前步进 1.8 m。

（2）举升油缸举升、同时后支撑支腿伸长。

待步进推进油缸向前伸长 1.8 m 后，TBM 主机通过设置在护盾下方的两组举升油缸进行举升，TBM 护盾被举升油缸举升 1~2 cm，从而使主机可以脱离弧形钢板，然后后支撑伸长到下部弧形滑道混凝土的弧形上，使得撑靴处的滑行支架被举升，脱离弧形滑道边部的混凝土表面 1~2 cm。

（3）步进推进油缸、主机推力油缸收缩。

在TBM主机被举升后，通过TBM步进推进油缸的收缩带动弧形钢板的前行，与此同时，主机的推进油缸也进行收缩，以此带动撑靴处的滑行支撑架前行1.8 m。待步进推进油缸的收缩结束后，举升油缸和后支撑支腿进行收缩，TBM主机被放置在弧形钢板上，滑行支架被放置在下部的混凝土面上，以此进入下一个步进循环。

（4）当TBM步进到达始发洞后，将主机刀盘顶进围岩，并进行举升油缸、步进推力油缸和滑行支架的拆除工作；接着使主机的刀盘在弧形钢板上转动进行掘进施工，到TBM后配套全部通过弧形钢板后，通过平板车将弧形钢板运出洞外。

同时，在步进前，做好了相应的检查测量工作。在TBM步进前对滑行钢板的安装就位情况进行了检查，防止其发生损坏或变形；对坑道的标高进行了测量检查；利用辅助泵站校验了步进机构的状态；配备了专职安全员负责步进阶段的安全工作。

TBM在罗家理斜井段步进的同时，完成隧道出口至罗家理斜井段连续皮带机的拆除，并随TBM步进组装、延伸连续皮带机。

5.3.4　西秦岭隧道TBM第二阶段步进

当西秦岭隧道掘进至罗家理斜井段时，需要进行TBM第二阶段的步进。在TBM第二阶段的步进中，同样遇到了一些需要解决的技术问题。总结归纳主要有以下两个问题：

（1）TBM滑行支架位置的确定。

由于TBM掘进到罗家理斜井段时，隧道断面为圆形，然而步进所需的滑行支架的安装必须要放置在平面上进行，因此在施工中将TBM继续向前移动4.6 m，以此满足滑行支架所需要的安装位置。施工过程如下：

首先将TBM正常掘进直到撑靴抵达罗家理斜井贯通点位置；然后将TBM后支撑落地，以此支撑起TBM的重量；接着将撑靴推进油缸收回，使撑靴离开岩面以进行正常的换步，并使撑靴向前移动1.8 m；然后将撑靴推进油缸对称伸出，并对伸出量进行控制，在推进油缸的行程还剩下15 cm时，停止推进油缸的伸出；紧接着在撑靴的支撑范围内沿着隧道纵向铺设大量的方木，方木在铺设时要保证尽量塞紧；待方木铺设完毕后，将撑靴油缸伸出，并且当撑靴推进油缸的压力上升到8 MPa左右后，改用高压力伸出，并观察记录撑靴油缸的压力和行程的变化，当撑靴推进油缸的压力达到28 MPa且保持稳定不变后，收回撑靴油缸；然后将TBM的刀盘转速调整到1 r/min，这个操作的目的是为了减小启动刀盘时TBM撑靴受到的扭矩，避免出现撑靴下滑的现象；接着启动皮带机，待TBM刀盘转速稳定后，将后支撑慢慢收起；然后将推进油缸的流量控制在30%左右，伸出推进油缸，使TBM向前移动。该过程中经过3个循环的TBM模拟掘进，最后顺利前进4.6 m，到达指定位置。

（2）弧形钢板的拼装焊接。

在西秦岭隧道 TBM 步进中，弧形钢板发挥着举足轻重的作用，在 TBM 第一阶段的步进结束后，弧形钢板被拆割成很多块并运输到了洞外。为了保证 TBM 在第二阶段的顺利步进，在隧道掘进到罗家理斜井段前，提前将弧形钢板的零部件运输到了罗家理斜井钻爆法施工段。并且由于弧形钢板的焊接对进度和精度的要求都比较高，在施工中提前集中安排了高水平的焊接施工人员对弧形钢板进行焊接，最后保证了 TBM 在罗家理斜井段的顺利步进。

与此同时，针对西秦岭隧道 TBM 第一阶段步进中出现的问题，进行了解决。

（1）对举升油缸底座进行了改造。

在 TBM 第一阶段步进的过程中，由于举升油缸的内部存在压力并且混凝土弧形基槽存在误差，从而导致举升油缸底座与混凝土基槽摩擦力过大，造成了举升油缸底座的部分焊缝出现了裂缝，甚至脱落。严重地影响了 TBM 的步进速度。因此，在 TBM 第二阶段步进开始前，对举升油缸的底座进行了改造，改造后的基础可以在步进中被整体提起，从而保障了第二阶段步进的顺利进行。

（2）对仰拱块的运输组织进行了改进。

当 TBM 第二阶段进行步进时，距离隧道出口将近 8 km，并且仰拱块的运输距离会随着步进的进行而加大。仰拱块既有的运输组织方案是针对 TBM 正常掘进而设计的，无法满足 TBM 第二阶段步进中所需要的仰拱块铺设速度。在原有 12 台仰拱运输车的基础上，对仰拱的运输组织方案进行了改进优化，将原有的 6 台运输喷浆料的平板车也加入了仰拱块的运输组织中。这样可以使每台内燃机车挂设 6 台运输车来运输仰拱块。保障了仰拱块在 TBM 第二阶段中的铺设需求，以及 TBM 第二阶段的步进速度。

（3）对仰拱安装设备进行了改进。

在 TBM 第一阶段步进中，TBM 上配备的仰拱安装不具备将仰拱块进行水平旋转 90°的功能，在仰拱块的安装时，需要采用人工的方式在运输班车上将其进行 90°的水平旋转后，才能通过仰拱块安装机，进行仰拱的安装施工。这一不足，在施工中大大增加了人员的工作量，也影响了施工效率，并且因为施工空间有限，采用人工旋转作业还存在一定的安全隐患。因此，在第二阶段的步进中，在 TBM 设备上增加设置了仰拱安装吊装设备，该设备可以通过吊装的方式进行仰拱块的 90°水平旋转。避免了人工的方式对仰拱块进行旋转，保障了施工的安全性，极大地提高了施工效率。

5.3.5 小　结

在西秦岭隧道 TBM 步进过程中，中铁十八局集团有限公司通过使用成熟的步进方法，高效的施工组织管理，成功保证了 TBM 的快速步进。在第一阶段的步进中，步进总长度 2113 m，步进所花时间 25 d，平均每日步进 84.5 m。其中最高日步进距离为 173 m。

5.4　TBM 掘进

5.4.1　TBM 试掘进

本工程采用敞开式掘进机施工，掘进参数的选择非常重要，在本工程 TBM 推进过程中，依据超前地质预报结果，根据不同地质、埋深判断围岩的稳定性、可掘进性，进行了掘进参数的及时调整。掘进过程中保持了推进速度相对平稳，控制好了每循环的纠偏量。在正式掘进开始前，进行了试掘进的施工，试掘进的施工主要完成了以下这些目的：

（1）通过试掘进主要检验 TBM 和连续皮带机的协调情况、液压系统、电器系统和辅助设备的工作情况，完成了设备磨合。

（2）试掘进期间，完成了各个单项设备的功能测试。并对各设备系统做出了进一步的调整，使其达到最佳状态，具备正式快速掘进的能力。

（3）了解和认识了本工程的地质条件，掌握了根据地质情况调整 TBM 掘进参数的方法，为全程掘进提供参考的依据。

（4）理顺了整个施工组织，在连续掘进的管理体系中抓住了关键线路的控制工序，为正式掘进的稳定高产奠定了基础。

在本项目掘进施工前做了如下的准备工作：

（1）接通了 TBM 主机变压器的电源，使变压器投入使用。待变压器工作平稳后，接通了电源输出开关，检查了 TBM 所需的各种电压，并接通了 TBM 及后配套上的照明系统。同时检查了 TBM 上的漏电监测系统，确定接地的绝缘值可以满足各个设备的工作要求。

（2）检查了气体、火灾监测系统监测的数据、结果。确定 TBM 可以进行掘进作业。确认所有灯光、声音指示元件工作正常。所有调速旋钮均在零位。

（3）检查了液压系统的液压油油位、润滑系统的润滑油位。确认给水、通风正常。

（4）接通了 TBM 的控制电源，启动液压动力站、通风机、TBM 自身的给水（加压）水泵。

（5）确定了连续皮带机、风、水、电管线延伸等各种辅助施工进入掘进工况。

（6）检查了测量导向的仪器工作正常，并提供正确的位置参数和导向参数。根据测量导向系统提供的 TBM 的位置参数，调整 TBM 的姿态，确保方向偏差（水平、垂直、圆周）在允许误差范围内，撑紧水平支撑靴达到满足掘进需要的压力。

试掘进主要施工过程：TBM 组装完成步进进入始发洞后，拆除步进装置开始试掘进施工，TBM 试掘进长度为 1 km。试掘进前 500 m 由 TBM 供货商进行了示范性操作并对施工人员进行了相应的掘进施工培训；后 500 m 由培训过的施工人员进行操作，TBM 供货商对其进行了技术指导。在试掘进的同时完成了正常的辅助作业，包括锚杆、喷射混凝土的施工。

5.4.2　TBM 掘进施工

TBM 施工工艺主要围绕 TBM 掘进、出渣及初期支护三个关键施工工序的基础上来进行的。

施工中，TBM 掘进施工主要流程如下：

（1）首先 TBM 在掘进施工过程中，根据工程地质图纸、石渣情况、上一循环掘进参数等，采用超前地质探测对掌子面围岩状态做出了准确的判断，据此选择相应的掘进参数。

（2）其次根据判定的掌子面的围岩状态，选择推力、撑靴压力、刀盘转速等掘进参数。掘进过程中结合实际掘进参数的变化判断了围岩的变化，对掘进参数进行适当的调整，同时结合了其他工程的 TBM 施工经验使掘进参数与围岩状况达到最佳匹配。

（3）接着顺序启动洞内连续皮带机、皮带连接桥皮带机、主机皮带机，并确定其运转正常；顺序启动刀盘变频驱动电机；再启动主轴承的油润滑系统、各个相对移动部位的润滑系统；最后启动掘进机各个部位的声光电报警系统，提示进入工作状态。

（4）然后空载启动刀盘，启动除尘风机，水平支撑撑紧，收起后支撑。

（5）接着慢速推进刀盘靠紧掌子面，确定刀盘已经靠紧掌子面后，选择合适的推进速度、刀盘转速进行掘进作业。在刀盘和岩石表面接触之前启动刀盘喷水系统对岩石进行了喷水。

（6）同时，操作人员在控制室对 TBM 掘进时各种参数的变化、石渣状态等进行不间断的监控。在掘进过程中，操作人员根据 TBM 的设备掘进参数和预计前方围岩的情况选择适当的掘进参数，包括刀盘转速、推进力、变频电机频率、推进速度、皮带机转速等。并根据围岩的状况变化进行了及时的调整。

（7）在掘进行程完成之后，停止推进并将刀盘后退约 3~5 cm、停止刀盘旋转，伸出后支撑撑紧洞壁，收回水平撑靴油缸使支撑靴板离开洞壁，收缩推进油缸将水平支撑向前移动一个行程。撑靴再次撑紧洞壁，用连接桥和后配套连接油缸拖拉后配套到位，实施换步，重复掘进准备工作，开始下一掘进行程。

TBM 的调向过程在换步完成后利用了水平撑靴支撑洞壁进行调整。TBM 的主司机在换步过程中，根据测量导向系统所显示的上一循环结束时 TBM 的方位，把掘进循环调向参考值以调整 TBM 的姿态，确保了掘进方向控制在允许的范围之内。

5.4.3　TBM 掘进施工导向与纠偏

本工程 TBM 施工采用的是 PPS 自动导向系统对隧道轴线进行跟踪控制，TBM 操作人员根据导向系统数据和指导调向措施及时调整 TBM 的掘进方向。

PPS 激光导向装置包括激光发射器、激光接收器、中心控制电脑、显示装置、记录装置和数字装置。激光发射器安装在已经掘进的洞壁上，将已经测量好的位置参数输入到发射器自身的计算单元，并按照隧道掘进的正确方向确定激光束的方向准确地发射到接收器，激光接收器安装在 TBM 主机上，当接收器接收到激光束后，根据激光在接收器上的入射角度、反射距离确定机器的位置参数数据。所有的位置数据都集中到安装在 TBM 控制室内的计算机上，经过计算机的计算显示到了控制室的显示屏上。

操作人员在 TBM 掘进时进行掘进方向的调整，首先利用 TBM 上的测量和导向装置，确定了掘进当前位置的上下、左右、圆周方向的偏差和 TBM 当前的位置状况。经过测量设备的计算，根据现在的位置和偏差，给定出掘进下一行程后 TBM 的位置。

操作人员根据显示在监视屏上的计算后的结果，及时调整 TBM 主机刀盘的位置。因为刀盘位于掘进机最前端，是决定偏差的关键因素。竖直方向调整以刀盘下部支撑点为支点，利用水平支撑上的竖直油缸使掘进机的后部上移则整机的掘进方向相对原来的方向向下移动，反之则掘进方向相对原来的方向上移。水平方向的调整以刀盘的左右两侧的侧支撑为支点，水平支撑的油缸带动掘进机后部左移则掘进方向相对原来的掘进方向右移，反之则掘进的方向相对原来的方向左移。

施工中实际操作时，有一个小细节：操作人员对每个动作的幅度进行了限制，避免对刀盘边缘的刀具和出渣机构产生大的冲击，从而导致刀具和出渣机构的损伤，保证了掘进速度不受影响。

在施工过程中，总结出了影响导向系统正常工作的因素如下：

（1）灰尘：当洞内灰尘太大，会导致固定全站仪无法前（后）视到目标棱镜（定向棱镜），使系统无法正常工作。

（2）水雾气：由于西秦岭隧道掘进洞段地下水丰富，出现过高压喷射水流，会在目标棱镜和全站仪之间形成水雾，导致无法前视到棱镜内的照准目标，使系统无法正常工作。

（3）施工过程中的 TBM 设备阻挡全站仪通视到目标棱镜。

在施工过程中，工程技术人员及时了解系统的工作状态，对操作室内导向显示屏上出现的任何参数和显示问题进行了及时的解决。在掘进过程中做好了对马达棱镜、全站仪和后视棱镜的防护。掘进过程中做好了掘进偏差的详细记录。

操作人员在掘进过程中时刻注意刀盘推力状态，了解出渣情况，综合实际情况对掘进速度等掘进参数做出了正确的选择，并在掘进过程中随时调向，较好完成了对掘进方向的控制。

5.4.4　TBM 在不同围岩中掘进参数选择

TBM 施工速度主要由掘进速度和有效运转率来体现。掘进速度快，有效运转率高，施工速度就快，月进尺就高。

在 TBM 施工速度的影响因素中，除有效运转率外，纯掘进速度至关重要。在 TBM 转速一定的情况下，要提高纯掘进速度，就必须增加刀盘每转的切深。

影响切深的因素有两点：一是地质方面的因素，二是掘进参数的选择。

（1）地质因素：岩石类别和矿物成分，岩体抗压、抗拉、抗剪强度，岩体的硬度等。

（2）掘进参数：刀盘推进速度、刀盘推力、刀盘扭矩、刀盘转速等。

为了达到技术与经济的统一，施工中在不同的围岩条件下对转速、推力和掘进速度进行了调节，实现了最佳掘进的效果。TBM 主要技术参数见表 5-4。

表 5-4　影响掘进速度的 TBM 主要参数

序号	项目	参数	备注
1	推力	33 500 kN	
2	扭矩	额定扭矩：9 864 kN·m 脱困扭矩：14 783 kN·m	
3	单把刀最大承载力	311 kN	掘进期间掘进速度的选择确保刀盘推力在允许范围内以确保刀盘使用寿命
4	刀盘转速	0～8 r/min	
5	皮带带速	0～2.1 m/s	
6	撑靴水平支撑的支撑比压	2.8 MPa	
7	预计掘进速度	2.3～2.5 m/h	

不同围岩中掘进参数的选择如下：

（1）Ⅱ级围岩。

西秦岭隧道右线Ⅱ级围岩段 TBM 掘进总长度 765 m，占 4.8%，其岩性主要是变质砂岩，岩体较完整，节理较发育，饱和抗压强度大部分为 47～90 MPa，适合 TBM 掘进机掘进。掘进参数的可选范围较大，施工中选择了最佳掘进速度段，使纯掘进速度最快，刀具损耗最小。

（2）Ⅲ级围岩。

西秦岭隧道右线Ⅲ级围岩洞段 TBM 掘进总长度 12 433 m，占 78.5%，Ⅲ级围岩段占比较大，接近 80%，因而准确选择该围岩洞段的掘进参数，对于提高整体掘进施工进度、提高掘进成洞质量、节省工期具有重要意义。

该段Ⅲ级围岩的岩性主要是千枚岩和变质砂岩，岩体较完整，节理较发育，饱和抗压强度大部分为 30～50 MPa，适合 TBM 掘进。在Ⅲ级围岩段的掘进施工中，掘进参数的可选范围较大，首先将 TBM 推进油缸的推力主要维持在 16～19 MPa，刀盘的转速维持在 6 r/min 左右，TBM 的掘进速度选择为 2.5～3.5 m/h。施工中选择了最佳掘进速度段，使纯掘进速度最快，刀具损耗最小。

（3）Ⅳ级围岩。

西秦岭隧道右线Ⅳ级围岩 TBM 掘进总长度 2640 m，占 16.7%，其岩性主要是千枚岩、变质砂岩以及少量灰岩，岩体较完整～较破碎，节理较发育～发育，饱和抗压强度大部分为 30～50 MPa，少量破碎带甚至小于 5 MPa。该区段虽然比例较小，但容易发生坍塌甚至大型塌方，处理不慎将严重影响工期，因而在选择掘进参数时，尽可能地减小了对岩体的破坏、保持了围岩稳定、减少坍塌，同时采取了超前加固措施。

并且Ⅳ级围岩工段围岩条件不如Ⅲ级围岩，该工段掘进时 TBM 掘进速度主要受到了以下几个方面的影响：

① 因为Ⅳ级围岩段中千枚岩破碎较多，并容易产生坍塌现象，此类围岩无法为撑靴的支撑提供足够的反力，因此在施工中对撑靴后面的围岩进行了加强处理。

② Ⅳ级围岩段容易发生坍塌和掉块的现象，当出现该现象时，停止 TBM 的掘进，并对坍塌的围岩和掉块进行了处理。

③ 在 TBM 掘进到Ⅳ级软弱围岩段时，石渣中块体岩渣的含量高达 60%～90%，粒径通常都小于 10 cm，但有时候会出现粒径高达 30 cm 的石块，这种情况下容易对皮带机上的皮带造成损伤，同时破碎的石渣也容易堵塞住皮带机的接料口，产生故障。

④ 在Ⅳ级围岩软弱围岩段中，石渣中大块岩渣较多，容易增加刀盘的磨损，会减少刀盘中刀具、刀牙的使用寿命。

在西秦岭隧道Ⅳ级围岩段的掘进施工中，从加强超前地质预报入手，改变了 TBM 掘进参数。

① 加强超前地质预报

在施工中，中铁十八局集团有限公司专门成立了超前地质预报组，结合施工现场实际情况，进行超前地质预报工作。结合既有地质资料，以地质分析为基础，进行了地表调查、地质素描以及地质分析作图等工作，同时对于Ⅳ级围岩中可能存在的破碎带、软硬岩交界处以及节理裂隙发育带加强了超前地质预报的工作，采用 TSP 超前地质预报以及红外探测的方法进行。

TSP 超前地质预报每次可以探测的距离为 100～300 m，施工中为了提高 TSP 预报的准确性和精度，每开挖 120～200 m 便进行一次 TSP 预报，并对预报结果进行了对比分析。并且，所有的 TSP 探测孔布置在 TBM 尾部和台车之间。

红外探测时，每循环可以探测 30 m。在Ⅳ级围岩段的掘进施工中，为了提高超前地质预报的准确度和精度，采用重叠探测的方式，即每开挖 25 m 进行一次红外探测。

② 改变 TBM 掘进参数。

对于Ⅳ级围岩段掘进参数的选择：首先 TBM 推进油缸的推力主要维持在 16 MPa 以下，刀盘转速维持在 4 r/min 以下，并且将刀盘扭矩的取值控制在刀盘扭矩正常值的 70%左右，TBM 的掘进速度控制在小于 2.5 m/h。

该段 TBM 掘进参数除选择适当的推进速度外，采用了较低的刀盘转速和较低的刀盘推进速度。原因如下：因为在刀盘低转速时，刀盘对周边岩石的扰动较小，利于掘进正常进行；在此类围岩下掘进时，水平支撑撑靴支撑效果不能达到最佳效果，故将推进速度控制在较低值，否则会造成撑靴后移，压力卸载，严重时还可能导致边墙的岩石脱落；该围岩段岩石软硬不均，对刀具冲击严重，如果推进速度过大，会造成刀具的早期损坏。因常伴随有坍塌发生，掘进时还要对危岩进行及时的处理，故掘进速度不宜过大；因常伴随有坍塌发生，皮带上石渣会急剧增多，如掘进速度过快，很可能因皮带超载而停机。

同时，在围岩整体性略好地段，适当提高了推进的速度，提高了 TBM 工作效率。

③ 软弱千枚岩出现坍塌的施工措施。

在西秦岭隧道Ⅳ级围岩段软弱千枚岩掘进施工中，对于容易出现的坍塌情况，提前做好了施工措施预案。

当出现拱顶坍塌时：首先处理拱顶的危石，并喷射 5 cm 厚的混凝土对岩面进行封闭；然后架设 H150 型钢拱架在拱架与岩面间，焊接扇形支撑；接着通过在环向拱架之间焊接 3 mm 厚的钢板对坍塌腔进行封闭，坍塌腔用同样等级的混凝土进行回填。

当 TBM 刀盘护盾的两侧拱腰出现坍塌时：出现轻微破碎坍塌时，通过打设锚杆，铺设钢筋网，喷射混凝土对围岩进行加固，从而保证撑靴可以稳定地支撑在围岩上；当出现较大范围坍塌时，此时撑靴无法稳定地支撑在围岩上，需要停止 TBM 的掘进施工，对坍塌进行处理，首先清理坍塌后的危石并喷射 5 cm 厚的混凝土对岩面进行封闭，然后架设环形钢拱架，用石渣塞满钢拱架与岩体间的间隙，用以给 TBM 撑靴提供足够的支撑力，待 TBM 通过后，用同样等级的混凝土回填坍塌腔，并对其进行封闭。

当掌子面出现坍塌时：第一时间停止 TBM 的继续掘进，使刀盘保持空转，通过其铲斗对坍塌掉落的石渣进行清理，防止出现石渣太多堵塞住皮带机接料口的情况出现。

5.4.5　到达段 TBM 掘进施工

当 TBM 掘进至距离拆卸洞 100 m 左右时，进行了第一次测量复核。施工人员复核了 TBM 的位置、姿态及拆卸洞方位，并与激光导向系统提供的数据进行比较，从而给出方向调整数据，指导 TBM 主操作人员进行了调向作业。

当掘进至距离拆卸洞 50 m 时，进行了第二次测量复核；之后每掘进 10 m，进行了一次测量，直到 TBM 进入拆卸洞。

当 TBM 距离拆卸洞室 10 m 左右时，为了防止掘进震动对拆卸洞室及洞室与掘进段连接部位造成破坏，减慢了 TBM 的推进速度、降低了推进力，并严格控制了 TBM 掘进方向，使其沿隧道设计轴线推进。

同时检查了拆卸洞室的安全防范措施，确保拆卸洞与 TBM 掘进段相邻的一段任何设备及物资的存放安全，禁止相应区域内的人员活动。

5.4.6 TBM 掘进统计

西秦岭隧道右线 TBM 自 2010 年 5 月 13 日开始第一阶段步进，2010 年 7 月 18 日开始正式的掘进。于 2012 年 1 月 6 日第一阶段掘进结束，共计掘进 7 965.8 m；综合指标：为 419 米/月。2012 年 1 月 31 日开始第二阶段的步进，2 月步进 1 711.6 m。3 月 23 日步进到位（3 月步进 925 m）；3 月 24 日开始步进衬砌台车、安装连续皮带架。2012 年 5 月 9 日开始 TBM 第二阶段掘进。由于 2012 年 8 月 13 日—2012 年 12 月 12 主轴承故障，中铁十八局集团有限公司进行了 TBM 主轴承的更换，受此影响，在此期间综合指标为 287 米/月。西秦岭隧道掘进进度各年度统计见表 5-5 ~ 表 5-9。

表 5-5 2010 年度 TBM 掘进进尺统计

年	2010 年						累计
月	7	8	9	10	11	12	
进尺/m	19	257.4	340.7	586.5	600	518.1	2 321.7

表 5-6 2011 年度 TBM 掘进进尺统计

年	2011 年												累计
月	1	2	3	4	5	6	7	8	9	10	11	12	
进尺/m	375.5	487.1	199.9	423.3	513.5	615	603	380	346	257	470	772.7	7 764.7

表 5-7 2012 年度 TBM 掘进进尺统计

年	2012 年												累计
月	1	2	3	4	5	6	7	8	9	10	11	12	
进尺/m	216.3	0	0	0	200	532	500	218	0	0	0	379	9 810

表 5-8 2013 年度 TBM 掘进进尺统计

年	2013 年												累计
月	1	2	3	4	5	6	7	8	9	10	11	12	
进尺/m	503.6	411.5	367	442	236	245	289	213	239	244	247	208	13 455.1

表 5-9 2014 年度 TBM 掘进进尺统计

年	2014 年												累计
月	1	2	3	4	5	6	7	8	9	10	11	12	
进尺/m	218	153	234	311	246	172	77.5	0	0	0	0	0	14 866.6

5.5 仰拱块预制及铺设

5.5.1 仰拱模具选型

在施工开始前，仰拱块模具的数量，根据工程进度计划，本着既满足仰拱块生产技术要求和掘进进度要求，又经济合理的原则，TBM 施工掘进按平均完成 450 米/月计算，TBM 通过段按 1 200 米/月通过，综合考虑平均每月铺设仰拱块 504 m。每块仰拱块宽 1.8 m，则每月需铺设仰拱块 280 块。按照仰拱块生产 3 天 2 个循环计算。则正常生产需要 14 套模具，另考虑模具的修理和养护等因素，备用 2 套模具，即共需 16 套仰拱模具。

施工中，仰拱块生产配备了 16 套模具，使用寿命 1200 次/套，加工精度 ± 0.5 mm，模具重量约 7 t/套，钻孔直径误差 ± 0.5 mm，振捣采用附着式整体振动配合插入式振捣。

仰拱块预制厂的主要设备配置见表 5-10。

表 5-10 仰拱块预制主要机具设备表

序号	名称	规格型号	单位	数量	备注
1	仰拱模具		套	16	仰拱块成型、蒸养养护
2	混凝土拌和站	JS750	台	2	混凝土生产
3	蒸气锅炉	1 t	台	2	养生用
4	龙门吊	16 t	台	1	吊运仰拱块、钢筋笼、浇筑混凝土
5	龙门吊	16 t	台	1	吊运、翻转仰拱块
6	装载机	ZL50C	台	1	投粗、细骨料
7	电动空压机		台	1	高压风
8	温度控制台		台	1	温控
9	配电设备		套	2	控电
10	卷扬机	3 t	台	2	牵引斗车

续表

序号	名称	规格型号	单位	数量	备注
11	斗车	自加工	台	2	运输混凝土
12	插入式振动棒		个	6	辅助捣固混凝土
13	钢筋弯曲机	GW40	台	1	钢筋弯曲
14	钢筋切断机	GQ40B	台	1	钢筋截断
15	钢筋调直机	GT/10-20	台	1	钢筋调直
16	钢筋加工台座	自加工	台	4	钢筋加工、组装
17	平板车	自加工	台	1	倒运预制块
18	检测设备及工具		套	1	检测
19	蒸汽养护罩		个	20	蒸养
20	电焊机	ZX7-500A	台	6	焊接钢筋笼

现场将模具用地脚螺栓锚固在基座上。风、水、蒸气管道均直接通向模具台座。

5.5.2 仰拱块设计

西秦岭隧道施工中，仰拱块采用的是 C40 钢筋混凝土结构。仰拱预制块又分为底部设置凹槽和不设置凹槽两种。仰拱预制块的长度与 TBM 掘进单个行程一致，为 1.8 m，其顶面宽度可以满足西秦岭隧道施工期间四轨双线施工轨道铺设的要求。同时，在仰拱预制块上预留了中心水沟、注浆孔、泄水孔、承轨槽及安装止水带所需要的凹槽，并且预先埋置了起吊杆和道钉。预制仰拱块属于隧道衬砌结构的重要组成部分，隧道上部支护结构与预制仰拱块共同作用，共同形成了隧道衬砌结构的稳定整体。

5.5.3 仰拱块生产

1. 钢筋笼的制作

西秦岭隧道施工中，仰拱预制块的钢筋笼制作在预制厂的钢筋加工区内进行统一的制作加工。制作要点为，先通过钢筋网片加工胎模进行 5 张钢筋网的焊接，然后通过组装胎模进行拼装并且焊接成型。为了保证钢筋笼端面始终位于同一直线上，加工中胎模采用了钢模的形式，并且对钢筋笼的两端进行固定，从而使在整个加工过程中，钢筋笼两端始终处于受控状态。

施工中采用的钢筋笼制作工艺流程如下：首先进行原材料进场，并对原材料进行检验，对不合格的原材料进行标识禁用；然后进行钢筋的放样制作施工；接着进行钢筋断料的施工，并进行基准靠模的制作，对钢筋断料的尺寸进行检查，对不合格的钢筋断料清退出场；然后将合格的钢筋断料弯曲成弯弧并成型，并对其再次进行检验，不合格的弯曲钢筋清退并禁用；接着将钢筋材料上靠模进行组装施工，待钢筋成片定位后，进行低温焊接；然后进行钢筋笼的防护处理工作，并对成品进行检测，不合格的做报废处理。

2. 仰拱块的生产

在仰拱块生产前对钢模进行了如下检查：每只钢模的配件对号入座（钢模和配件均编号）；钢模彻底清理，混凝土残渣全部铲除，并用压缩空气冲净，与混凝土接触的钢模面清理洗刷时沿其钢模面铲除，不用锤敲和凿子凿，严防钢模表面损坏；钢模清理后涂脱模剂，脱模剂用布块涂揩。油面均匀，没有积油、淌油现象；在钢模合拢前先查看底模与侧模接触处是否干净，然后合上端头板及两侧板，拧定位螺栓，先中间后两头，打入定位销；钢模合拢后，用内径分离卡检查钢模的内净宽度尺寸，检查三点以上，并如实记录于自检表中。对超过误差尺寸的情况重新调整直至符合要求。

对钢模检查完成后，进行钢筋骨架入模及安装各预埋件的施工：首先，将钢筋笼置于钢模平面中间；然后，在其四个周边及底面绑扎砂浆垫块、垫块厚度符合设计规定的混凝土保护层厚度。

在进行钢筋骨架入模及安装各预埋件的施工时，总结了几点注意事项：钢筋笼不得与螺栓孔模芯等预埋件相接触；安装螺栓芯棒须到位，不得有松动现象；安装压浆孔及拼装预埋件时，其底面平整密贴于底模上；检测钢筋骨架保护层厚度、芯棒螺旋筋的位置，符合设计及规范要求；所有预埋件按照设计要求准确就位，并固定牢靠，防止振捣时移位；钢筋上不得有黄油和模板油；全面检查钢筋骨架入模质量，并详细记录于自检表中，验收签证后才允许浇筑混凝土。

然后进行仰拱预制块的生产，其生产流程如下：

（1）首先进行了模具的检查工作，对不合格的模具进行整修打磨；然后待模具就位后，涂刷脱模剂，并完成钢筋笼的入模工作。

（2）接着安装预埋件，进行保护层的定位。

（3）然后进行了混凝土浇筑施工，在混凝土浇筑前，混凝土通过全自动计量拌和站进行拌制。仰拱预制块采用的是 C40 钢筋混凝土，混凝土的拌制严格按照规范要求，配合比经试验合格后使用。混凝土在拌制好并经检查合格后，通过汽车运输至车间内，通过天车吊装混凝土料斗向模具内浇筑混凝土。

（4）待混凝土浇筑完成后，采用附着式振捣器配合插入式振捣器进行振捣成型的工作。振捣成型工作以混凝土不再沉落，不出现气泡，表面呈现浮浆为度。混凝土的坍落度为 5~10 cm，采用插入式振捣器的振捣时间控制在 20~30 s，按照快插慢拔的原则进行布棒，沿仰拱块宽度方向布棒数量不少于 5 点。施工人员通过目测确定混凝土表面无气泡冒出，并且振捣过程中不能过度振捣，避免出现混凝土离析的现象。需要注意的是，振捣时振捣棒不得碰到钢模、芯棒、钢筋预埋件等。

混凝土试件制作：在本工程的施工中，同一配合比，每一台班制作 3 组抗压强度试件，2 组抗渗试件，抗压试件 2 组标养（其中一组备用），另一组与仰拱块同条件进行养护，作为起吊强度检测的试件。抗渗试件均进行标准养护，其中一组备用。

混凝土浇捣过程中以及混凝土浇筑完毕后，施工人员及时清理模板边缘的灰浆，保持模板清洁，并及时清理场地。

（5）接着进行预制仰拱块的收水工作，在混凝土振捣完成后 30 min 拆除压板；然后用刮板来回压磨外弧面，将多余的混凝土去掉，保证外弧面平整。并用塑料薄膜对其进行覆盖，防止水分散失。根据实际气温，间隔一定时间进行仰拱块外弧面的收水工序。

外弧面收水工序为：首先用刮板抹平压实，刮去多余混凝土，并使仰拱块弧面同钢模外弧保持和顺与平整，然后用铁抹子抹光，根据实际气温再间隔 1~2 h，做仰拱块与外弧面第二次、第三次收水，确保仰拱块外弧面不出现石子影印。

（6）然后进行预制拱块的蒸汽养护工作，浇筑好的仰拱块采用蒸汽养护的方式，以快速提高混凝土的强度，减少仰拱块在模具中停留的时间。施工中，蒸汽养护除遵照一般蒸养规程外还满足了以下要求：

① 仰拱块振捣结束后，加盖养护罩，开始静养阶段，静养时间 2.5~3 h，然后将饱和蒸汽引入养护罩内，并维持养护罩内的蒸汽在饱和状态下。每块仰拱块均设有保温设施，并在蒸养前安放完善。仰拱块浇注完成后立即将仰拱块罩入养护罩内，养护罩具备防止水分、热量挥发的气密装置，其容积可以保证蒸汽的充分循环。

② 在蒸养的升温阶段，升温时间 2~3 h，升温速率控制在 20 ℃/h 以内。

③ 在蒸养的恒温阶段，恒温时间 5~8 h，温度控制在 80 ℃ 以下，相对湿度控制在 90%~100%。

④ 在蒸养的降温阶段，降温速率控制在 10 ℃/h 以内，降温时间 3~4 h。

此外，整个蒸养过程中由专人负责检查并做好了详细的记录。在蒸养加热时，安排了施工人员注意蒸汽管的出口位置，避免造成仰拱块局部温度过高的情况出现，使整块仰拱块温度均匀上升。

（7）接着进行预制仰拱块的脱模工作，待混凝土强度达到设计抗压强度的 70%后，让仰拱块逐步冷却，然后脱模，脱模时仰拱块的温度不高于室温 10 ℃。

仰拱块脱模后，在仓库内对其进行了检查，并在仰拱块上标注合格标识，并标注仰拱块的生产日期、型号和序号。同时，在规定数量的仰拱块中进行抽样检查，记录下仰拱块的尺寸，裂纹等。仰拱块脱模经检测合格后吊入室内养护区继续养护 3 d。

（8）然后对于仰拱块混凝土表面蜂窝凹陷或其他损坏的混凝土缺陷进行了修补，并做好了详细的记录。

仰拱块表面蜂窝、凹陷、掉角或其他损坏的缺陷修补：修补前用钢丝刷或加压水冲刷清除缺陷部分，凿去薄弱的混凝土表面，用水冲洗干净；然后采用比原混凝土强度等级高一级的砂浆填补缺陷处，并进行抹平。对修整部位加强养护，确保了修补材料牢固黏结，色泽一致，无明显痕迹。

仰拱块表面裂缝的缺陷修补：对于小于 0.2 mm 的裂缝，用环氧树脂进行了封堵；大于 0.2 mm 的裂缝，凿一条宽 2 cm 的槽，深度大于裂缝深度，用水冲洗干净后，采用比原混凝土强度等级高一级的砂浆填补在缺陷处，并进行抹平，最后洒水养护。

（9）然后将预制仰拱块进行翻转、存放：待仰拱块在室内完成养护后，将其运输到室外存放场地。施工中，为便于仰拱块吊装与铺设，将其由预制时的底面向上翻转为底面向下。预制仰拱块在专用的翻转台上完成翻转。仰拱块完成翻转后将其运输至存放场存放。

仰拱块按照型号及生产顺序进行堆码存放，保证了仰拱块整齐堆放，堆放高度不超过 5 层，各层之间用方木垫好。

（10）待仰拱块翻转摆放到位后，进行了仰拱块道钉的锚固施工，保证了道钉的锚固强度。道钉锚固操作过程：首先，用高压风将螺栓道钉孔吹净；其次，往里倒入锚固剂，用铲子拌合，至呈黏稠胶状为止；然后，用小尖铲把拌和好的锚固剂倒入螺栓道钉孔内，插入螺栓道钉；接着用卡子将螺栓道钉卡住，固定时间不少于 4 h，确保螺栓道钉在凝固过程中不出现移位的情况。

（11）最后进行止水带安装施工：在仰拱块进洞铺设前一天进行了止水带的安装施工，避免因为在洞外长时间存放而造成止水带膨胀的情况出现，而影响施工质量。

止水带安装过程为：首先，用压缩空气将仰拱块侧面清洗后，均匀涂刷专用粘胶；然后按照产品说明书的要求，等待规定时间后，将清洁、风干后的复合型膨胀止水带粘贴到仰拱块侧面；最后，用橡胶锤轻轻敲打止水条，使止水条与仰拱块密贴。

3. 西秦岭隧道预制仰拱块生产中新技术的应用

在预制仰拱块的生产过程中，进行了经验总结，并探索使用了几项预制仰拱块施工的新技术。

（1）预埋道钉的应用。

根据预制仰拱块原有的设计，在混凝土进行浇筑时，需要在预制仰拱块顶面预留 16 个直径 45 mm、长 120 mm 的道钉锚固孔，待预制仰拱块脱模并经过翻转之后用硫黄锚固剂锚固道钉。按照以上要求，就需要在预制仰拱块的模具底部安装 16 个直径为 45 mm、长度为 120 mm 的立柱来实现预制仰拱块道钉锚固孔的预留施工，从而对模具的加工精度提高了一定的要求。此外，在预制仰拱块脱模时，其强度约为 20 MPa 左右，如果在起吊过程中，吊车重心与预制仰拱块重心不一致，很容易造成仰拱预制块与模具之间出现挤压作用，甚至导致预制仰拱块出现掉块的情况，增加了脱模的难度。同时，还需要投入大量的施工人员对预制仰拱块的生产质量进行检测。

施工中，将后锚道钉改为了预埋道钉，在预制仰拱块模具制造时，取消了承轨槽位置预留道钉孔的立柱模型，并在原位置用螺旋道钉孔和预留槽进行代替。施工中，将橡胶垫圈安装在预留槽内，将螺旋道钉的螺丝端卡入橡胶垫圈的中心孔内，从而完成预埋道钉的施工。

通过将后锚道钉更改为预埋道钉，有效地避免了上述问题的出现，在提高预制仰拱块质量的同时，还减少了检测施工人员的投入。

（2）数字传感式温度控制在预制仰拱块蒸汽养护中的应用。

在预制仰拱块的蒸汽养护工作中，如果对于温度的升温、降温速度控制不严格，容易造成预制仰拱块结构表面出现过热或者降温的情况，从而会产生一定的温度应力，甚至导致预制仰拱块结构表面出现裂缝或者沟槽。在西秦岭隧道的预制仰拱块的养护中，采用了数字传感式温度计来控制养护温度。待预制仰拱块完成收水工作后，将数字温度传感器的探头放入仰拱块注浆孔内部，并将传感线接出至养护区域外部，通过数字温度计实时掌握蒸汽养护过程中仰拱块内部的温度变化，提高了温度的测量结果，并可以第一时间采取相应的措施。

（3）空中翻转技术在预制仰拱块翻转中的应用。

为了确保西秦岭隧道施工中生产的预制仰拱块具有高强度和高质量，在仰拱块翻转时采用了空中翻转技术。主要流程如下：首先通过钢丝绳将翻转机顶部的起吊孔与天车吊钩进行连接，翻转的各项操作由天车司机负责进行；然后对翻转机的各动作进行检查；接着通过天车起吊翻转机到预制仰拱块模具的正上方，并与之进行对中就位；然后将翻转机的夹紧油缸伸长，并张开两边的立柱，同时调整翻转机的位置，确保预制仰拱块上预留翻转孔的位置与夹紧探头对齐，在两者对齐后，进行夹紧油缸的收缩，对预制仰拱块进行夹紧；接着先进行预制仰拱块的试吊工作，在确保天车就位准备并且操作安全后，开始进行下一步操作；然后天车司机提升吊钩完成预制仰拱块的脱模工作，并走行天车至仰拱块翻转位置；接着进行翻转油缸的收缩，带动夹紧头进行180°的翻转，从而实现了预制仰拱块的空中翻转；最后将预制仰拱块吊放至临时存放区进行存放，并将翻转油缸进行复位，进入下一循环的工作。

5.5.4　仰拱块的铺设

仰拱块作为TBM施工的运行线，随TBM掘进而铺设，其铺设进度和质量直接制约着TBM掘进速度，其施工顺序及工作内容见表5-11。

表 5-11 仰拱块安装施工步骤及内容表

序号	施工步骤	工作内容
1	底部清理	刀盘后：人工清理开挖和打锚杆时滑落到底部的松渣、岩粉、沉渣。 刀盘和已铺好仰拱块之间：用填充密实的编织袋（内装非渗水土或其他材料）设 2~3 处隔水围堰，仰拱块前部用高压水冲洗干净，污水采用自吸泵抽排。 底部清理要求仰拱铺设位置做到无虚渣、无积水、无杂物、无油污
2	仰拱块运输	仰拱块车编组在罐车之前用机车推入后配套系统后，转正方向，用仰拱吊机起吊，移到已铺好的仰拱块前就位
3	仰拱块安装	精确测量定位，横向误差控制在 ±5 mm，高程误差控制在 ±3 mm。底部用水泥垫块支撑固定，两侧用三角形水泥块支撑牢固
4	底部灌筑	仰拱预制块安装完毕后利用两侧空隙向其底部压注 C25 细石混凝土充填密实，若有空隙再通过注浆孔注入水泥砂浆充填密实
5	安放中心水沟止水带	预制块接缝处采用水沟接头止水带止水，安放后用水泥砂浆将其抹平至中心水沟底面

5.5.5 仰拱块质量保证措施

施工中，为了保证生产出高质量高标准的仰拱块用于西秦岭隧道的铺设。采取了以下的质量保证措施：

（1）仰拱块在正式生产前，先后经过了检验和试生产，其中包括：加工装配精度检验、模具安装就位后的精度复检、试生产后的模具精度同实物精度对比检验及仰拱块拼装精度的综合检测。各项检测指标均在标准的允许公差内。

（2）在施工中禁止使用仰拱块吊点以外的其他部位起吊，在仰拱块吊装运输过程中，禁止损伤内表面，同时确保相关模具的平稳放置。

（3）相关模具在使用过程中，每天不少于抽取一套进行循环检测。在模具的使用过程中，每天对模具进行一次例行保养；建立了模具精度动态监控制度，实施模具卡片式管理，每周对全部模具进行一次全面检查；根据每日保养、每周全面检查及仰拱块出场精度检查的反馈结果，对模具进行了调整、更换零部件等维修工作。

（4）钢筋笼的加工、混凝土的拌合、灌注均按照《钢筋混凝土预制品施工规范》执行。

（5）混凝土拌和站安装调试并经计量鉴定后才投入使用。混凝土在拌和时对用水量进行了严格的控制，当骨料含水量出现较大变化时，对配合比进行了适当地调整，保持水灰比始终处于正常水平。

（6）本工程还设立了专业的仰拱块养护小组，采取程序化、标准化的养护作业。严格控制了仰拱预制厂车间的室温，保证仰拱块在拆模时的温度与室温、室温与室外温度差均控制在 10 ℃ 以内。

（7）仰拱块在出厂前，施工人员逐块对其进行了尺寸、外观等检测，不合格品坚决不允许出厂。

（8）仰拱块在预制过程中同步制作混凝土试件。当试件极限抗压强度小于28天设计强度时，即确认同批生产的仰拱块不合格，进行全部报废处理。

（9）保证了仰拱块在止水带安装后，进行洞内铺设前，严禁雨淋或沾水。

（10）确保了每一块仰拱块的脱模起吊都在起重点上，起吊时逐渐加力，减少对仰拱块造成冲击。

5.6 TBM 隧道支护

5.6.1 初期支护

在西秦岭隧道 TBM 段，初期支护由喷射混凝土、锚杆、钢筋网、钢拱架四种方式单独或联合组成。本隧道 TBM 施工段全部为 Ⅲ、Ⅳ 级围岩。支护顺序和时机与围岩自稳时间关系十分密切。其中，在围岩比较破碎、软弱地段，围岩自稳时间较短，施工中按照超前小导管、钢拱架加钢筋网、锚杆加钢筋网、喷射混凝土的顺序进行。二次衬砌待衬砌台车到达该位置后进行施作。

1. 喷射混凝土

所用的材料为 C25 喷射混凝土，采用了湿喷工艺，施工过程见图 5-16。

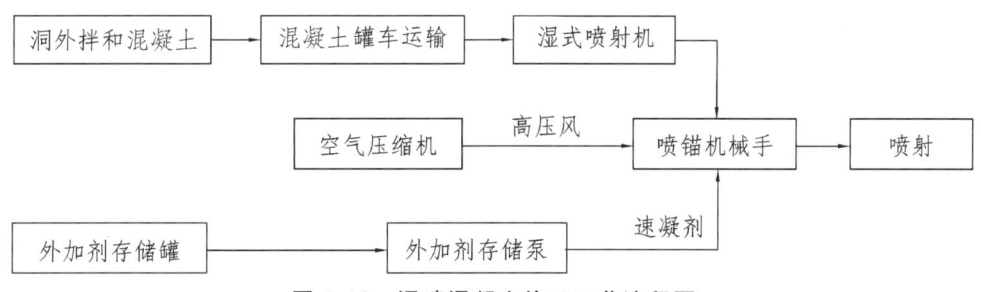

图 5-16 湿喷混凝土施工工艺流程图

在喷混凝土的施工中总结了几个要点：

（1）施工前的准备。喷射前用水或风冲洗了受喷面，利用锚杆外露长度以掌握喷射混凝土层的厚度。检查了机具设备和风、水、电等管线路，并进行了试运行。保证了空气压缩机的性能满足喷射机工作风压和耗风量的要求。高压风进入喷射机时，必须要进行油水分离，以免影响混凝土的质量。

（2）施工中严格按照使用说明书对喷射机进行操作。喷射施工开始时先给风，再开机，后送料，结束时待料喷完，先停机，后关风。工作风压满足喷嘴处的压力在 0.1 MPa 左右。

（3）喷射施工开始时先给速凝剂，再给料，结束时先停料，后停速凝剂。施工中随时根据料速的大小和回弹量的多少，对风压进行了适当地调节，速凝剂溶液在喷嘴处的压力稍大于风压。

（4）施工中保证喷头垂直于受喷面，距离与风压协调，减少回弹。

（5）出现突然断水断料的情况时，喷头迅速移开受喷面，避免用高压风直吹未凝结的混凝土。

2. 锚杆支护

西秦岭隧道 TBM 段根据相应的地质情况，采用了砂浆锚杆和中空锚杆两种型式。砂浆锚杆采用的是螺纹钢；中空锚杆、水泥等均选择的是甲供材料。

锚杆支护的施工利用了 TBM 自身配备的锚杆钻机完成，TBM 主机上在刀盘后方和主机尾部分别安装了 2 台阿特拉斯·科普柯 cop1838 型钻机，该钻机的钻孔直径可以达到 33~64 mm。安装在刀盘后方的钻机跟随 TBM 掘进进行同步施工，后部的钻机对前方钻机遗漏或者无法顺利进行施工的区域进行了钻孔。

施工中，锚杆孔的孔轴方向及位置根据施工图纸的要求进行确定，确保注浆锚杆的钻孔孔径大于锚杆直径。同时，在施工中保证了锚杆钻孔深度达到了施工图纸的规定，钻孔深度偏差值均小于 ±50 mm，钻孔结束后，对孔内岩粉和积水进行了清除。

锚杆支护施工的主要操作过程如下：首先进行钻孔施工，其次安装孔口封闭装置，然后进行注浆，最后安装锚杆。

3. 钢筋网

TBM 段初期支护中钢筋网选用的规格为 20 cm×20 cm、25 cm×25 cm 两种，钢筋直径为 ϕ8 mm。钢筋网使用前清除了锈蚀。

钢筋网的安装在锚杆施工完成后进行：首先在钢筋网安装器上布置钢筋网片，并用细钢丝绑扎连接固定；其次利用钢筋网安装器将网片顶起移动到安装位置举升到岩面；然后通过锚杆尾部的垫板进行固定。

施工中钢筋网与围岩的间隙控制在 3 cm，确保了钢筋网与钢架、锚杆焊接牢固，在喷射混凝土时确保了钢筋网不发生晃动。钢筋网保护层厚度控制在 2 cm 以上。

4. 钢拱架

TBM 段初期支护中钢拱架采用了 H150 型钢进行制作，节间以夹板和螺栓连接成环状。钢拱架主要应用于本隧道较大规模的断层破碎带的支护。钢拱架构件自洞外通过运料平板车运送至 TBM 机尾下部后，通过下部吊机、升降平台、上部转运吊机、转运小车运到刀盘后方的钢拱架安装器处。

钢拱架安装器进行钢拱架的拼装和架设作业。钢拱架在拼装架中拼装时，构件两端的螺栓暂不上紧，待整环钢拱架紧贴顶部岩体后，自上向下逐根紧固螺母。前后相邻拱架之间以钢筋焊接连接。

钢拱架安装时首先把钢拱架安装器的起始位置转到顶部，通过螺栓使第一片钢拱与安装器连接，然后逆时针旋转，依次进行后续各片钢拱的就位连接，最后由撑紧装置把拼好的钢拱架移出到适当位置张紧，底部两片拱架的连接处用千斤顶撑紧，使钢拱架与岩面充分接触，最后用夹板连接、焊接固定。

5.6.2 超前支护

1. 超前固结灌浆

当超前勘探孔判断地质条件较差或可能存在大量涌水的工段，进行了超前灌浆处理，其位置及孔深需根据地质条件或现场工程师的指示进行布设，超前固结灌浆采用的施工工艺流程见图 5-17。

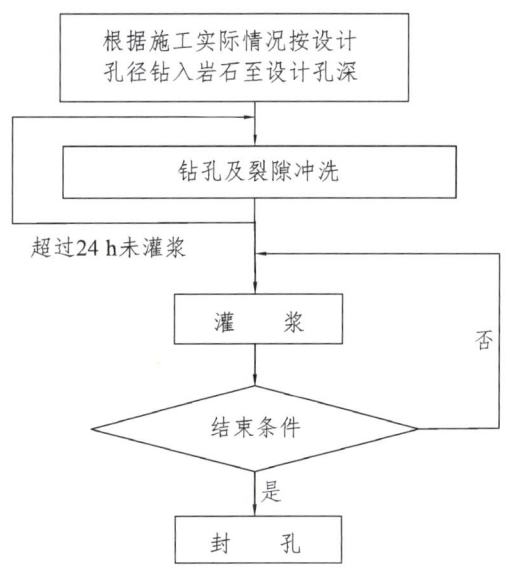

图 5-17 超前灌浆施工工艺流程框图

2. 小导管注浆

当施工中遇到断层破碎带等洞段，由于围岩易产生塌方，故施工中采用了超前小导管注浆进行了预支护。超前小导管采用热轧无缝钢管加工制成，前端加工成锥形，尾部焊接加劲箍，管壁周边钻注浆孔，施工时钢管沿隧道开挖外轮廓线布置，环向间距视围岩情况进行布置。超前小导管采用的施工工艺流程图见图 5-18 所示。

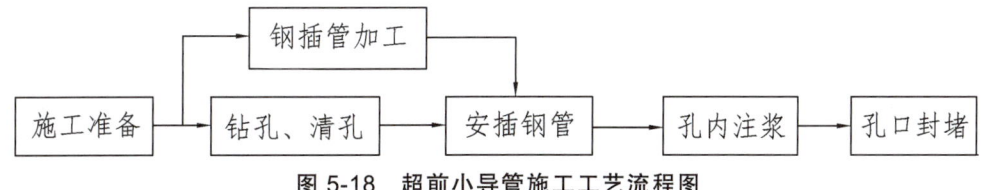

图 5-18 超前小导管施工工艺流程图

3. 管棚

西秦岭隧道 TBM 段的管棚是利用钢拱架沿 TBM 护盾边线，以较小的外插角、向 TBM 前方打入钢管构成的棚架，从而形成了对前方围岩的预支护，使其整体刚度加大，对围岩变形的限制能力较强。施工中，在断层破碎带、裂隙发育等不良地质段易产生大变形或塌方的洞段，采用了管棚进行预支护。管棚施工采用 TBM 配备的超前钻机钻孔，钻机顶入或捶击插管，灌注水泥砂浆。管棚施工采用的工艺流程见图 5-19。

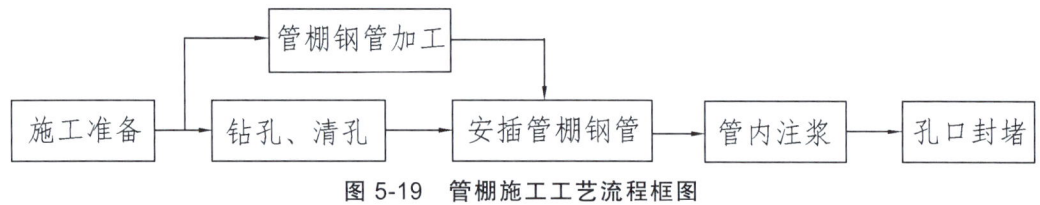

图 5-19 管棚施工工艺流程框图

5.7 TBM 及连续皮带机维修保养

TBM 集机械、电子、液压等各方面的技术于一体，技术复杂、结构庞大，各施工工序同时完成，是工厂化的隧道生产线。能否充分发挥先进设备的效能，最大限度地满足工程需要，取决于正确的使用、科学的保养、周密的监控和及时的维修。西秦岭隧道工程中 TBM 施工段落长，施工强度大，设备能力要求高，因此保证了 TBM 的有效利用率才是保证本工程施工成功的关键之所在。

5.7.1 TBM 维修保养组织机构及职责

中铁十八局集团有限公司针对 TBM 的维修保养组建了一支工作效率高、维修技术精良的专业化队伍。维修保养工作由 TBM 副经理全面负责，由机电总工、技术室机电工程师、各掘进工班长和整备工班长、专业工程师（机械、液压、电气、监测）、各工位负责人和熟练技工组成专业的维修保养队伍。TBM 维修保养组织机构见图 5-20 所示

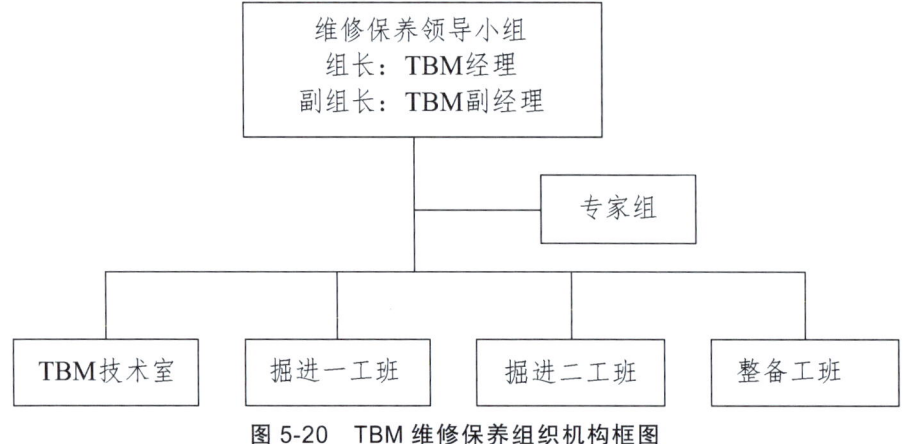

图 5-20 TBM 维修保养组织机构框图

TBM 维修保养各机构的职能职责如表 5-12 所示。

表 5-12 维修保养组织机构职能职责一览表

机构名称	人员组成	维修保养职能职责
领导小组	TBM 经理、TBM 副经理等	全面负责 TBM 的使用、管理、维修和保养；建立健全维修保养组织机构及各项规章制度；定期主持召开维修保养工作会；领导技术培训、引进新技术和检测新方法、开展岗位练兵和相应的考核等工作
专家组	国内外 TBM 专家	利用自己的知识，根据设备状况，结合工程实际，为维修保养的决策提供意见和方案，特别是协助解决维修保养中出现的重大问题
TBM 技术室	技术室主任、状态监测与故障诊断专业工程师、内业整理人员	全面配合维护保养领导小组的工作；负责各种规章制度的制定、督促落实；各类考核的组织实施；维修保养会议的组织；技术培训、引进新技术和监测新方法的具体落实；掘进施工、维修保养各种资料文件的汇总整理与分析；状态监测的实施；为整备班和掘进班提供技术支持与服务；负责设备技术方面的内外联络；汇总配件需求计划并报设备物资部落实；总结分析配件消耗规律
整备班	机、电、液工程师，清洁、润滑、故障排除人员	维修保养工作执行的主要力量，完成绝大部分的维修保养、状态监测等工作，并在必要时配合掘进工班完成维修工作；上报配件需求计划，探索配件消耗规律
掘进班	掘进工班全体人员	掘进过程中设备状况的巡查与实时监控；保持设备清洁；掘进中故障的排除；掘进数据的收集上报；向整备班报告设备运转过程中的情况与问题

5.7.2 TBM 状态监测

西秦岭隧道施工中，TBM 的维修保养工作主要在整备时间完成，分为前期控制、运行维护和事后维修三类。前期控制是指对如主轴承、电机、轴承密封、液压泵站系统等重点部件的运行状态进行分项目监测。运行维护是指在掘进机使用过程中的周期性的维护保养。事后维修指当故障发生后及时的修复。其中状态监测对检测人员及检测设备要求较高，主要由技术室负责完成。

进行状态监测的目的，主要是为了准确掌握 TBM 运行状况，通过对其相关参数的不间断监测，摸索重要部件的磨损规律、消耗规律，判断异常情况的发生时段或预测即将出现的故障，以做出正确决策；及时维护保养、提前预防，防患于未然，确保设备状况良好，进一步提高 TBM 的使用效率。

本工程中根据设备的重要程度和系统故障对工程的影响程度，确定了监测对象以主机为主，重点是主机部分的大轴承、电机、轴承密封、液压系统、润滑系统和变速机构。其余液压泵站和辅助设备有选择地进行了分项目监测。

主要的监测项目为运动部件润滑油样的光谱分析、铁谱分析和污染度分析；传感器的检测；内窥镜监测等。

油样的光谱分析、铁谱分析和污染度分析：了解进入润滑油中磨损产物的种类、磨损颗粒的形貌、尺寸、含量，并由此判断机械磨损的严重程度；通过油液理化指标的化验，可以得知油液的劣化情况，由油质的变化推断故障的某些诱因；同时根据按需维修、按需保养的要求，对变质的油液进行了及时的更换并延长了正常油液的使用时间。

通过各种传感器的检测，实时监测各运动部件的运转参数和运动状态；位移、压力、温度、流量、油位、压差、转速等参数对故障诊断有直接和间接的参考作用。此外，借助于内窥镜，可以免于拆卸，直接观察到部件内部零件的损伤情况。

在本工程中，采用了如下监测方法：

（1）振动监测。

利用振动信号通过各种动态测试仪器拾取、记录和分析动态信号，是进行系统状态监测和故障诊断的主要途径。

（2）声学监测。

采用了噪声监测技术、超声波检测技术和声发射技术检测运动部件的状态。

（3）温度监测。

利用接触和非接触的方式进行温度监测，操作方便、直接，适用范围很广，比较有效。

（4）红外测温监测。

利用红外热辐射温度计和红外热成像装置进行了系统状态监测和故障诊断。实现了把景物的不可见热图像转变为可见图像。

（5）无损检测。

无损检测是对材料和零部件进行非破坏性检测，以期发现表面和内部缺陷。

（6）工业内窥镜。

利用内窥镜对不宜拆检或不便于拆检的犄角旮旯，预留监视孔进行镜检，可以直观地观测内部各元件的磨损情况。

（7）油样分析技术。

油液中携带着来自磨损表面的磨损碎屑，因此油液分析应该不仅能够测定润滑油或液压油的状态，而且能够据此推测设备的磨损状态。对油液的分析应尽量全面，较全面的油液分析方法应该包括磨损金属/微粒分析、理化性能分析、黏度测定等。磨损分析目前使用的方法有直接检测法、磨屑收集法、取样分析法。其中取样分析法包括光谱分析、铁谱分析、扫描电镜、颗粒计数法和离心法。

（8）综合利用各种监测手段与方法。

施工中将上述各种监测方法与手段有机地结合起来，监测结果相互支持、相互印证，利用长期跟踪监测获得了大量油液测试数据，用趋势分析、数理统计及模糊聚类分析等方法，找到了TBM各运行阶段的磨损规律，从而为故障诊断提供了强有力的依据。

本工程中，在采用以上 8 种监测方法的基础上，对于 TBM 重要部位采用了相应的重点监测方法：

（1）主轴承监测方法。

根据主轴承监测难点及振动监测影响因素的考虑，针对施工现场的实际条件，选用了下面六项联合监测方案：对润滑系统实施了监测，确保良好的润滑；通过油液磨损分析，监测轴承磨损状况；通过振动信号监测轴承元件的损坏；定期检测轴承的轴向间隙，判定轴承磨损程度；用工业内窥镜，定期观测轴承内部各元件的磨损情况；通过内置的电涡流传感器和地面站，定期监测轴承滚子、滚道的损伤。

（2）主轴承密封监测方法。

主轴承密封是保证主轴承正常运转的关键，密封破坏，水和灰尘进入或润滑油外泄，会造成主轴承的腐蚀和磨料磨损。对于密封损坏的现场监测，采用的方法是油液分析和外漏观察。主要方法是：目视密封液体流动状况；定期打开滤清器上盖，检查密封材料是否混入；通过油质分析监测灰尘、水侵入状况，定期进行油质分析，密切监测油中灰尘和水的含量，间接监测密封状况；每月取油样外送作光谱、铁谱分析。

（3）液压系统（含润滑系统）监测方法。

TBM 液压系统庞大，尤其控制油路众多。液压系统的监测方法通常采用油质分析，油样磨损分析，监测温度、流量、压力、转速等项目。采用了一般检查与重点检查结合的方式，便于测试的各类参数普遍监测一次，针对长期使用、可能存在故障隐患、需要检查的重要元件，辅以多种监测手段进行重点诊断。主要方法为：对液压油油位、油温、油质、滤清器堵塞实施监测；通过油液磨损分析，监测液压系统磨损状况，包括理化指标、清洁度、直读式铁谱、分析式铁谱和光谱分析；测量主要回路关键点参数，与各回路标称参数比较判断各液压元件的状况。

（4）齿轮箱监测方法。

大齿圈和变速机构的工作情况与主轴承相似，监测方法采用以振动、油质、油液磨损、温度、油位检查结合的方法。此外，还定期采用工业内窥镜，观测大齿圈的表面磨损状况。

（5）变频电机监测方法。

变频电机通过振动频谱分析监测轴承状况，同时辅以温度和电气绝缘等参数监控。

（6）其他监测方法。

在实际施工中，根据掘进施工的需要，对有可能影响工程进度的结构件损伤、磨损、锈蚀、裂纹等，进行了损伤检查，如主梁精密表面、主推进油缸、撑靴油缸、刀盘等。此外，还进行了电气件的绝缘、老化，密封材料、橡胶材料的老化检查。

5.7.3 连续皮带机状态监测

连续皮带机的性能及其运行状况是决定掘进进程的一个重要因素，需要对与其相关的参数做不间断的监测，找出系统中重要部件如变速箱、驱动机构、托辊等的磨损、消耗规律，做到及时的保养、提前预防，进一步提高了皮带的使用效率，延长了皮带的使用寿命。

（1）监测项目。

在连续皮带系统中重点部件可分为：动力系统、变速箱、联轴器、轴承、皮带托辊等。重点部位在皮带的驱动端及两条皮带的交接处。

（2）监测方法。

皮带的驱动系统故障多发生在变速箱、联轴器等机械部件上，掘进时安排了当班的机械工程师对其进行注意观察，并做好详细记录。

在主驱动和皮带末端，两皮带表面往往会存在一定的落差，石渣呈不规则运动状态，施工中在主驱动及皮带末端加装了摄像机，监测皮带与主从滚筒之间是否有夹渣出现。

整备时对皮带托滚进行了全面彻底的检查，避免了因托滚卡死或轴承失效而引起的皮带与托滚间的相对滑动摩擦的出现；同时，对自动调心皮带托滚的侧移调节机构做了手动调试，避免了失灵情况的出现。

5.7.4　TBM 主要部件维修保养

（1）刀盘。

保证了施工人员每天检查所有螺纹的紧固（包括刀盘盖板螺栓、铲斗固定螺栓、喷水管接头螺母）、刮渣器耐磨板和铲斗磨损件的状况、喷水嘴的喷水效果；同时检查扶梯是否有裂纹或者脱落情况。

（2）主轴承。

主轴承运转状况的优劣不但对 TBM 工作寿命的影响很大，而且一旦出现异常，由此造成的工期和经济损失是难以弥补的。因此，对于轴承组件的维护保养内容，主要在于对轴承润滑状况、密封状况的严密监测，对润滑油液的油质分析、磨损分析及对轴承滚子和滚道的内窥镜观测、电涡流监测。

西秦岭隧道施工中，2012 年 8 月 12 日出现了主轴承滚道故障，耽误了将近 4 个月的工期，主轴承具体更换方案见后续章节。

（3）液压与润滑系统。

为了解 TBM 液压系统与润滑系统工作状态和可靠性的变化情况，并对各元件的工作寿命做出预测，在不影响工程进度、现场许可且保证精度的前提下，进行了液压与润滑系统性能参数和液压元件主要参数的不解体检查。液压与润滑系统的检查对象包括回路检查与原件检查。采用了一般检查与重点检查结合的方式，便于测试的各类参数普遍检测一次，针对长期使用、可能存在故障隐患、需要检查的重要元件，以多种检测手段进行重点诊断。部件检查项目和内容，见图 5-21。

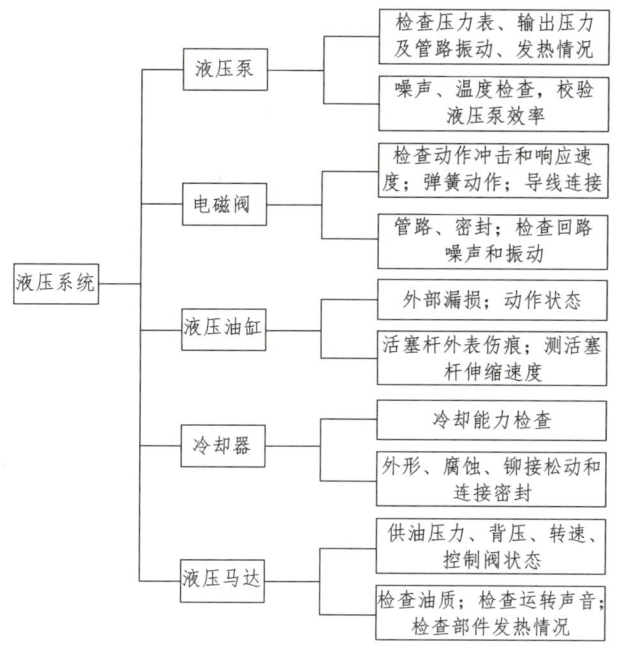

图 5-21 液压系统部件检查分项图

（4）电气系统。

电气系统的检查中以主驱动电机和配电柜作为主要的检查对象，分别制定了相应的检查措施。同时在施工过程中实时检查各电缆的破损和接头的状态。施工中的检查操作见图 5-22 电气系统维修保养分项图。

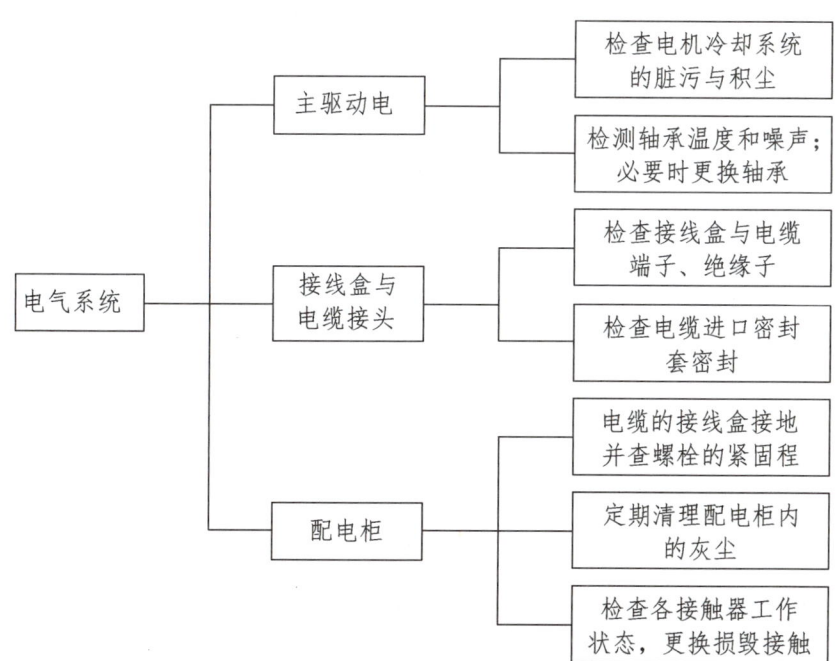

图 5-22 电气系统维护保养分项图

(5)变速箱。

本工程所用的 TBM 主驱动变速箱为油润滑。施工中确保每班施工人员检查润滑油面高度,油面高度的观测必须等待足够时间直到油均匀流到各个部位,变速机构停止时才能通过透明玻璃观察。同时,安排了每班施工人员检查变速箱体温度和振动情况、运转是否平稳、是否有渗漏。此外,利用噪声计测量机构的噪声水平,并安排了施工人员做好相应的情况记录。

(6)皮带机。

施工中,皮带机的重要意义不言而喻,每天均进行了皮带机的维护:包括驱动端和从动端的轴承润滑,其润滑脂必须保质保量的注满;施工中随时进行皮带辊子的检查,对于损坏的辊子第一时间进行了更换;同时,在每班停机时,及时清理了皮带夹层和滚筒之间散落的石渣;对于主机主梁内的皮带机底部的积渣,进行了定期的清理,保证了主机皮带机的正常运行。

(7)支护设备。

TBM 支护设备主要由钢架安装设备、锚杆钻机、超前钻机、喷混凝土设备、注浆设备、材料运输设备等组成。设备的使用频率高、工作条件恶劣,设备维修保养对设备的正常运行至关重要。在施工中设备的保养主要从以下方面进行了检查,见图 5-23。

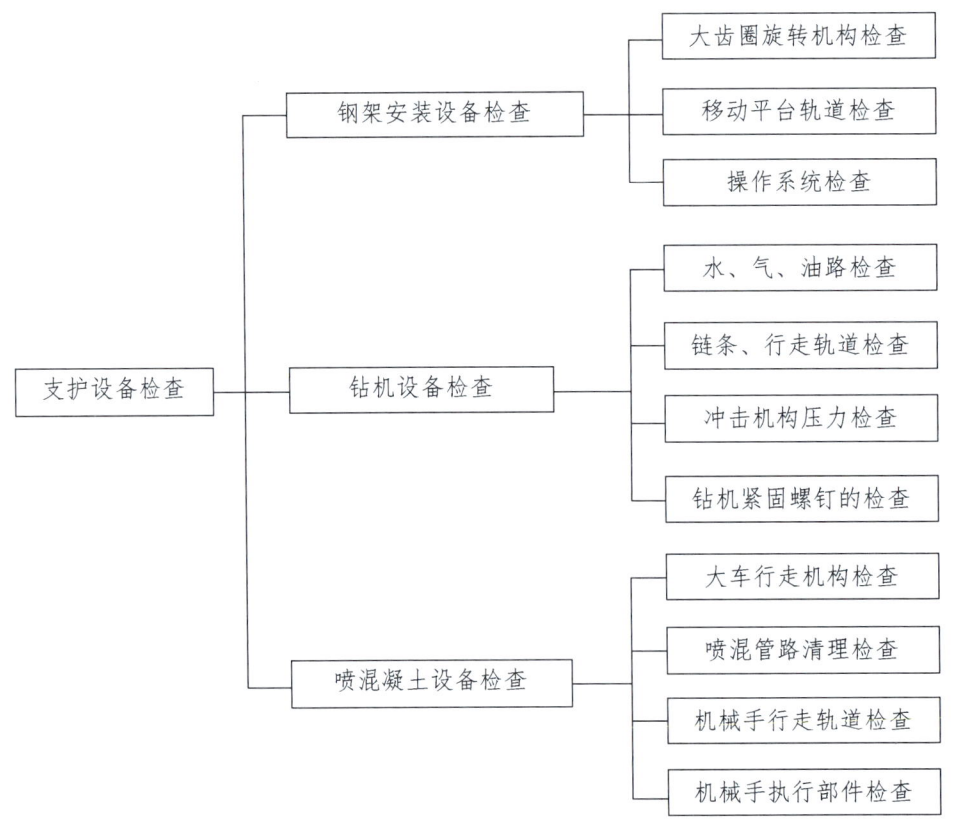

图 5-23　支护设备维护分项图

在进行以上三项主要支护设备检查的同时，对钢筋网安装器、材料吊机等分项设备的运行状况也要进行必要的检查。

本工程 TBM 施工过程结合其他 TBM 工程施工总结的部分 TBM 故障诊断与维修示例见表 5-13。

表 5-13　TBM 故障诊断与维修示例

故障表现	可能原因	解决方法
泵不供油	泵的吸管截止阀被关闭	打开阀门
	油箱油量不足。这种情况会导致泵的空吸并产生噪声	立刻关闭泵。补充适量的液压油
	泵和电机的连接松脱	检查并修理或更换
	转向不对	立刻关闭泵，将驱动马达翻转两圈
	液压油黏度过高	改变油的等级或在启动泵之前预热液压油
	吸管滤网或管线堵塞	检查吸管是否通畅，如通畅，排空并清洗油箱和滤网，再注入新油
	变量泵行程设置不当	调整泵的设置
	泵的内部损坏	拆下分解，更换损坏的零件
泵不产生压力	泵不供油	维修油泵，校正参数
	输出管未接好	检查软管，更换损坏零件
	系统中有一个或多个换向阀将液流直接引回油箱	确定阀在系统中的位置，检查阀处于正确位置并能正常工作
	安全阀压力设置太低或失效	确定影响系统的安全阀，并正确设置，如有需要，进行修理或更换
	泵的内部损坏	拆下分解，更换损坏的零件
运行有噪音	油泵空吸	立刻关闭泵。补充适量的液压油
	吸管渗漏导致油泵空吸	立刻关闭泵。检查输入管连接，夹紧，修理或更换零件
	进口堵塞	确认进口开关阀处于开的位置。确保进口油路无堵塞
	呼吸器堵塞	更换呼吸器
	泵的转向不对	立刻关闭泵，将驱动马达翻转两圈
	泵的内部损坏	拆下分解，更换损坏的零件
油温过高	高压泵过多的打滑	用测试仪器检查泵的输出
	压力补偿器没调整好或发生了故障（高压支撑系统）	检查支撑系统压力，压力设置应稍低于安全阀的设置

续表

故障表现	可能原因	解决方法
主机的皮带机运行太慢	低速开关设置不正确或发生了故障	确定皮带机的速度是否正常，如果正常，检查低速开关是否正常
	皮带机由于负载过重或受到阻碍	检查运行压力，关闭刀盘和皮带机，检查是否有什么阻碍
	皮带太紧	检查运行压力和张紧油缸压力
	液压驱动所需的液流不足	确保阀门正常，检查泵的输出
	液压马达被内部旁路	拆下泵检查内部，修理或更换损坏的零件
刀盘驱动无法启动	断路器处于关闭状态	打开断路器
	润滑油流量或压力不够	校正流量和压力
	润滑油流量开关设置不正确或发生故障	检查该开关和连接
	支撑压力低于压力开关设置	使用高压支撑系统伸展支撑
	支撑压力开关设置不正确或发生故障	检查压力设置，如正常，检查电路
	使用了微动系统	关闭微动系统
液压油驱动马达或润滑油驱动马达无法启动	断路器处于关闭状态	打开断路器
	油量不足	补充适量的油
	浮动开关设置不正确或功能障碍	调整开关设置和运行
	马达启动过载，跳闸	重启电路，如果不是跳闸问题，检查电路故障
密封润滑油指示灯不正常	密封润滑泵电路故障	进行电路检查
	给料器发生故障	解决给料器的运行故障
	给料器开关失常	在此情况下不要继续操作，否则会损坏设备
		检查电路和开关
刀盘转动时没水或水量很少	水阀没开	打开供水系统的水阀
	过滤器堵塞	拆下清洗并重新安装
	电磁控制阀故障	进行电路检查
	喷嘴堵塞	清洗喷嘴

在 TBM 在掘进时部分设备会有故障发生，需要及时有效地处理，以保证掘进施工的正常进行。针对西秦岭隧道施工中随时可能出现的 TBM 设备故障，中铁十八局集团有限公司制定了一套完善的处理流程。当 TBM 设备出现异常时，采取了以下步骤完成故障的处理工作，具体流程如图 5-24 所示。

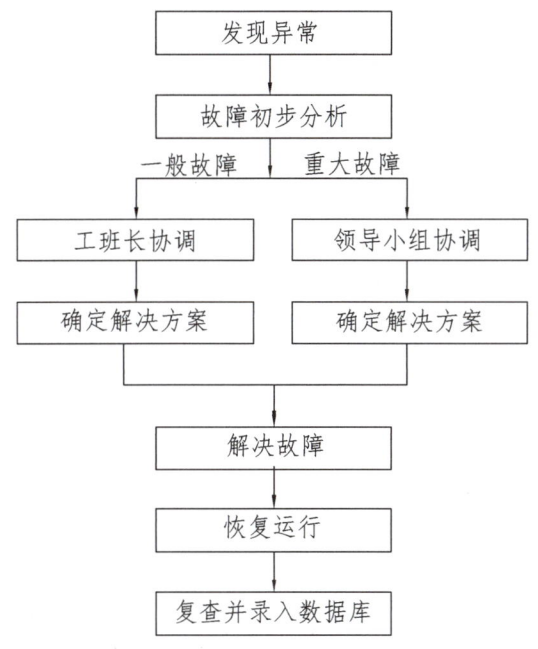

图 5-24　TBM 故障维修流程图

建立并应用故障诊断专家系统是更好地使用和管理 TBM 的有效途径，在以往使用 TBM 的过程中已经建立并使用类似的专家系统，在本工程使用 TBM 的过程中，结合相关的高等院校针对本工程使用 TBM 的技术支持，建立了相应的故障诊断系统，并将其应用在本工程中。

专家系统软件的主要目的是：利用人工智能的理论和方法，把现场大量长期从事 TBM 机电液系统使用、维修、故障诊断专业技术人员（即领域专家）的经验和知识系统化，通过计算机专业人员（即知识专家）借助于专家系统工具开发出实用性强、人机界面友好的 TBM 故障诊断专家系统，专家系统诊断故障流程见图 5-25。

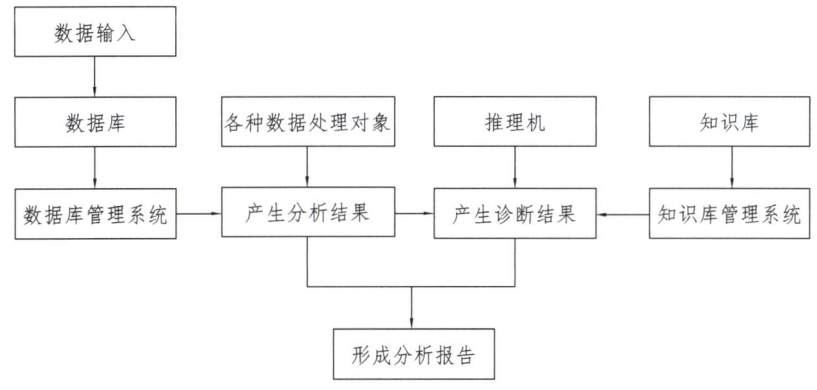

图 5-25　TBM 故障诊断专家系统流程图

该专家系统能反映 TBM 掘进机故障诊断技术的先进方法和先进成果，集监测数据库管理、故障诊断推理、维修方案等功能十一身；系统能对诊断设备渐进型的故障做出提前预报，对突发型的故障能迅速诊断故障部位，以便提高设备的完好率及利用率；系统具有先进性、可维护性、安全性、实用性和可扩充性，并符合软件工程设计要求；人机界面友好，操作方便，可以在 Windows 环境下运行。

5.7.5 皮带机的维修保养

1. 主机皮带机、转载皮带机及斜井皮带机的维修保养

施工中主机皮带机、转载皮带机及斜井皮带机的维修保养方法基本相同，主要有下列维修保养方法：

（1）皮带桥的维护方法：全面彻底清理皮带桥本身及周围区域的所有积渣，防止卡渣磨损零件；皮带桥两侧加装橡胶挡板和金属骨架，防止石渣从两侧进入两层皮带与从动辊之间；在整备时通过空转皮带调节好皮带的松紧度，防止皮带跑偏、过松、过紧；重点检查刀盘前端溜渣槽下皮带接料斗区段，料斗两边的皮带挡板与下层运行皮带之间贴合是否严密，石渣容易夹杂在里面划伤皮带；掘进过程中密切注意皮带的载荷情况，当发现波动幅度过大或驱动压力居高不下时，立即停机检查；及时更换橡胶挡皮，焊修料斗处磨漏的钢板；检查皮带机所有零部件的损伤情况，顺便检查传感器及连线是否损伤，及时更换损坏的各类托辊、支撑轴承等损坏件；每天检查皮带机所有刮渣器，更换明显磨损的刮板，调整到合适贴紧度，防止过紧损伤皮带或过松而刮板翻转、大量落渣；保证尾轮和头轮两端轴承润滑充足，不足时及时进行补充。

（2）皮带表面的维护方法：掘进机皮带的损伤主要原因分为表面砸伤与划伤；表面的处理主要是在整备时完成。主要采用了以下方法进行皮带表面的维修。

皮带表面的砸痕采用了挖空粘补法：即剥掉砸伤部分，对该位置进行可靠清理后用同样材质的橡胶粘补。根据维修时间决定冷粘或局部硫化。

皮带表面的划伤采用了胶补法与缝合法相结合的方法：即在小的划痕处用氯丁胶填平，对较大的划痕处则用尼龙线缝合后再进行填胶。维修时间较短时，用门形扒钉钉透皮带，将贯通划伤钉合，恢复掘进，待后续再进行处理。

处理完毕后，在运行时要对该位置重点检查，避免出现扩展，影响皮带机的运行。

（3）皮带托辊的维护方法：整备时严格检查每个皮带托辊，发现皮带托辊被卡或轴承失效时，立即处理更换，防止皮带与托辊之间的相对滑动而划伤皮带表面；在检查皮带托辊的同时，将皮带底部的积渣清理干净，重点是下托辊和犄角旮旯不易清洁的地方。

（4）驱动滚筒与从动滚筒的维护方法：对皮带的主动滚筒、从动滚筒逐一进行保养检查，重点是变速箱、轴承等重要部件的润滑情况、磨损情况重点检查；及时给皮带驱动滚筒和从动滚筒的两端轴承打足润滑脂；及时更换有问题的轴承和污染的润滑

油；同时，在运行阶段，严密观测皮带驱动马达的工作状况，发现异常及时修理；此外，在皮带运行的关键部位加装摄像头，由控制室监控皮带的运行状态；对于电动驱动滚筒，定期检查滚筒内部冷却油是否泄漏，不足则及时补充；经常查看滚筒表面的包胶是否磨损、脱层，并进行了及时的粘补。

2. 连续皮带机的维护保养

连续皮带机和 TBM 联动，必须保证其正常运行才能充分发挥 TBM 掘进性能。

西秦岭隧道 TBM 施工连续皮带机储存机构的维护保养方法如下：

（1）驱动装置维护保养方法：每班检查润滑油高度、变速箱体温度和振动情况，运转是否平衡，是否有漏油现象；定期抽取油样做检测，根据油液的劣化情况及时按需换油。

（2）驱动辊维护保养方案：每日安排施工人员检查及清理皮带与驱动辊之间是否夹渣，防止皮带划伤。定期检查驱动滚筒的磨损情况，如发现滚筒磨损要及时的更换维修，避免对皮带的运行造成损伤。

（3）电机维护保养方案：皮带机运转前向电机前后部轴承润滑黄油嘴处加注 20 g 专用润滑脂并做好记录，严格做好电机的防水防尘工作。

（4）张紧机构维护保养方案：张紧机构安装在皮带储存机构的附近，方便进行皮带的硫化延长。张紧机构的张紧程度由程序设定，在皮带运行时自动根据皮带的延伸调整张紧皮带。对该机构的运行情况要在整备时间进行调试，确保皮带运行时张紧机构正确工作，保证传感器线路完好、工作正常。

（5）皮带存储机构维护保养方案：存储机构利用回转机构储存皮带，在整备和运行时检查每层皮带的回转托辊运行状况及其松紧度，确保其回转轮的自由转动。

同时，对储存机构中各部件的黄油嘴强制性加注润滑脂，保证滚筒轴承得到充分润滑，并且对皮带存储器中的碎石、落渣作全面的清理；回转机构在皮带延伸时要在储存装置内部移动，在整备时间内检查移动装置的功能，对该装置中的润滑部位加注润滑脂、对移动装置的钢丝绳进行检查，确保该机构能够正常的运行。

西秦岭隧道 TBM 施工连续皮带机主驱动、辅助驱动的维护保养方法如下：轴承、变速箱、联轴器等机构部件是皮带驱动系统中易发生故障的部件，连续皮带机工作时，当班的机械工程师对其进行观察，发现任何异常响动或振动时及时检查处理；皮带系统中的各刮渣器、刮渣片在整备时均进行手动翻转检查，发现卡死或滞塞现象应及时更换并做好记录；驱动滚筒表面采用高温耐磨陶瓷材料，起到增加皮带与滚筒附着力作用，通常材料脆而耐磨，每天保养时彻底冲洗干净陶瓷块缝隙的积渣，并防止陶瓷块碰碎；连续皮带机运转过程中皮带机操作人员密切注意皮带的压力变化情况，一旦发现异常及时停机并与工班长及专业工程师取得联系；每日安排专人检查及清理皮带与主动辊之间的夹渣，防止皮带划伤。定期检查驱动辊筒的磨损情况，如发现滚筒磨损要及时地更换。

此外，施工中出现了皮带跑偏的现象，采取的处理方法为：在出现皮带跑偏现象后，施工人员立即对皮带辊的运行情况进行了检查，并根据跑偏的状况进行了调整。并对各个皮带的转折部位进行了重点监测，确定转折位置皮带辊的功能状况。

3. 皮带机维修保养中的几点经验总结

（1）针对 TBM 施工渣料运输的特点，设置了皮带机运行班组，每班安排有专人负责巡视皮带机的运行情况，发现问题及时解决；每个掘进安排班有专人负责随皮带机前移安装三脚架、平托辊、槽托辊、边轨，保证皮带机连续不断跟进作业。

（2）针对 TBM 设备施工的特殊性，专门设置了维修班组，利用 TBM 停机期间，检查皮带表面、背面和侧边的磨损情况，查明原因并及时维修；保养皮带机所有零部件，确保其完全润滑并且工作正常；检查平托辊及驱动滚筒的工作情况，发现损坏部件及时更换（此连续皮带机具有不停机换托辊功能），并定期润滑保养。皮带机设有调偏托辊，经常检查确保其灵活、起作用。

（3）皮带机沿线有紧急停止开关，紧急情况时使用。在连续皮带机系统主要部件上设置有必要的监控设施，随时监控皮带机工作情况，发现问题及时处理。

（4）在尾轮部位安装了一块电磁铁，防止渣料中混入铁器划破皮带。对电磁铁经常检查，确保其发挥作用。

（5）及时清除掉开挖出的超大径块石，防止其破坏皮带。

（6）密切注视掘进速度，及时调整皮带张紧程度，保证皮带仓储备。

（7）利用 TBM 停机期间，彻底对驱动装置进行了检查保养。定期检查液力耦合器、减速器、齿轮箱油位，严格按照维护保养手册规定的日期进行换油，必须选取厂家指定的油脂。

（8）储备充足的易损件、常备件，在需要的时候能够及时更换。

5.7.6　TBM 刀具的检查与更换

掘进过程中由于受围岩条件、刀具的布置、掘进参数、机械状况和司机的操作习惯等多种因素的影响，每把刀的使用寿命迥然不同；即使同一部位的刀具，也无法预测出精确的寿命；而且随着机械的剧烈振动和掘进推力的急剧变化，即使是新换的刀具，时常会出现预想不到的挡圈脱落、刀刃崩落、偏磨、刀圈移位、密封漏油和轴承破损等非正常损伤。

基于此，在施工中每个整备工班期间，施工人员对刀具的损伤情况进行了仔细查验，逐个测量并详细观测刀具磨损是否过限、刀具螺栓是否松动或脱落，严格遵从刀具更换的规范要求，逐步摸索出了刀具磨损的规律，有计划地进行了刀具的科学更换。

刀具检查维修过程的重点环节为：确定维修项目、刀具解体时检查、轴承的检查及更换、滑动密封的检查与更换。

1. 施工中刀具检查总体要求

根据以往 TBM 掘进施工的刀具磨损规律，按规定在掘进的间隙和整备时间对刀盘上的刀具进行检查。通过对刀具的检查，分析刀具状态的变化和损坏形式，从中找出刀具安装问题、地质变化和 TBM 操作等因素对刀具损坏的影响，及时提出分析和处理意见，以指导 TBM 施工。

2. 施工中刀具更换的原则

刀具达到磨损极限前必须更换：当边刀磨损过大时，TBM 开挖洞径变小造成刀盘刮渣板损坏和刀盘的过度磨损甚至卡住刀盘。正滚刀出现过度磨损后会导致滚刀的承载过度和刀盘的推力过大。均会导致 TBM 施工不能正常进行。

（1）相邻刀具刀圈磨损相差过大需进行调整高差的换刀：刀盘上安装的刀具在相邻位置如果磨损程度相差过大，会导致磨损量较小的刀具相对相邻刀具突出，其承载的推力和扭矩可能会超过刀具的承载能力，导致刀具轴承因承载力过大出现非正常损坏从而导致刀具失效。

（2）刀具轴承失效时必须换刀：刀具轴承保证刀具正常工作时进行自身的旋转，若轴承失效，刀具不能进行自身的旋转，将出现刀圈偏磨、刀具无法正常工作的现象。

（3）刀具出现漏油：刀具密封损坏后泄漏的油为刀具轴承的润滑油，刀具润滑油一旦泄漏将导致轴承失去润滑而抱死。

3. 不同位置刀具的安装

刀具的安装程序按照 TBM 厂商的要求进行了严格执行。

（1）刀盘边缘过渡位置的刀具安装：此处的刀具由于刀具的刀轴和 TBM 推力不在平行直线上，所受负荷比较复杂，既有推进力同时又有洞壁边缘的挤压，磨损速度快。因此该位置上的刀具采用了新轴承或使用次数较少的轴承。

（2）相邻位置的刀具安装：TBM 工作一段时间后，不同位置的刀具磨损程度大不相同，更换上的新刀和邻近位置的刀具的刀尖高差可能出现较大的差距，因此施工中将刀盘上其他磨损程度可以和新刀邻近匹配的刀具拆卸下来安装到和新刀邻近的位置。并将原来磨损程度和新刀不匹配的刀具移到合适的位置安装。

4. 刀具更换小结

在刀具更换的施工中始终把握了一个总的安装原则：保证整个刀盘上所有安装的刀具的刀尖位置应在一个平滑的曲面上，不能出现突然的刀刃突出。防止突出位置的刀具因承受过大的负荷而导致刀具异常损坏。

刀具安装具体的操作按照 TBM 供应商提供的操作规程实施，刀具安装位置要清理干净，固定螺栓一定要按规定的扭矩紧固，固定楔块要和刀轴贴紧。防止在掘进施工过程中刀具因螺栓松动导致刀具失效影响 TBM 施工。

5.7.7 罗家理斜井段 TBM 全面维修保养

本工程右线隧道 TBM 在完成第一段掘进任务 7 857 m 后进入罗家理斜井钻爆法施工段，TBM 需滑行通过该段，施工中利用这段时间对 TBM 进行了一次全面彻底的维修保养，对刀盘、刀具、主轴承、刀盘驱动电机、皮带机、钢架安装器等设备进行了一次全面的检查、保养、维修。确保了 TBM 在第二阶段掘进任务的顺利施工。

维修保养的项目主要包括以下几项：

（1）刀盘刀具的检修：经过长距离的掘进施工，刀盘表面及刮渣斗等部位的耐磨层会产生较大的磨损，同时由于掘进过程中产生剧烈的振动，容易造成刀盘刚性连接体裂纹，连接螺栓松动、断裂等损坏。

因此刀盘在维修时重点补焊了耐磨层、检查了连接螺栓和结构裂纹，对其相应的功能进行了恢复；对刀具、刮渣板安装位置的磨损和变形予以修复，确保了后期掘进过程中刀具和刮渣板的安装精度；检查了刀盘喷嘴的喷水功能，对损坏的喷嘴进行了更换；充分利用了 TBM 通过罗家理斜井段的空间与时间，从刀盘正面对所有刀具进行了全面的检查与更换，达到了初装刀的标准。

（2）主轴承密封检修：检查了密封的油脂出露情况和磨损情况，密封没有出现损坏。

（3）主驱动电机：对刀盘驱动电机进行了全面的检查与保养。

（4）液压、电气系统清理保养：对液压、电气系统进行了彻底清理，清除了堆积在各个死角位置的灰尘，特别是各个设备的散热装置均认真地清理。校核了各个传感器的功能，对临时修理替代的设备进行了彻底修理。

（5）重要部位变速箱齿轮油的检查更换：对主轴承、刀盘驱动变速箱、皮带机驱动变速箱等部位的润滑油做了认真的检查，全部进行了更换。

（6）给排水水箱清理保养：对给水及排水水箱进行了一次全面彻底的清理，清除了水箱内残存的泥沙等沉淀物。

（7）皮带机检修：全面检修了皮带输送机的驱动、托滚、胶带及防跑偏机构，调整胶带至最佳状态。

（8）对主机及后配套的附属设备进行了检修，如：钢架安装器、锚杆钻机、超前钻机、混凝土喷射装置、材料提升设备及供水、供电、通风设备等。

（9）待各项检修完成后对整机进行了调试。

5.7.8 配件管理与保障供给

根据以往 TBM 掘进机的管理经验，在西秦岭隧道 TBM 施工中由整备工班责任工程师对自己所管的设备每周做出周计划，每月做出月计划，由设备物资部根据库存情况做出配件采购计划并进行了采购。在此基础上开发了 TBM 掘进机配件储备及管理软件，建立了常用配件库存量报警制度，保持了常用易损件的合理储备，保障了 TBM 掘进机的正常运行。

为此，中铁十八局集团有限公司成立了专门的领导小组，由主管领导及有关技术、材料、财会、采买、仓管人员组成，定期召开例会，研究解决存在的问题，制订并完善了管理与保障措施，努力做好了备品、备件的供应工作。

确保了 TBM 备品、备件的采购及时、型号正确和质量优良。特别对于 TBM 上的钻机、喷射混凝土机械手的配件要按照确保工程施工正常进行的标准进行了储备。排水泵等设备按照最大用水量的能力进行了配套。吊机的吊具及配件能够保证正常施工。其他为保证设备正常运行、维护及维修要求所需的各种配件、材料、油料等严格按照采购程序，优选质量高、价格适中的配件、材料、油料，从而保证了设备的正常运行。

5.8 TBM 施工测量

控制测量是 TBM 掘进中隧道轴线与设计轴线一致的保证，是确保工程质量的前提和基础。在本工程中掘进进度要求较高，洞内空间有限而设备众多，车辆行走频繁，用传统测量方法很难满足 TBM 快速、准确掘进的要求。上场后，中铁十八局集团有限公司根据《西秦岭隧道段工程交桩纪要》中设计单位提供的 14 个控制桩，组织单位精测队编制了《西秦岭隧道施工控制测量与复测方案》，对所给基准点、基准线和水准线进行了复测，同时测设施工控制网，并将《西秦岭隧道施工控制测量与复测报告》进行了审查报批。

由于在 TBM 上配备有自动导向系统指导 TBM 掘进，减低了人工测量的频率，并在施工中严格贯彻多级测量复核的制度，从而确保了隧道贯通精度。在本工程的 TBM 施工中，主要进行了后续的施工测量。

5.8.1 洞外平面控制测量

1. 平面控制测量的精度及点位布设

根据隧道长度和技术设计方案以及《全球卫星定位系统（GPS）测量规范》的要求，尽可能提高 GPS 测量的精度，因此洞外 GPS 平面控制网按 B 级精度施测。所使用的测量仪器标称精度不小于 $10\ \text{mm} \pm 2 \times 10^{-6} \text{d}$。为了满足施工的需要，西秦岭隧道右线进出口各布设了 4 个 GPS 平面控制点，所有控制点均用异步环相连，并组成空间三角形和大地四边形以加强 GPS 网的几何强度。

2. 观测方法与作业过程

采用 GPS 静态相对定位系统进行了测量，观测前对接收机进行了全面的检查，确保了仪器精度达到标称精度的规定。选择最佳时段进行了 GPS 测量，在观测条件欠佳和测量长边时增加了观测时间以提高测量精度。

观测过程及采用的主要参数：周边观测时段数不小于 2；时段长度：当 1 km<S≤25 km 时为 1.5~2 h，当 S≤1 km 时为 0.5~1 h；卫星高度角不小于 150°；卫星个数不小于 5 个；每颗卫星跟踪时间大于 15 min；PDOP≤6；采样频率不小于 15 s。

GPS 观测数据采用观测仪器的随机软件进行了处理，基线解算时采用了下列的参数：

对流层模型：Hopfied；星历：广播星历；使用频率：L1+L2；先验中误差：±10 mm；电离层模型：标准模型；使用数据：码和相位；解模糊盾的边长限制：小于 25 km。

GPS 基线网平差、坐标转换、网平差利用计算机程序软件进行了计算。为确保无误，观测数据整理、平差计算均采用了两组对算、复核、审核的程序进行。同时，为了进一步验证 GPS 测量的可靠性，采用了全站仪导线测量的方法，分别检验进、出口 GPS 点群所组成的局部小网，将两组测量成果进行了对比，确保了测量成果的可靠性。

5.8.2 洞外高程控制测量

（1）高程控制测量精度及点位布设：由于本工程对高程贯通的精度要求很高，因此施工中按照二等水准的标准进行了高程的控制测量，确保了高程贯通的精度。

（2）作业过程：在测量作业中，采用高精度的精密水平仪进行了高程测量，按现行国家标准《国家一、二等水准测量规范》(GB/T 12897) 进行了作业。

（3）数据处理：采用国家统一的高程系统，对观测高差做了水平标尺长度误差改正、正常水平面部平行的改正即重力异常改正。

5.8.3 洞内平面控制测量

1. 施测等级确定及控制桩点设置

根据洞内通视情况，洞内平面控制导线布设成等边闭合导线环网，导线平均边长 600 m，每 5 条边形成一个闭合导线环，并按一等导线的要求和精度指标进行了施测。其中一条导线沿隧道中线方向向前延伸，另一条导线设在离洞壁 1~2 m 处，这样设置使得中间导线可用来放样，且导线点不易破坏。

另外，因隧道中间位置有施工横通道先期打通，该施工横通道内投影点与隧道内导线闭合环形成新的检核条件，并作为隧道施工中导线控制的依据。采用徕卡 TCRA1201 全站仪及与主机相配套的三脚架、反光镜等设备。全站仪标称精度：测角 1

秒，测距 1+1.5 ppm，仪器设备均按照国家规定由具有国家标准的检定单位进行了检定，每年进行一次。每 500 米埋设两个控制点，横向间距 2 m 左右。控制桩用混凝土埋设，桩位尺寸 0.4 m×0.4 m×0.5 m。要求桩位必须埋入基岩下 0.2 m 以上，确保了桩位稳固。

2. 作业过程

在测量前，对测量人员进行了技术培训。

洞内外部分联测选在阴天、气温稳定、无危害性风力的情况下进行，使用徕卡 TCRA1201 全站仪进行了观测。水平角观测采用方向观测法观测 2 组，每组 16 个测回；测距采用对向观测；竖直角 4 个测回，测距 8 次。

洞内导线环网的观测在通风与照明充分、清晰度高的情况下进行；使用与洞外观测同等精度的仪器进行了观测，水平角观测采用方向观测法观测 18 个测回，测距与洞外部分相同；洞内控制点按照要求根据施工进度进行了布设；控制桩埋设 5 d 以上再进行测量，施测时联测 2 个以上的控制点，确保了控制点准确无误后，向前进行了新埋控制点的测量；根据精测结果对施工中线进行了调整；把精测结果上报给了有关部门。

3. 数据处理

水平角每测站测完后进行测站平差；每个闭合环进行角度闭合计算，检查是否存在粗差；对测量的边长进行加、乘常数改正，气象改正，投影改正，使所有测量边长值归算到隧道统一高程面；对整个闭合环网进行严密平差计算，计算出每个控制点的坐标值，并进行精度评定。

5.8.4　洞内高程控制测量

1. 高程控制施测精度

为了确保隧道的高精度贯通，洞内高程测量按照二等水平的要求进行了施测。采用徕卡 DNA03 电子水准仪和钢瓦条码水准尺，仪器检定周期为一年。每 200 m 埋设了一组（两个）控制桩，埋设标准与平面控制桩相同。

2. 作业过程

高程控制桩与导线控制桩同时埋设，并达到了规范要求。施测过程严格按照二等水平测量要求进行。检查了洞外的高程控制桩，经检查无误后，以距洞口最近的一个水准点为洞内控制测量的起算点。

控制桩埋设 5 d 后开始进行测量。施测时联测两个以上前面的水准控制点，待其差值在规范规定限差以内，向前进行了引测。施工高程点由施工人员在控制水准点的基础上按照四等水准要求自己进行了引测，施工高程点在施工中多次进行了复测。

3. 数据处理

计算了两个水平控制点间的往返高差，并进行了比较，对超限的数据进行了重测。计算了每公里高差中数的偶然中误差，进行了精度评定。

5.8.5 贯通测量

1. 贯通误差的测定

在贯通面附近埋设了一个固定桩，由进出口各自从最近的两个导线点测量该固定点的坐标，坐标差值即为平面贯通误差。

高程测量分别从贯通面两侧高程控制点测至固定桩。所测的高程差值即为实测的高程贯通误差。

2. 贯通误差的调整

（1）平面贯通误差的调整：将实测的贯通导线方位角闭合差进行平差，将角度闭合差平均分配到整条贯通导线的各导线角内。按照平差后的导线角，计算全段贯通导线的各导线点坐标，求出坐标闭合差。根据全段贯通导线各边的边长按比例分配坐标闭合差，得到各导线点调整后的坐标。

（2）高程贯通误差的调整：将实测的高程贯通误差根据整条水平贯通路线的长度平均分配到各高程控制点上，得到各控制点调整后的高程。

5.9 小　结

西秦岭隧道右线施工中，第一阶段 TBM 平均月进尺 419 米/月，达到了 TBM 的高效掘进，并且成功避免了任何突然事故的发生。这和以下施工技术措施的应用密不可分。正确的施工措施，结合合理的掘进参数，是 TBM 安全、快速施工的有力保障。加强该方面的总结与深入研究，对于掘进参数的选择大有裨益，特别是对于特长隧道施工，其效果更为明显。

5.9.1 超前预报

对于本工程有可能遇到的各种不良地质段，在进行了超前地质预报的基础上，坚持以预防为主、不盲目施工、确保 TBM 设备不受到大的损害为原则。

（1）做好了超前地质的预测、预报工作，在确保人员、设备安全的前提下，制定了切实可行的施工方案，并作专门的设计，经审核批准后及时进行了实施。

（2）超前地质预报工作，采用了长期超前地质预报、短期超前地质预报相结合的方法，可以较准确地掌握前方围岩的状态、破碎带位置、长度、破碎程度、裂隙水情况等，从而为下一步支护措施的选择提供了可供借鉴的依据。

（3）施工中，如果根据超前地质预测、预报工作发现前方存在不良地质段时，及时采取了有效的措施，具体见后续章节。

（4）在施工过程中，随时观察围岩、石渣，以及地下水的变化情况，经常检查支护的受力状态，避免了突然事故的发生。

5.9.2　正确的施工措施

（1）在不良地质洞段掘进施工时，首先对渗漏面积较大或渗水量较大的渗漏水或承压水进行了处理。

（2）在 TBM 开始掘进前，确保了风、水正常，机器状态良好，对于故障显示屏上显示的故障进行了有效处理，经确认故障消除后才继续正常掘进。

（3）TBM 施工中，保证了操作员对机械结构及控制室内的各种仪表做到熟悉，保证了操作员熟记各种掘进参数，掘进时要求操作员精力集中，对监视系统的观察要细、快、准，对异常声音的判断要准确，出现异常时要反应灵敏、动作快，避免了无故停机影响生产或机器自动停机导致的一系列不良后果。

（4）在 TBM 换步时进行了合理的调向，避免了因角度过小而难以纠正或角度过大而损害刀具。

5.9.3　TBM 完好率的保证措施

TBM 持续保持良好状态，始终保持比较高的完好率，是保证掘进施工质量、实现快速掘进的先决条件，施工中做了以下几个方面的工作：

（1）TBM 维修与日常保养制度化。制定《TBM 维修与日常保养规程》，遵照实施，并做到了有效监督。

（2）罗家理斜井施工段对 TBM 实施全面维修保养至关重要。TBM 到达该区段时，已经完成了本工程约一半的掘进施工任务，成功利用了该机会对 TBM 进行了全方面地保养和维修，重点是刀盘、护盾、主驱动系统、液压系统、电气系统，全面恢复了 TBM 的性能，使设备以良好的机况顺利进行第二阶段的掘进施工。

（3）加强了状态监测与故障诊断工作。定期对掘进机各系统和部件进行了状态检测和故障诊断，严密监控 TBM 的运转状况，以保证 TBM 的机况良好。

（4）合理制定了维修保养的计划。根据状态监测信息与每日维修保养所积累的信息，适时制定了合理的维修保养计划，有针对性地实施了维修保养工作，以保持 TBM 状态的持续良好。

（5）保障了 TBM 配件供应。配件供应的有力保障是保证维修保养质量与速度的重要前提之一,建立了良好的多渠道配件供应体系。

5.9.4 提高工时利用率

施工中提高了 TBM 工时利用率,主要从提高施工的技术水平和管理水平入手,从施工的各个环节减少停机时间,增加了掘进机纯掘进时间。

(1)从施工各个环节减少了掘进过程中产生的故障。

(2)提高了整备的工作质量,提高了掘进施工的连续性。

(3)做好了以状态检测为手段的设备计划维修,提高了设备运转的可靠性。

(4)边刀的异常损坏在掘进中发生的频率较高,影响较大,做出了改进操作,减少了换步时的刀盘摆动幅度。

(5)深入开展了敞开式 TBM 在不良地质洞段施工方法的研究,保证了在不良地质段的施工质量与进度。

(6)提高了掘进机施工的管理水平和施工队伍的技术水平,使掘进机的施工速度得到了基本的保证。加强了人员的组织与培训,建立了适应于掘进机施工的技术水平与管理能力要求的管理机构和施工队伍。

6 TBM 施工出渣及运输

由于开挖出的石渣运量大、运距长，TBM 施工需运输的材料又比较多，从利于运输及节约成本的角度考虑，西秦岭隧道 TBM 出渣采用的是连续皮带机的方式，当 TBM 施工至罗家理斜井工区时，停止钻爆法施工，开始 TBM 施工，皮带由罗家理斜井转场出渣。隧道内的石渣从皮带运至出口洞外或斜井底，运至斜井底的石渣自斜井皮带运输机运至洞外，再通过汽车运输转至渣场。

6.1 皮带机出渣

6.1.1 连续皮带机的安装调试

连续皮带机由主驱动、硫化台、皮带仓、皮带机架、皮带机尾部等组成，这些部件组成的皮带机长约 100 m。施工中，在 TBM 后配套安装完成并进入隧道后，随即开始安装连续皮带机。

在 TBM 掘进第一阶段掘进时的连续皮带机布置见图 6-1。在 TBM 掘进第二阶段掘进时的连续皮带机布置见图 6-2，在掘进第二阶段皮带机的出渣相对要复杂一些，因为有斜井的辅助施工，所以设置了转载皮带机进行出渣。

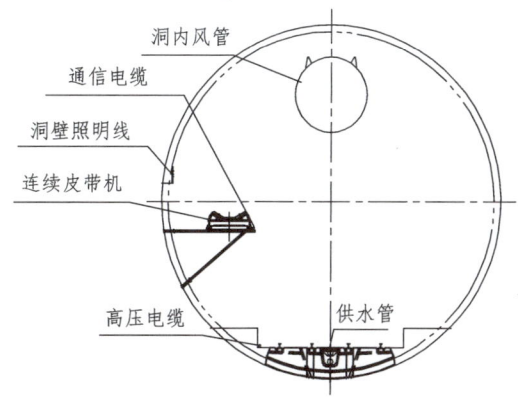

图 6-1 TBM 掘进第一阶段连续皮带机布置

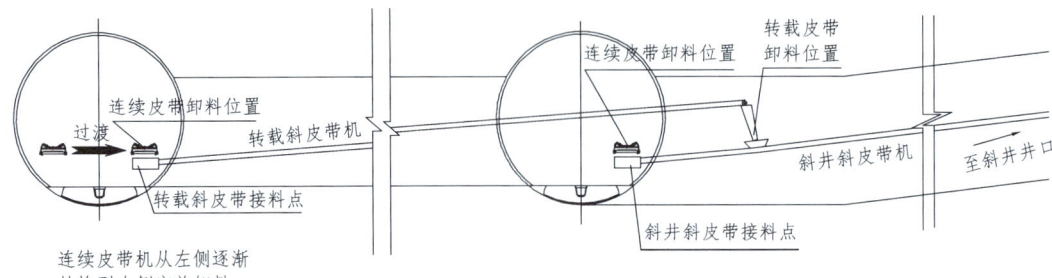

图 6-2　TBM 掘进第二阶段连续皮带机布置

连续皮带机的安装流程如下：

（1）预先对连续皮带机皮带储存机构的安装洞室进行了开挖，并进行地面的处理。

（2）在后配套尾部安装了皮带的辅助驱动装置和皮带延伸机构。在后配套和连续皮带的储存机构之间的洞壁上安装了皮带桥。

（3）将连续皮带机的储存机构的钢结构运送到安装洞室，现场拼装钢结构成形并进行固定。

（4）按照预先安排好的位置对皮带机的驱动装置和张紧机构进行了安装，并完善整个装置电缆、液压油管、监测机构的安装。

（5）安装了连续皮带机的张紧机构，同时调整张紧机构和连续皮带的储存机构到最小张紧量和储存量。

（6）将皮带依次绕过驱动装置、皮带储存装置的滚筒、张紧机构、和后配套上的辅助驱动装置和皮带延伸机构以及安装在洞壁上的皮带桥。并进行两个接头的硫化对接。

（7）利用皮带的张紧机构和皮带储存机构以及皮带的驱动装置调节皮带的张紧程度，并进行了试运转。

6.1.2　罗家理斜井皮带机的安装调试

主洞皮带机将石渣运输到主洞与斜井交叉口后，经过一个转渣系统，在主洞连续皮带机的石渣转至斜井皮带机上，由斜井皮带机将石渣运到洞外。

斜井皮带机安装流程如下：

首先，在斜井洞壁上施作了锚杆；其次安装皮带机支架；然后安装皮带机驱动装置和张紧机构；接着对皮带机的皮带桥和托辊进行了组装；然后安装已经组装好的皮带桥到皮带机的支架上；再在皮带桥上硫化连接皮带；接着利用矿用绞车和皮带的驱动装置将皮带卷至皮带桥下层；再在皮带桥的上部硫化连接皮带；然后利用皮带张紧机构和驱动装置调整皮带；最后进行了皮带的试运转。

6.1.3 连续皮带机的运行

1. 连续皮带机的运行

在连续皮带机运行之前,首先启动皮带机的供电系统,沿途对皮带机进行了检查。确定皮带机的驱动装置的供电系统已经工作正常、沿途对皮带的检查结果正常后,启动皮带机沿途的声光电报警系统,示意皮带机将要开始运行工作。

然后由掘进机的控制室通过 PLC 程序控制启动整条皮带机,同时将皮带机启动的各种参数及时地反馈到 TBM 的控制室。PLC 程序根据预先设定的各种数据对皮带的张紧力、皮带的延伸装置的工作状况、驱动装置的输出扭矩等皮带启动运行的重要参数进行自动调节。连续皮带机的控制装置安装在驱动装置附近,通过电缆连接到掘进机控制室。

同时,在皮带延伸时,皮带支架、托辊及其他保护装置的安装通过监控设备及时地反映到了掘进机的控制室。控制室根据观测到的安装情况来控制皮带的延伸作业。张紧机构根据 PLC 程序的设定和传感器监测到的数据,自动地根据皮带延伸,以及调整整条皮带的张紧力,以保证连续皮带机的正常运行。

掘进控制室通过皮带机沿途布置的监控设施进行皮带运行情况、石渣运输情况的监控,并及时对皮带运行的各种参数进行调节,确保了皮带机的正常运行、石渣的顺利运输。

2. 连续皮带机接头的硫化工艺

在施工过程中,超长距离的连续皮带机出渣对皮带机的性能提出了很高的要求,其中皮带接头硫化的质量是决定皮带正常使用的关键因素。本工程连续皮带机钢绳芯胶带硫化接头采用三级全搭接的方式。三级全搭接如图 6-3 所示。

图 6-3 钢绳芯胶带接头三级全搭接示意图

硫化前的准备工作:胶带接头硫化工作施工场地确保通风良好、环境稳定适宜、场地相对宽敞,并准备好了水源、动力电源、施工机具及所需材料,确保了适用的硫化设备状态完好。

施工中,钢绳芯胶带接头的硫化过程如下:首先安放硫化器;其次进行胶带的接头画线，并标识接头长度；然后切割过渡边线，裁切胶带边角，并剥离胶带覆盖；接着剥离胶带反面，剥离钢绳芯，并进行斜面切割；然后分割钢绳芯，修整打磨接头的过渡区，对钢绳芯进行打磨；接着制备输送带下覆盖层胶板、芯胶胶板，并检查核对下覆盖层尺寸，对接接头；然后制作接头，按照标准搭接、剪切钢绳、充填胶带、制作胶带边条、整理钢绳芯、检查尺寸和充填质量、铺盖上层覆盖胶、滚压排气、切割边胶并整理接头；最后硫化胶接接头，拆除硫化机，并检查接头，切除毛边。

在硫化成型阶段总结了几点施工注意事项，见表 6-1 所示。

表 6-1　钢绳芯胶带硫化成型注意事项

序号	注意事项
1	把两胶带头钢绳平铺在下加热板上，对放一起，对准胶带中心线，把两胶带头分别用卡子固定，分别翻向两边，用干净白布蘸上 120#汽油逐根擦拭打磨过的钢绳，橡胶表面至少清理两遍以上
2	汽油完全挥发后，涂刷胶浆两至三遍，涂刷时必须在上一遍胶浆干燥后方可进行。一头裁齐并覆盖胶，对准覆盖胶斜坡面边缘平铺在硫化器的下加热板上，再把芯胶清洗干净贴合在覆盖胶胶片上，压牢烘干
3	把带头钢绳铺在芯胶上，去除多余的覆盖胶、芯胶
4	逐根拉直、拉紧钢绳，按三级全搭接形式排列整齐、分均，保证左右两端的每一根钢绳均与对面的钢绳存在搭接。把上覆盖胶、芯胶与下覆盖胶胶片贴在一起
5	盖上硫化器上工作板，初紧硫化器螺栓。附在压力达到 1.5 MPa，5 min 卸压，以帮助排空接头内的空气
6	硫化接头开始时，加热到 60 ℃时，才可使压力升到 1.5 MPa，达到 144.7 ℃时，就应停电使温度自动降温，温度下降到 142 ℃时，再送电反复数次，保温 70 min 后才可切断电源
7	当温度降到 80 ℃以下时，方可卸开压力板，取出胶带，并仔细检查硫化效果

此外，温度、压力、时间是钢绳芯胶带硫化接头的三要素，它们随着配料的配方、气温、通风等条件的变化而不同，并且三者之间相互关联。

当温度过高时，会造成橡胶升温过快，内外温差过大，内层芯胶尚未完全硫化，外层面胶就已经开始硬化；当温度过低时，会造成橡胶升温过慢，硫化不完全，接头强度达不到要求。当压力低时，接头内部橡胶与钢绳及橡胶之间粘接不够密实，空气和一些其他挥发性物质不能完全排出，会影响接头质量。

硫化过程中，温度、压力以及时间进行了充分考虑，选择了适宜硫化作业的温度、压力和时间。

最后，胶带在硫化器上对接时一定要保证中心线一致，否则会造成胶带运行时跑偏，更为严重的是两侧钢绳受力不均，短的一侧受力过大，当受力超过某条钢绳与胶带的粘合力时会被抽出，进而相邻钢绳相继被抽出，在很短的时间内破坏接头。

3. 储存机构皮带的添加

施工中，随着开挖进尺的不断增加，连续皮带机在不断地延伸；当皮带储存机构中的两套滚筒组将要靠在一起时，表示皮带储存机构中的皮带即将释放完毕，随即向皮带储存系统中添加更多的皮带。

皮带添加施工过程见图 6-4 所示。

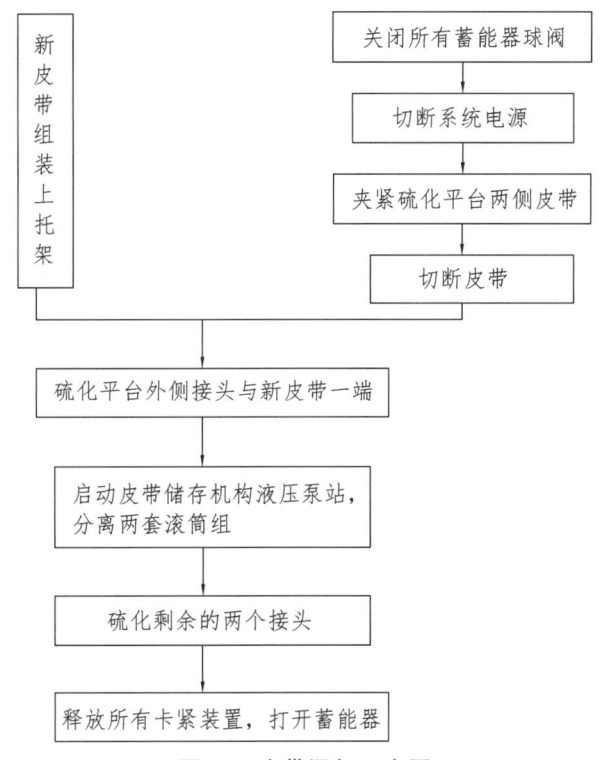

图 6-4 皮带添加工序图

关于添加储存皮带的施工过程，总结了几点注意事项如下：

（1）在向储存系统添加新皮带前，不能使两套滚筒组靠到一起，否则储存机构内会产生过大的皮带张力，损坏滚筒的部分零件。

（2）在断开储存机构电源之前一定要关闭所有蓄能器的球阀，否则会使蓄能器蓄积大量能量，在再次开机时容易产生危险。

（3）硫化完成后，先释放靠近皮带储存机构的卡具，使其自然张紧。

（4）启动电机之前，安排施工人员仔细检查储存机构的各运动结构，如钢丝轮、V型滚筒组滑槽、蓄能器开关等。

6.1.4 斜井皮带机的运行

（1）皮带机在施工中用支架进行了提高，从而保证下部有一定的空间可以进行其他作业。在由斜井出洞后,避免产生较大的竖曲线导致石渣的运输受到影响。所有安装使用的皮带支架、托辊均可以方便自由更换。

(2)斜井运输的皮带机由洞外进行控制启动、停止和运行参数的调节,皮带机状态的检查安排施工人员负责进行。斜井皮带机的各种监测设施和连续皮带机相同,数量相对减少一些。洞外的控制装置根据检测的数据,对斜井皮带机皮带的运行参数及时进行了调整,调整斜井皮带机皮带的张紧力、带速,确保了石渣的顺利运输。

(3)根据在不同斜井中出渣的需要,皮带机的长度根据不同斜井的长度进行了变化调整。

6.1.5 连续皮带机的再安装

当TBM掘进完成第一阶段,在罗家理斜井段开始步进时,拆除该段主洞内的连续皮带机,重新自罗家理斜井与正洞交汇处开始进行连续皮带机的再安装。其中,连续皮带机的重新安装要在TBM步进一段距离、同步衬砌台车到位后开始进行。

重新安装连续皮带机的施工过程和第一次安装时基本相同,只是在接近正洞与斜井的交汇处时,连续皮带机需要从左侧过渡到右侧(由出口向进口方向),过渡时保证架空高度满足运输车辆的正常通行。

6.1.6 小　结

在本工程皮带机出渣的过程中,总结了几点施工注意事项如下:

(1)由于连续皮带机是依靠三脚托架将其固定在隧道洞壁支架上的,而且皮带机的传送速度很快,为了保证石渣输送的安全性,三脚架及洞壁固定支架必须稳固,并经常进行检查,发现问题时,积极采取有效的措施,避免因此而影响施工进度。

(2)皮带机输送系统中的边轨(钢结构)和托辊数量较多,任何一个部位部件的非正常运转都会使皮带磨损严重,甚至卡死,进而影响石渣运输,降低掘进速度。为此,在施工过程中安排了专人对其进行经常性的巡视,对于发现的异常根据具体情况进行了及时的处理。

(3)在TBM掘进通过罗家理斜井后,废渣由斜井运出,由于斜井坡度较大,运输皮带采用了高强度的胶带,配备了足够的功率,在皮带机的边缘设立了防护罩,防止石渣的掉落。

(4)连续皮带机的皮带临时存储在带仓中,在施工中保证了仓中的皮带能够连续输入和输出,避免出现缠卷的情况。

(5)连续皮带机的参数可以反映在TBM操作室内,TBM操作人员在掘进过程中一方面要和连续皮带机的监控人员保持密切的联系，同时要监控皮带机运转参数的变化，发现异常时，及时停机检查，对损坏、断裂、失效的托辊进行了更换。

（6）如果掘进偏差较大，会造成皮带跑偏，在施工中连续皮带机的监控人员对所有皮带机的运行状态进行了严密的监控，出现异常及时通报操作室，并采取相应措施。

（7）在掘进超过一定距离后，皮带出现了一定程度的磨损，出现了局部胶层剥落，甚至皮带被砸穿，施工过程中利用整备时间对皮带机皮带破损处进行了及时的修补，保证皮带有足够的寿命。

（8）皮带机终端的石渣转接位置和辅助驱动石渣转接位置设立了防护罩，防止石渣掉落。

6.2 施工材料运输

本工程 TBM 施工段运输距离长、并且掘进施工与二次衬砌同步施工，掘进工作面与衬砌工作面之间还需完成横通道、避车洞等辅助洞室的开挖，虽然 TBM 出渣采用连续皮带机，其他物料采用有轨运输的压力也是非常大，特别是对于轨道铺设质量、道岔布置、运输组织调度等方面，提出了更高的要求。

由于运输距离约 20 km，电瓶车虽然牵引力可满足要求，但电瓶续航能力不足，因而在施工中全部采用内燃机车进行牵引。

TBM 掘进的同时铺设仰拱块以及钢轨，运输线路为四轨双线制，采用了编组列车运送掘进与二次衬砌所需的材料，辅助洞室开挖所需的材料及石渣也以有轨方式进行运输，为保证列车在隧道内的畅通，每隔 2.5 km 设置了一组交叉渡线道岔，衬砌台车、防水板铺设台架等均允许列车穿行。

6.2.1 TBM 施工材料运输

1. 列车编组与数量

施工中，每列编组列车运送两个掘进循环的施工材料，施工材料的运输需求如表 6-2 所示。正常情况下列车编组为牵引机车（1 台）+8 m^3 混凝土罐车（2 台）+平板车（1 台）+仰拱块车（2 台），运送钢轨时增加 1 台平板车，运送钢拱架时在平板车上增设专用运输架，施工以及维护保养所需油脂、配件等随车运输，在施工人员上下班时增加了 2~3 台人员乘坐车，软风管储存筒由于外形尺寸较大进行单独运输。

表 6-2 TBM 主要施工材料需求统计

施工材料	单位	围岩类别	每延米需求量	每循环需求量	备注
仰拱块	块	II		1	每循环需要
		III		1	
		IV		1	
喷锚混凝土	m³	II	2.23	4.014	每循环需要
		III	3.34	6.012	
		IV	4.15	7.47	
钢筋网	kg	II	25.28	45.504	每循环需要，在TBM上存放部分备用
		III	63.67	114.606	
		IV	110.88	199.584	
中空锚杆	根	II	7	12.6	每循环需要，在TBM上存放部分备用
		III	13	23.4	
		IV	16	28.8	
砂浆锚杆	根	II			必要时需要，在TBM上存放部分备用
		III			
		IV	12	21.6	
细石混凝土	m³	II	0.21	0.378	每 6/7 个循环需要一次，在TBM上存放部分备用
		III	0.21	0.378	
		IV	0.21	0.378	
钢拱架	榀	II			IV级围岩每循环需要，在TBM上存放部分备用
		III			
		IV		1~2	
钢轨	m	II		1.8 m×4	每 6/7 个循环需要一次，在TBM上存放部分备用
		III		1.8 m×4	
		IV		1.8 m×4	

最远运距（含洞外轨线）约为 21 km，重车进洞平均时速 12 km/h，轻车出洞平均时速 15 km/h，洞外装车及调度时间 20 min，TBM 掘进循环时间 30 min，则每列车的运行循环时间为 209 min（21/12×60+21/15×60+20），理想状态下此间 TBM 将掘进 7

个循环，此间需要 3 列车投入施工材料运输，因而施工中需要 4 列车同时投入运行。另外考虑施工高峰和车辆的故障率时间、辅助洞室开挖与二次衬砌的影响，安排了 1 列车备用。

2. **牵引机车选型**

每列编组列车牵引重量：（22.4+7.5）×2+（5 + 3.5）+（13 + 3.5）×2 = 101.3（t），考虑到有时需要同时加挂人员乘坐车或者运送钢轨，总牵引重量按照 110 t 考虑。18 t 内燃机车牵引吨位表如表 6-3。

表 6-3　18 t 内燃机车牵引吨位表

牵引吨位表（Ⅰ档）					
牵引力/kN	38	34	29	25.8	18.6
坡度 \ 速度/（km/h）	10	12	14	15	16
0‰	370	330	280	240	170
3‰	260	230	190	165	110
5‰	200	185	140	125	90
10‰	145	120	105	85	60
15‰	110	95	80	65	40
20‰	85	70	55	50	30
牵引吨位表（Ⅱ档）					
牵引力（kN）	23	18.5	16	11.5	3.2
坡度 \ 速度/（km/h）	15	20	23	25	28
0‰	235	190	180	120	35
3‰	165	130	110	80	20
5‰	120	95	80	60	10
10‰	95	70	60	45	
15‰	65	50	40	25	
20‰	45	35	25	15	

根据上述图表，黏着重量为 18 t 的内燃机车可以满足施工中的运输需求，其规格为 SQY130，额定功率 132 kW（2300 rpm）。TBM 掘进期间运输设备投入量汇总如表 6-4 所示。

表 6-4 TBM 掘进运输设备投入一览表

序号	名称	规格型号	主要参数	数量	备注
1	内燃牵引机车	SQY130	黏着重量 18 t，发动机功率 131 kW	5 台	
2	仰拱块车		每车 1 块仰拱块	10 台	
3	轨行式混凝土罐车	8 m³		10 台	
4	平板车			6 台	用以运送钢架、锚杆、钢轨等
5	人员乘坐车		20 人/车	3 台	

辅助洞室开挖的出渣运输，利用整备时间进行，出渣采用有轨运输，其运输车辆为牵引机车、10 m³ 矿车，牵引机车采用 TBM 掘进施工材料运输机车，矿车配备了 4 台，采用无尾回转小挖机向跨车内装渣。

二次衬砌采用三部同步衬砌台车（16 m），与 TBM 掘进同步施工，其混凝土采用有轨运输，列车编组为牵引机车（1 台）+8 m³ 混凝土罐车（2 台）。

本工程二次衬砌混凝土需求量见表 6-5，两种围岩状况下，每模所需混凝土都需要 8 车次运输，在施工中投入了 4 列车进行使用。3 部台车施工，优化组织协调，尽量避免同时浇筑，还考虑了 1 列车用以备用。

表 6-5 TBM 施工段二次衬砌混凝土需求

围岩类别	每延米需求量/m³	每模需求量/m³	每列编组运输量/m³	运输次数/车次
Ⅱ	7.99	127.84	16	8
Ⅲ	7.96	127.36	16	8
Ⅳ	7.71	123.36	16	8

考虑到运输吨位以及车辆的通用性，便于运输组织与调度，施工中的二次衬砌牵引机车也选用的是 SQY130 型低污染牵引机车。

6.2.2 列车运行组织与调度

本工程同时作业面多，TBM 掘进、辅助洞室开挖、二次衬砌同步作业，并且衬砌台车数量多，各工序之间关系非常密切，特别对有轨运输影响很大，因此必须加强列车运行组织与调度。如果有轨运输组织不力，会造成混乱，阻塞运输线路，车辆排队，空车出不来，TBM 掘进用料、衬砌混凝土等无法运输到位，甚至造成混凝土的凝固进而导致罐车受损，严重影响施工生产的正常运转。

在本工程的运输组织与调度工作中有两个重要环节：一是做好了车辆调度工作，以加强有轨运输工作的计划性；二是建立健全了运输调度规章制度，以加强日常运输的管理。

1. **车辆调度**

运输列车行车时遵循一个基本原则：可能的情况下，进车线与出车线严格区分，只有二次衬砌与辅助洞室开挖洞段才允许进出车线共用，但严格执行单线运行的制度。

车辆调度合理与否直接关系 TBM 的掘进效率、辅助洞室施工速度以及二次衬砌的施工进度，运输车辆统一服从洞口现场行车调度的指挥；洞内、洞外的施工人员在施工中及时沟通，大量施工用料提前进行了计划，并合理、分批次地进行了装运。零星用料和急需配件等用品，由行车调度统一安排，合理搭载，一般不派专车，以缓解洞内运输矛盾；行车调度在施工中照顾全局，统筹安排，层次分明，分清轻重缓急，抓住主要矛盾。

洞内运输线路布置如图 6-5 所示。

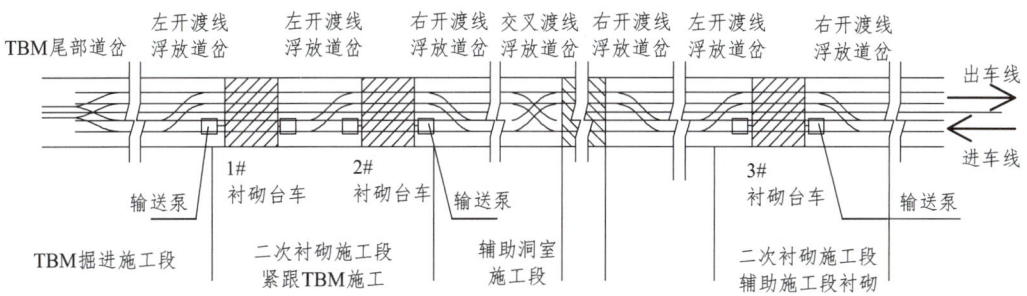

图 6-5 洞内轨道布置示意图

运输线路的左右方向均以自隧道出口向进口方向为准。施工运输过程中，以左线作为进车线，右线作为出车线；衬砌台车浇筑混凝土时，输送泵一律停放于进车线，前方材料运行到该位置时，通过浮放道岔过渡到右线（出车线，此区段为单线通行段）通行，待通过二次衬砌施工段之后，再通过浮放道岔回到左线（进车线）运行。

辅助洞室施工段，左右两侧都存在施工的可能，当左侧辅助洞室完成开挖出渣时，右线轨道分时段单向通行，前后两端通过浮放道岔实现过渡；同样，右侧辅助洞室完成开挖出渣时，右线轨道分时段单向通行。

洞外轨道布置如图 6-6。

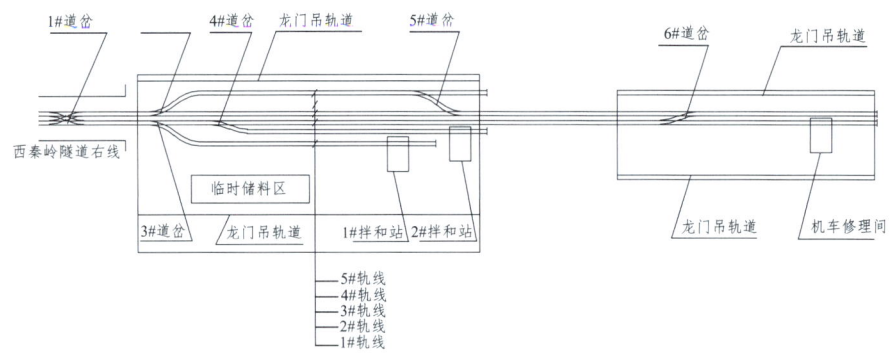

图 6-6 洞外轨道布置示意图

洞外设 2 台机车用于混凝土和材料车的调度，不掘进时与材料车和混凝土罐车一起停在 5#轨线里。需要装载材料和混凝土时，机车牵引材料车和罐车通过 2#道岔或 5#道岔调至 4#轨线作业，然后通过 6#道岔调至 3#轨线，挂编在空车上。机车退至 4#轨线或者 5#轨线，重车从 3#轨线发车进洞。出洞后，通过 6#道岔调至 3#轨线编组待发。1#轨线为衬砌专用线，一般情况下只用于衬砌混凝土的生产运输。不掘进时，TBM 后配套上停放一列空车，其余空车全部停放在洞外。其中掘进用的材料车和罐车停放一组于 2#轨线等待装载，其余停放 5#轨线；衬砌用车停放 1#轨线。

2. 运输调度相关规章制度

本工程针对施工材料的运输，制定了以下主要的规章制度：

（1）加强线路信号管理，确保信号准确无误；提高扳道员的素质和责任心，确保不出差错；严格限制行车速度，列车通过道岔时运行速度不能超过 5 km/h，其他洞段最高速度不能超过 15 km/h。

（2）运输线路每班由 3 名线路工负责巡视、维修，发现问题及时解决。机车司机和调度员采用无线通信系统保持联系。在列车编组的过程中，编组场的调车员严密注视前后道路情况，用对讲机和机车司机保持联系。列车在进入和离开后配套的时候应鸣笛，且减速慢行。机车和车辆的保养至关重要，根据厂家维护保养手册制定切实可行的保养计划。

（3）对于机车司机、调车人员：机车司机、调车员等相关作业人员必须经过培训，考试合格后，持证上岗；严禁非专职人员开车、调车，机车司机与调车员应熟悉所有线路的状况和道岔位置，懂得警示标志的意义；交接班机车司机均应仔细检查信号、挂钩、制动等装置是否完好，调车员发现问题及时与机车司机取得联系，机车司机应采取相应的应急措施；机车在运行中严禁司机、调车员将身体任何部分伸出限界外，列车必须连接良好、制动可靠。列车在通过道口、洞内临时施工地段、进出洞时都必须减速鸣笛示警；运输作业需要的通讯及信号器材配备齐全，运输过程中精力集中，随时检查车辆速度、道路状况、通视状况，有情况及时与调度联系；运输调度员随时与洞内沟通信息，做到调车快速方便，做好车辆运输记录。

（4）对于轨道及附属设施的主要安全保证措施：车辆严格按规定行车线路行驶，设专人对整个运输系统轨道进行养护。在运输线路进行轨道养护的其他作业时，设专职防护人员和作业标志，封闭线路要限时作业；洞内成洞地段、视线良好准行 15 km/h，TBM 后配套、施工地段、洞口等特殊地段最大不超过 5 km/h；牵引机车必须保持灯光、制动装置等安全设备状态良好，否则不得使用。

7 TBM 防排水施工

7.1 防水施工

7.1.1 防水板基面处理

在防水板施工前,对初期支护形成的基面进行了如下处理:

(1)铺设防水板前对初期支护表面进行了锤击声检查,并辅以其他物探手段,查明是否存在空洞并及时对空洞进行了处理。

(2)对初期支护的渗漏水情况进行检查,并针对渗漏水情况采用注浆或引排等措施进行了处理。

(3)用喷混凝土(或砂浆)对基面进行了找平处理,确保初期支护表面平整,无空鼓、裂缝、松酥。

(4)对于钢筋网等凸出部分,先切断后用锤铆平抹砂浆素灰进行处理。

(5)当存在有凸出的管道时,用砂浆抹平进行处理。

(6)当锚杆有凸出部位时,螺头顶预留 5 mm 进行切断,并用塑料帽处理。

7.1.2 防水板材焊接

(1)施工中防水板材采用了自动双缝热熔焊接机进行焊接,细部处理或修补采用手持焊枪进行,单条焊缝的有效焊接宽度不小于 15 mm,焊接严密,避免漏焊、焊焦、焊穿。焊接完后,在卷材表面留有空气道,用以检测焊接质量,具体见图 7-1 防水板焊接示意图。

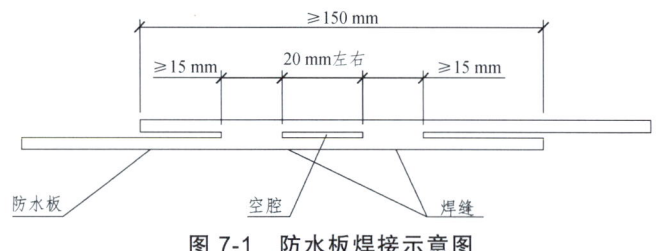

图 7-1 防水板焊接示意图

（2）焊缝质量的检查方法：焊缝检测采用了检漏器现场检测，先堵住空气道的一端，然后用空气检测器从另一端打气加压，当压力表达到 0.25 MPa 时停止充气，保持压力不小于 15 min，允许压力下降在 10%以内，说明焊缝合格，否则找出漏气部位补焊至合格为止。

7.1.3 防水板材的铺设、固定

防水板材铺设、固定步骤如下：

（1）首先在喷射混凝土的隧道拱顶部标出了隧道纵向的中心线，用作业台车将单幅无纺布固定到了预定的位置，然后用专用射钉将无纺布固定在喷射混凝土上。水泥射钉及塑料圆垫片按梅花形布置，拱部间距 0.5~0.8 m，边墙间距 0.8~1.5 m。

（2）然后在隧道拱顶部的无纺布上标出了隧道纵向的中心线，再使防水卷材的横向中心线与这一标志相重合，将拱顶部的防水卷材与塑料垫片焊接，再防水卷材像无纺布一样从拱顶开始向两侧下垂铺设。边铺设边用手动电热熔接器加热，一般加热 5 s 即可，使防水板焊接在固定无纺布的塑料圆垫片上。铺设时注意防水卷材与无纺布的密贴，松紧适度，避免防水卷材过紧被撕裂或过松形成人为蓄水点的情况出现。防水板铺设示意图见图 7-2。

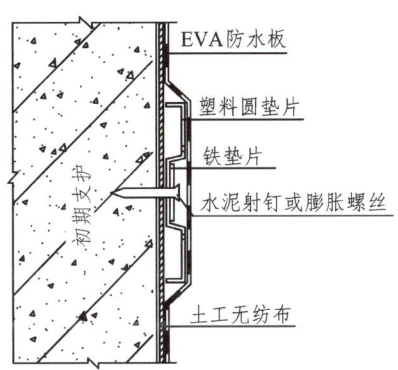

图 7-2　防水板固定示意图

7.2　排水施工

7.2.1　TBM 段施工排水

1. 顺坡地段排水

由于 TBM 本身配备有排水系统，排水泵置于前刀盘后，悬挂于主梁下，通过软管

连接到后配套左侧的污水管。水泵抽取的污水经污水管和拖车上的污水泵排至中心水沟或仰拱块两侧，顺坡度流出洞外。

施工时，在仰拱块前方设置了一道拦水坝，防止污水倒灌到未完成灌浆的仰拱块底部。在拦水坝与刀盘之间放置了一台自吸式污水泵，将污水抽到仰拱块上的中心水沟，经中心水沟排出洞外。在不出现极大方量突发涌水情况下，以上两种方式结合可以确保施工排水的正常进行。

在隧道突发涌水时，在仰拱块加设了排水泵加快排水速度将隧道出水沿仰拱块中心水沟排出。

2. 反坡地段排水

洞内排水全部实行机械抽排，由于 TBM 掘进段存在突发涌水的可能，可能出现的最大涌水量约 8.4 m^3/min，原有排水系统难以满足要求。考虑 TBM 施工中还将产生部分废水，选用了两台 6pw-300-150 型排水泵，单台排量 5 m^3/min，安装在连接桥前下部，用支架悬挂于连接桥中层平台下。

施工中，排水系统的抽水管全部采用 ϕ200 mm 的软管，架于主梁下部单轨吊机导轨支架上，延伸至刀盘后方，通过鞍架处吊环垂下，并在悬挂点与支架之间预留 5 m，以利于 TBM 掘进及换步。并且在抽水软管的前端加设钢筋拦网，防止碎石及杂物吸入而损坏水泵。

出水管均采用 ϕ200 mm 的钢管，在后配套每节台车间用软管连接，管路布置于连接桥和后配套的左侧，并延伸至后配套尾部，各拖车之间的钢管，同样通过软管连接；在 TBM 掘进机之后至集水坑的部分，出水管以钢管为主，置于仰拱块的左侧；后配套尾部与钢管之间，以软管相连。为防止管路中水倒流对泵产生不良影响，在自吸泵与出水管之间增设了止回阀。

每隔 200 m 设置了一处集水坑，即在 TBM 掘进铺设仰拱块时，预留出一段距离（一般为一块仰拱块的位置）作为集水坑，隧道贯通后所有集水坑采用钢筋混凝土进行现浇。

7.2.2 隧道排水管施工

施工中，排水盲管采用了 5 cm 长的锚固钉及防水板窄条（8×20 cm）锚固在岩面上，锚固钉间距按 50 cm 布置。排水盲管具有一定的弹性，透水性好，能承受不小于 0.5 MPa 的压力，并不易锈蚀。排水盲管的管材、直径符合设计要求；透水孔的规格、间距符合设计要求。

施工中，环向排水管按设计的纵向间距进行了设置，直接弯入进水孔。环向排水盲管根据洞内渗、漏水的实际情况，在地下水较大的地段进行了加密设置。

纵向排水盲沟设置在隧道两侧边墙处防水板外侧，纵向坡度不小于 2‰，与线路纵向设计坡度相同，每隔 20 m 分段弯入进水孔，通过进水孔将水引入隧道侧沟。纵向盲管进水孔管弯度保持在 135°左右，通过辅助钢筋进行固定。为了方便在施工中固定盲管和在运营期间疏通盲管，盲管弯头段用 PVC 硬质弯管（边墙进水孔管）套在上面，起到了保护和引导作用。

此外，排水盲管紧贴初期支护进行安设，布置圆顺、固定牢固，防止了水泥浆窜入堵塞排水盲管。

7.3 施工缝处理

7.3.1 施工方法

拱墙环向施工缝采用中埋式橡胶止水条及外贴式止水带组成的复合防水结构进行了施工，隧道底部环向施工缝采用中埋式橡胶止水条及外贴式止水带组成的复合防水结构及中埋式橡胶止水带的防水构造进行了施工。隧道纵向施工缝采用中埋钢边橡胶止水带及外贴式止水带组成的复合防水结构进行了施工，并根据隧道地下水的发育情况，对围岩注浆进行防水。

7.3.2 止水带施工

1. 止水带的安装

止水带的安装采用了安设钢筋卡的工艺施工。首先通过挡头板沿设计衬砌环线，每隔 0.5~1.0 m 钻一直径为 ϕ12 mm 的钢筋孔；然后将制成的钢筋卡，由待灌混凝土侧向另外一侧穿入，内侧卡紧止水带的一半，另一半止水带平靠在挡头板上；待混凝土凝固后拆除挡头板，将止水带靠钢筋拉直、拉平，然后弯钢筋卡并套上止水带。

待止水带安装完成后，对止水带的埋设位置进行了检查如下：

检查止水带安装的横向位置，用钢卷尺量测内模到止水带的距离，与设计位置相比，偏差不超过 5 cm；检查止水带安装的纵向位置，通常止水带以施工缝或伸缩缝为中心两边对称，用钢卷尺检查，要求止水带偏离中心不超过 3 cm；用角尺检查止水带与衬砌端头模板是否正交，否则会降低止水带的有效长度。

2. 止水带接头

施工中部分位置止水带需要进行接头施工，采用黏结法进行连接。接头部位选在二次衬砌结构应力较小的部位，并避开容易形成壁后积水的部位，留设在起拱线上下。止水带粘接前做好接头表面的清刷与打毛，止水带接头连接采用热硫化连接的方法，搭接长度不小于 10 cm，焊缝宽度不小于 50 mm。止水带接头形式见图 7-3。

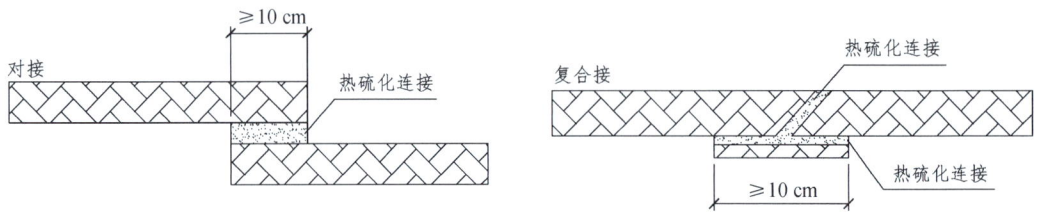

图 7-3　止水带接头形式图

施工中采用的接头质量检查方法：检查接头处上下止水带的压茬方向，此方向以排水畅通、将水外引为正确方向，即上部止水带靠近围岩，下部止水带靠近隧道二次衬砌；用手轻撕接头，检查接头的强度；观察接头强度和表面打毛情况，接头外观应平整光洁；止水带接头的抗拉伸强度确保不低于母材的 80%；对不合格的止水带接头进行重新焊接或黏接。

8　TBM 同步衬砌设计及施工

由于 TBM 掘进与二次衬砌工序相互干扰大、交通运输及施工组织方面问题难以克服，加之国外也没有 TBM 掘进与二次衬砌同步施工的技术和经验，因此秦岭隧道、桃花铺隧道、磨沟岭隧道的 TBM 施工一直采用掘进全隧贯通之后，单工序再进行二次衬砌的施工。TBM 掘进与二次衬砌不能实现平行或交叉作业，大大制约了 TBM 掘进施工整体功效，延长了建设周期，一直成为 TBM 掘进施工这项领先工艺的技术缺陷，成为悬而未决的世界性施工难题。南疆线中天山隧道开始尝试 TBM 掘进与二次衬砌同步平行作业，由于 TBM 掘进中采用机车牵引梭矿出渣，干扰较大。中铁十八局集团有限公司在西秦岭隧道的施工中，采用连续皮带机出渣的 TBM 掘进与衬砌同步施工，这是西秦岭隧道施工中的一大亮点，也是连续皮带机出渣下 TBM 掘进与衬砌同步施工在国内隧道施工领域的第一次运用，为今后的工程施工提供了借鉴的经验。

8.1　同步衬砌技术设计

8.1.1　关键技术问题

结合中天山隧道 TBM 掘进与衬砌运输干扰过大的问题，不能真正同步的问题，兰渝铁路西秦岭隧道 TBM 施工首先在采购设备时对配套设备进行了改进，采用连续皮带机进行出渣，有效降低了轨道运输的压力。TBM 掘进采用连续皮带机出渣的条件下进行同步衬砌时主要解决了以下问题：设计的同步衬砌台车及作业台架不占用仰拱预制块上的运输轨道线，并且所设计的台车及台架满足轨道运输机车通行、出渣的皮带机穿行、通风管通过所需的净空；设计的台车的强度及刚度满足衬砌需要，抗浮满足要求，拱脚位移不超限；供电、通信线路、风水管线不与机车行走、衬砌台车及台架相干扰；衬砌混凝土施工时，车辆保证良好的组织运输从而不影响前方 TBM 掘进的轨道运输。

8.1.2 同步衬砌总体技术方案

中铁十八局集团有限公司经过多次方案讨论研究，并经现场验证改进，在西秦岭隧道的TBM同步衬砌中主要采用了如下方案：

（1）衬砌台车及作业台架通过尺寸优化，采用了不占用仰拱预制块上运输轨道的方案，在先浇注的小边墙基础上设置了行走轨道；台车及台架下部净空满足双线机车及混凝土运输车通行净空要求；通风管在台车及台架中上部的圆形托盘中滑行，不影响随时通风的需要。

（2）在台车、作业台架上设托架轴承滑道作为台车行走、皮带机支架拆除后的出渣皮带机支撑，使台车、台架无论行走还是作业均不影响皮带机出渣。

（3）在台车、作业台架皮带机另一侧第一平层上设滚筒托架，使通讯、电力线路不影响台车、台架的作业与行走。

（4）在前作业台架与衬砌台车之间、在后修补台架之后设拉门式支撑台架，使台架、台车行走后所留空间通过支撑台架拉伸支撑皮带出渣，在台车衬砌时再边收缩支撑台架边固定皮带机支撑托架，如此既不影响皮带机出渣，又不影响台车行走就位，达到真正的同步。

（5）考虑TBM及后配套长度、掌子面初喷及后配套复喷的供风机械放置距离、横通道施工等因素，同步衬砌台车在TBM掘进面后1.0 km左右进行衬砌，同步衬砌台车长16.5 m。采用了2部台车，台车间距以不相互影响为原则，当衬砌落后开挖较多时，另增加台车。

（6）混凝土洞外拌和站集中生产，轨行式混凝土运输车运输，混凝土输送泵送入模，插入式振捣器捣固密实，混凝土到达强度后拆模养护。

（7）其他防水、钢筋制安、混凝土入模等与钻爆法中使用的工艺相同。

8.1.3 同步衬砌台车设计

本工程优化了传统的衬砌台车结构，实现连续皮带机、轨道运输机车和通风管的顺利穿越，并为皮带机托架提供稳定的支撑，确保皮带机运输过程中台车工作人员的安全。满足轨道运输机车顺利通过的净空要求，尽量降低风管通过台车时的风阻，确保电力、通讯管线安全穿越台车。

本工程衬砌台车设计主要有以下特点：

（1）满足与TBM掘进同步施工所提出的上述条件。

（2）衬砌台车为一架一模，模板有效作业长度16 m，同时合理考虑了搭接长度，能够满足单独施工、单侧搭接施工和前后两侧搭接施工。

（3）确保衬砌台车台架及模板强度与刚度足够，保证了寿命期内浇筑过程中不变形，单部衬砌台车实际使用寿命不小于 7 km 衬砌的施工。

（4）衬砌断面：适应 TBM 掘进段衬砌半径 4 450～4 540 mm 并在一定范围内可调。

（5）作业速度：灌注时间按照不超过 10 h 考虑；保证安全与质量的前提下，台车移位、定位时间尽量缩短，提高了整体衬砌施工速度。

（6）配置了混凝土布料系统，满足两台输送泵（衬砌台车前后各一台）同时浇筑，合理设置混凝土分配器及管路，实现了混凝土灌注不倒管作业。提高了二次衬砌的质量与速度。

（7）台车模板可以实现横向移动，以便隧道掘进方向有偏差时可以调整，单向移动不小于 100 mm。

（8）立模、脱模、模板横向调整等动作通过液压实现，模板固定使用丝杠。

（9）模板表面平整光洁，保证了使用过程中不出现毛面、麻面现象，设计寿命周期内保证衬砌外观质量。

（10）模板顶部预留排气孔，以保证封顶浇筑密实；模板上设置了埋设注浆管的预留孔。

（11）精度要求：模板直径误差不大于±5 mm；模板连接部位零错台，保证浇筑过程中不漏浆；前后两端模板直径误差不大于±5 mm，避免错台。

（12）抗浮装置可靠，其性能与台车设计的灌注速度相匹配，抗浮机构以较大的面积作用于洞壁或者混凝土上，增大了受力面积，减小了压强。

（13）连续皮带机运行要求高，运转过程中皮带架始终保持在规定的高度和固定的左、右位置，在穿越台车时皮带机状态没有发生任何改变。

（14）TBM 施工用电采用 20 kV 电缆，通过衬砌台车时，有完善的保护措施，避免了损坏电缆而带来的安全隐患。

根据衬砌净空设计，同步衬砌台车采用不占用运输轨道，在先浇注的边墙基础上设置轨道的方式进行设计，如此与运输线不干扰，减少了在运输中采用浮放道岔双线变单线的难题。

当机车穿越衬砌台车布置双线时，台车下部有足够的空间保证机车顺利通行。机车中以混凝土灌车最高，尺寸为高 2.75 m，宽度为 1.8 m，机车间安全距离设置为 0.4 m，机车与台车间安全距离设置为 0.25 m。根据以上条件衬砌台车下部的净空尺寸为：高度 2.9 m，宽度 4.5 m，保证了两列机车同时穿越模板台车。

模板台车采用电机驱动方式行走，结构设计需保证其刚度及稳定性。

在衬砌台车上部设置了 ϕ2.2 m 风管滑行通道，台架上设置了托盘，保证了通风管在台车及台架上的顺利滑行。

在台车第一层平台的一侧皮带机出渣的位置，设滑道轴承托架托起出渣皮带，滑道轴承托架间距 2 m，比原托架间距 3 m 少，以保证其刚度，并且将轴承横向空间增大 10 cm，保证了掘进调整或皮带机跑偏时滑道轴承托架能托起皮带机，同时为确保安全，在皮带机上方设置了安全防护罩。

在台车第一层平台的另一侧设滚筒托架，使电力、通讯线在其上水平穿移。

西秦岭隧道 TBM 同步衬砌台车设计见图 8-1。TBM 同步衬砌台车实物图见图 8-2。同步衬砌台车上滑道轴承托架见图 8-3。

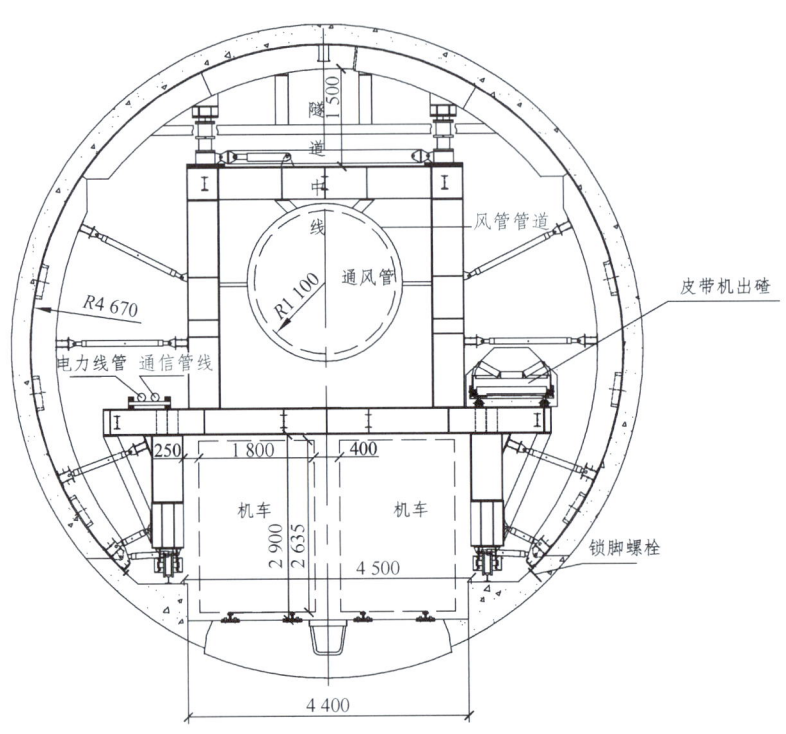

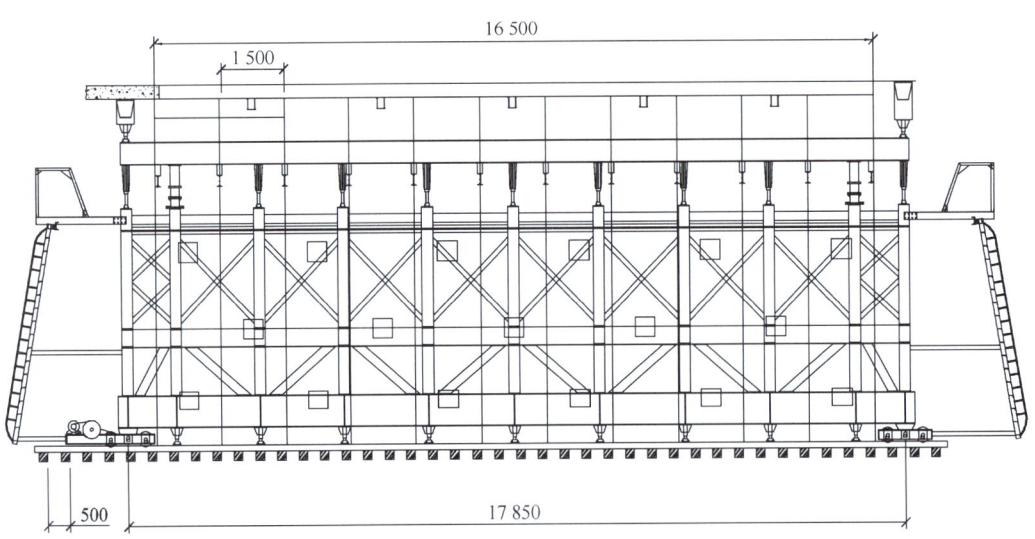

图 8-1　TBM 同步衬砌台车设计图

（a）TBM同步衬砌台车（洞外组装）

（b）TBM同步衬砌台车（洞内施工）

图 8-2　TBM同步补砌台车

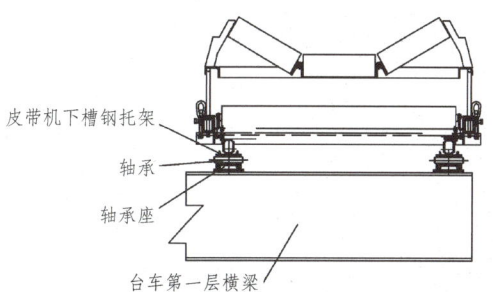

图 8-3　TBM同步衬砌台车上滑道轴承托架图

8.1.4 工作台架设计

本工程施工中优化了传统的工作台架结构，同衬砌台车一样实现连续皮带机、轨道运输机车、通风管的顺利穿越，并为皮带机托架提供了稳定的支撑，满足轨道运输机车的顺利通过的净空要求，确保了电力、通讯管线安全通过台架。满足在台架上安放衬砌所用变压器的强度及稳定性要求。

施工中在同步衬砌台车前各布置了一个工作台架，前工作台架用于拆皮带机支架、顺接风管、防水系统铺设作业和绑扎钢筋作业（衬砌有钢筋时），后工作台架用于混凝土面修补和台车附近所需变压器安放。工作台架与同步衬砌台车一样在边墙基础上布设行走轨道，在第一层平台上设出渣皮带机轴承托架、电力通信线滚筒托架，在上部设通风管滑道，下部净空要求与衬砌台车相同。本工程 TBM 工作台架设计图见图 8-4 所示。施工中皮带机通过防水板工作台架见图 8-5。

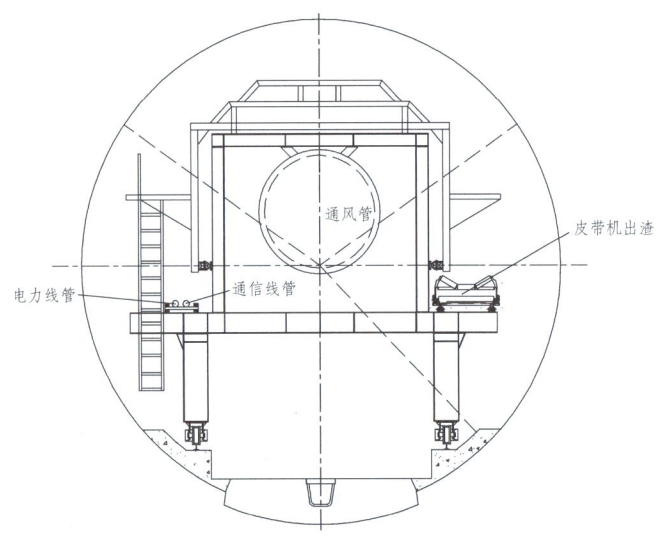

图 8-4　TBM 工作台架设计图

图 8-5　施工中皮带机通过防水板工作台架

8.1.5 伸缩台架设计

衬砌台车在移动时要拆除连续皮带机的支架，边拆除边移动台车既影响台车移动的速度，影响衬砌进度，同时也影响 TBM 掘进时出渣皮带机的稳定。为解决这一难题，设计在前工作台架与衬砌台车之间、后工作台架之后各设置了一部伸缩台架，伸缩台架的结构满足轨道运输机车通过净空要求、满足通风管的顺利通过，并为皮带机托架提供了稳定的支撑，同时确保电力、通讯管线安全通过台架，满足台架移动便捷，间距可调的要求。

伸缩台架长度拉开 34 m，收缩后 17 m。拉门式支架每 2 m 为一个单元，该项单元采用工字钢制作成刚性支架，单元与单元之间采用 2 m 钢链软连接。

拉门式支架行走轨道滑道轴承托架、电力通信滚筒托架、通风管托盘滑道均与工作台架相同。伸缩台架设计见图 8-6，应用效果见图 8-7。

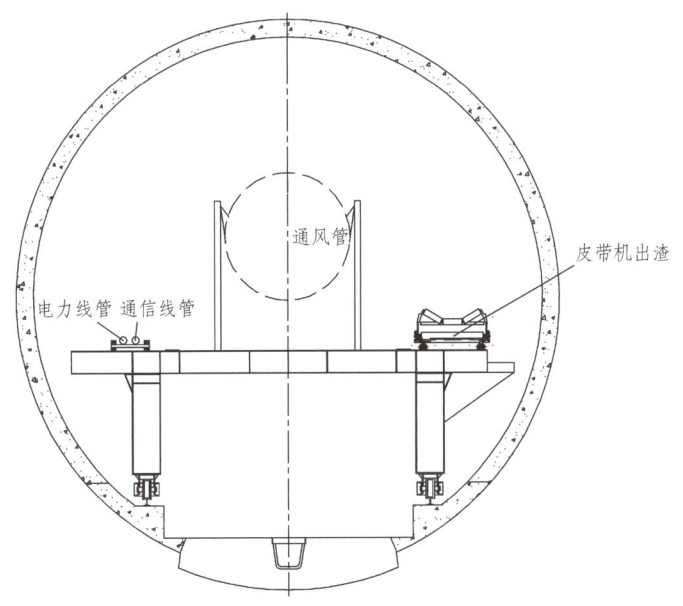

图 8-6 伸缩台架设计图

图 8-7 施工中台架的应用

8.1.6 风、水管和电缆通过台车及台架设计

西秦岭隧道 TBM 第一掘进段采用了压入式独头通风,通风距离长达 10 km,通风难度较大。通风时风管吊在隧道顶部,离隧道顶部 1.5 m 高,通风管通过衬砌台车及工作台架时要尽量减小高差,防止风管弯度过大,加大通风阻力,降低通风效果。高压电缆、通信线路通过台车、台架时要确保安全。

(1) TBM 通风软管穿越衬砌台车。

保证台车移动过程中通风不中断,软风管直径 $\phi 2.2$ m,台车上软风管通过区域的有效断面直径不小于 2.3 m。采取的措施为:在台架的上层空间设置了通风软管专用通道,设计为槽型结构,如图 8-8 所示,三面安装滚轮,软风管脱离洞顶后能够顺利穿越台车并且在台车移动过程中阻力很小,保障软风管不受损伤且不会偏离原来的布置位置,当然,为保证衬砌台车结构、模板作业的空间,软风管在竖直方向需向下偏移一定距离,对此,在台架前后两端设计了引导装置。防水板铺设台架的设计与衬砌台车一并考虑,并采用了相同的方案。

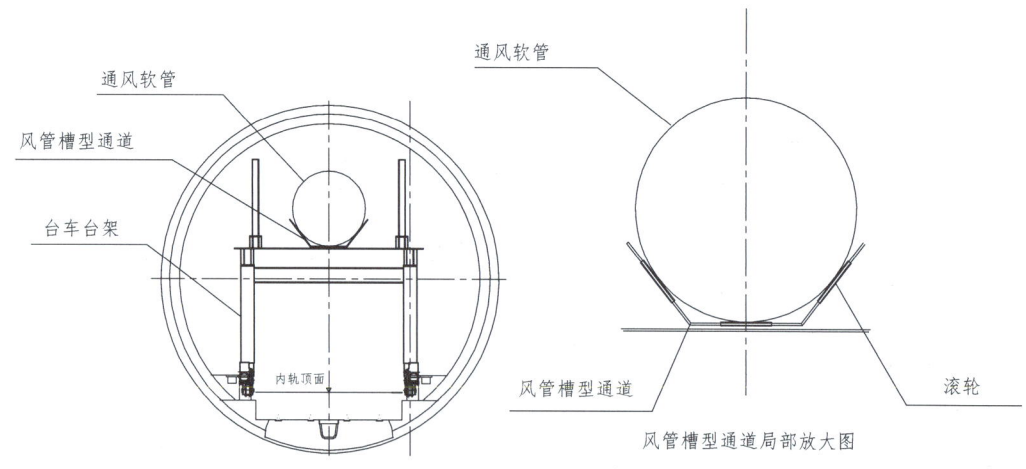

图 8-8 TBM 通风软管穿越衬砌台车

（2）高压电缆、水管穿越衬砌台车。

TBM 高压电缆放置于小边墙的底角部位，水管利用支架置于中心水沟内。原方案采用的是金属托辊，无导向轮，在实施过程中发现高压电缆和电缆支架一侧摩擦力很大，有破皮的危险；后决定改为橡胶托辊，在电缆支架的前后端设置导向轮，使电缆始终基本处于托辊之间的中间位置，减少对电缆的摩擦。

高压电缆位置如图 8-9 所示。

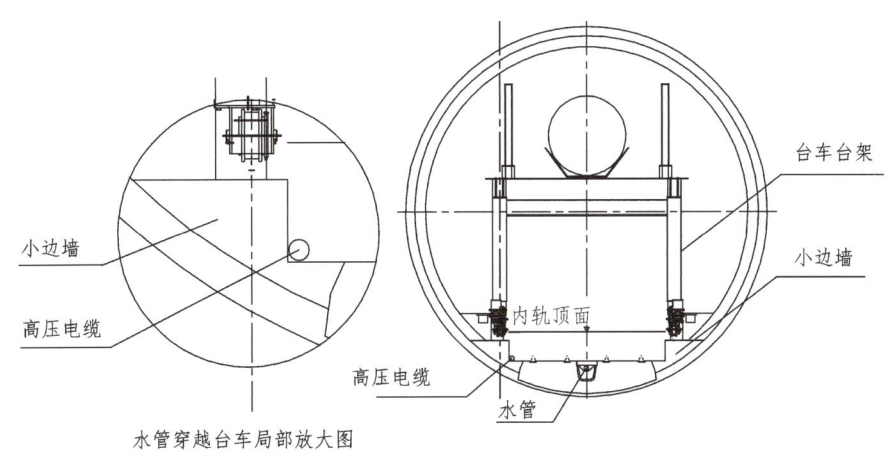

图 8-9　TBM 高压电缆穿越衬砌台车示意图

（3）照明通信线路穿越衬砌台车。

照明线、通讯电缆固定在隧道洞壁上，如图 8-10 所示。

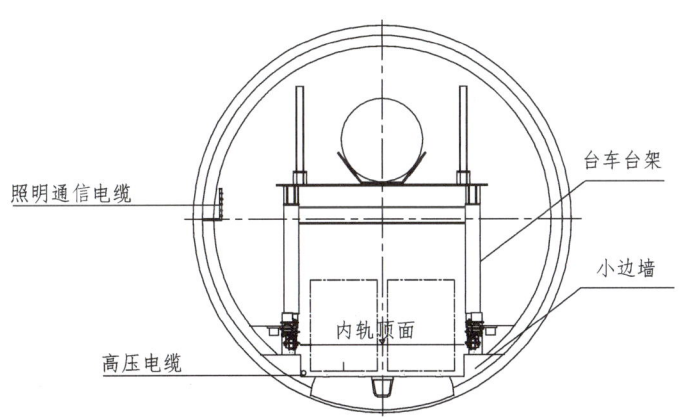

图 8-10　电缆、照明通信线路穿过台车示意图

（4）风水电管线、连续皮带机穿越防水板铺设台架。

风水电管线穿越防水板铺设台架的方式与穿越衬砌台车基本相同。

（5）钢模台车的优良性能。

施工中采用的钢模台车主要有以下几项优良性能：

（1）满足二次衬砌与 TBM 掘进施工同步作业。顺利实现衬砌过程中风水电管线不中断穿越衬砌台车；连续皮带机穿越台车时确保其位置、状态不变，可连续运转。

（2）衬砌表面误差仅为3 mm，光滑无错台、无毛刺、无凹坑、无空洞，无需后续修复。

（3）故障率低：由于采取严格的刚度和强度设计，整体结构可全方位推进，模板本身可承受巨大压力，多年的实践结果表明从未发生因为模板台车不结实而造成的人身事故。

（4）混凝土浇筑坚实、均匀：精密的整体结构、精确的整体调节（丝杠或者液压）、严格的防水处理系统使模板缝隙很小，不会产生漏浆现象，避免质量隐患。

（5）高效率：由于采用了以上多种先进系统，使效率大大提高。

（6）低消耗，低成本：由于不发生漏浆跑模等现象，光洁平整无须对隧道进行后续修整，故能大量降低原材料消耗和人力消耗。

8.1.7 连续皮带机穿越衬砌台车及台架

连续皮带机运行要求高，运转过程中皮带架必须始终保持在规定的高度和固定其左、右位置，因此穿越台车时必须保持其位置、状态不能发生任何改变；连续皮带机运送大量石渣，如果穿越台车时将其转换固定于衬砌台车，皮带机自重及石渣重量会造成台车负荷分布不均匀，易导致台架以及模板变形；连续皮带机运转过程中不可避免会产生震动，如果与台车发生刚性连接，混凝土灌注后到脱模之前将会一直承受长时间的震动，不利于保证二次衬砌的质量。

在施工中采取的措施如下：连续皮带机在隧道洞壁上的固定支架设计为两节式，可以很方便地固定于洞壁，并且实现二次衬砌前后的转换，而不必增加额外的装置，从衬砌前到衬砌后，只需拆除支架上一小段即可，如图8-11。

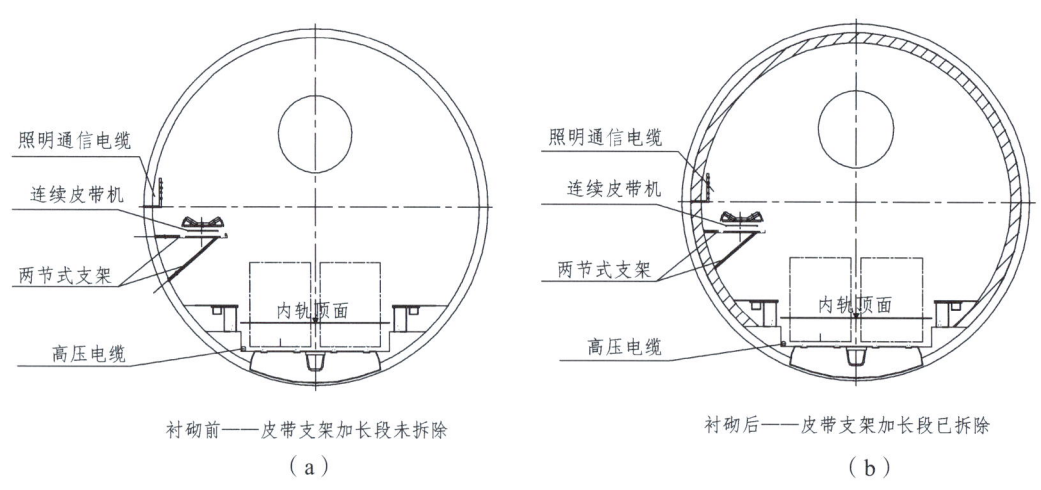

图 8-11 连续皮带机在洞壁上固定示意图

连续皮带机穿行衬砌台车，设计专用梁，台车车架上设置限位装置，以保持专用梁的位置；台车就位后专用梁前后两端的主支撑、台车区域的辅助支撑均直接作用于小边墙混凝土顶面，以保证具有足够的强度与刚度，承受皮带机与石渣的荷载，并保证皮带机的位置、状态不变，参见图 8-12；衬砌台车行走时，专用梁固定于台车车架立柱上，同时以斜撑杆支撑于台车底纵梁与专用梁之间，以保持皮带机的稳定，参见图 8-13；专用梁顶面安装滚轮，以减小移动阻力，利于皮带机穿行。

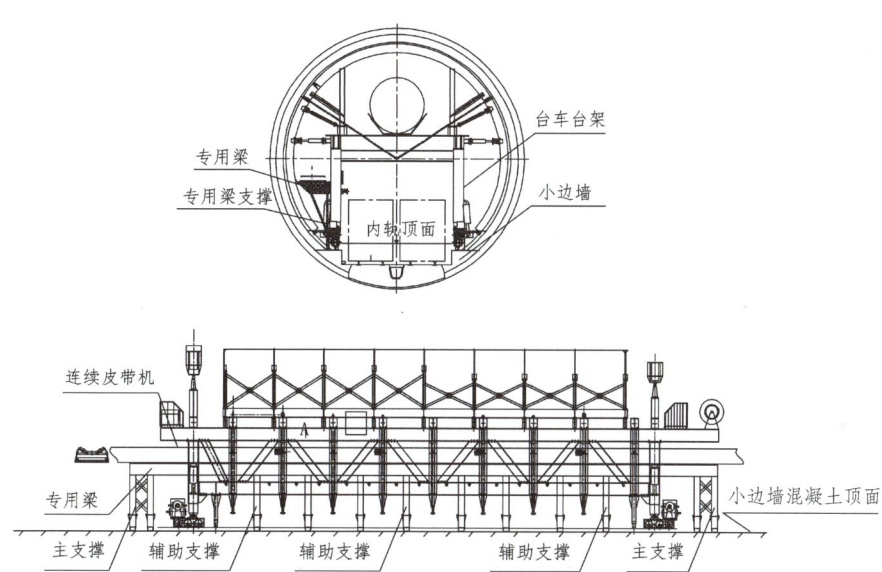

图 8-12　台车就位状态皮带机穿行示意图

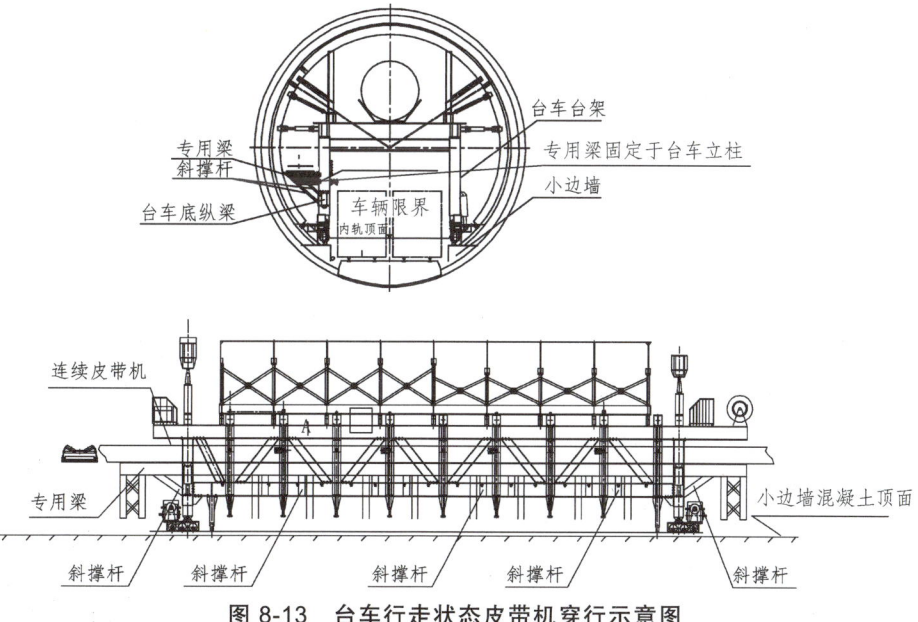

图 8-13　台车行走状态皮带机穿行示意图

专用梁的设计，经过严格的核算，充分考虑了各种状态下的静荷载、动荷载及其分布，确保了专用梁的强度与刚度。

台车行走前，连续皮带机穿越台车的专用梁需要脱离地面支撑，转换到固定于衬砌台车车架上，具体操作为：第一步，专用梁固定于台车车架的立柱上，保持其位置、状态不变；第二步，以斜撑杆连接台车底纵梁与皮带机专用梁；第三步，取消专用梁的主支撑与辅助支撑。

连续皮带机穿越防水板铺设台架，采用衬砌台车行走状态皮带机穿越的措施，专用梁固定于台架上，台架行走前后不必转换；连续皮带机以及石渣输送过程中产生的荷载，有可能导致防水板铺设台架偏载，采取在台架另一侧加装负重的措施予以解决。

8.1.8 混凝土运输系统及组织设计

同步衬砌混凝土进行运输的关键技术在于既要保证混凝土运输效率，又要不影响 TBM 掘进的材料运输，在灌注衬砌混凝土时只能占用一条运输轨道，同时要在运输距离变长后，采用双灌或三灌进行混凝土运输。

在衬砌地段，施工中每隔 2000 m 设置了一条渡线道岔，在双线运输中混凝土衬砌台车段锁闭一线，TBM 所需材料通过另一线进行运输。采用单罐运输的方式，较为简单，混凝土从道岔处运入锁闭线，等卸料后退出锁闭线。

当隧道掘进距离长后（最长要达到 16 km），为了确保衬砌时间，提高混凝土运输效率，施工中采用了双罐或三罐进行混凝土的运输。

在采用双罐或三罐时，由于混凝土车必须在最前方才能输送入混凝土输送泵，将在道岔处来回调车调整换位，施工中操作步骤如下：

（1）双罐或三罐运输通过道岔进入锁闭线段后，摘挂靠近混凝土输送泵的第一节混凝土罐车，进行混凝土输送作业，同时机车头牵引剩余的混凝土罐车退回至道岔处。

（2）待第一节混凝土罐车即将输送完毕，机车头牵引剩余的混凝土罐车通过道岔进入另一线，摘挂剩余的混凝土罐车临时存放，机车头通过道岔进入锁闭线连接已泵完的第一节罐车。此时另一线也临时锁闭，TBM 所需材料已通过或等待，时长约 10 min。

（3）机车牵引已输完的第一节罐车通过道岔进入另一线，连接剩余的混凝土罐车，此时剩余的有混凝土的罐车换位到前面。机车牵引连接好的混凝土罐车通过道岔进入锁闭线段，另一临时锁闭线恢复通车。

（4）将剩余的有混凝土的罐车进行输送作业，完成后出洞。

混凝土运输现场组织图见图 8-14。

图 8-14 混凝土运输现场组织图

8.2 同步衬砌施工

TBM 施工段和由钻爆法施工的 TBM 步进通过段主要为复合式衬砌,复合式衬砌初期支护以锚喷网为主,二次衬砌为模筑混凝土。

TBM 掘进段、步进通过段衬砌采用了液压钢模衬砌台车,所有混凝土由洞外自动计量拌和站集中生产,通过轨行式混凝土输送车进行运输,经混凝土输送泵泵送入模,混凝土的振捣采用插入式振捣器。衬砌施工过程中预留了回填灌浆孔,在二衬混凝土凝固收缩后,通过回填灌浆孔进行背后注浆回填。衬砌施工所用的钢筋在钢筋棚加工,现场采用简易钢筋台车人工作业焊接成型。

8.2.1 同步衬砌施工工艺流程

同步衬砌施工工艺流程如下:首先进行洞外台车、台架以及伸缩门架组装工作;然后进行填充和边基施工;接着进行台车、台架的行走和皮带、管线的支撑替换工作;然后进行防水层的施工工作;最后进行拱墙混凝土的浇筑工作;然后进行下一步循环。

(1)台车、台架、伸缩门架组装。

每组衬砌生产线由前、后工作台架、模板台车、两组拉伸式门架构成。所有结构件在洞外组装成组后,整体行走进洞,后穿皮带机、管线后达到工作位置。

（2）边墙基础混凝土施工。

为了保证台车、台架段的双线有轨运输，本工程在施工中将同步衬砌台车行走轨道放置在边墙基础上。在衬砌施工前，先施作边墙基础混凝土。边墙基础放置台车轨道处标高即为运营水沟底标高，边墙基础采用定型异形钢模一次立模完成混凝土浇筑。边墙基础混凝土施工如图8-15所示。

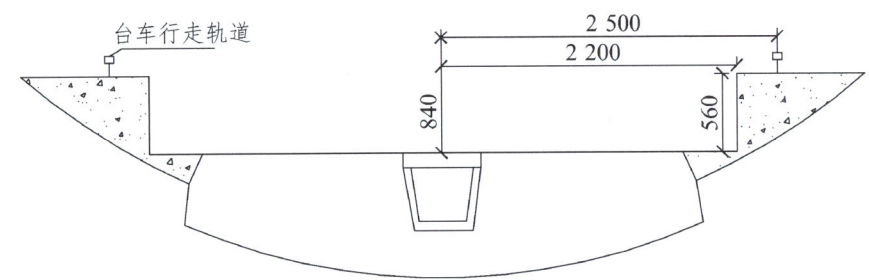

图8-15　边墙基础施工示意图

在施工过程中，仰拱块两侧的虚渣通过人工进行清理，清理完成后进行矮边墙防水板、纵横向盲管的安装，防水板、盲管提前预留了搭接长度，在衬砌时与拱部防水板焊接在一起。防水板、盲管安装完成后，浇筑填充混凝土，浇筑过程中确保了混凝土面与仰拱表面平齐。填充混凝土达到强度后，根据测量组定出的矮边墙准确位置，立模浇筑混凝土，矮边墙模板采用定型模板，一次性浇筑，并在混凝土接缝中预埋背贴式塑料止水带和中埋式钢边止水带。

（3）台车台架轨道铺设。

边墙基础混凝土强度达到要求后，在边墙基础上进行台车、台架行走轨道的固定，轨道距隧道中心线2.5 m。轨道铺设长度满足台车、台架2个循环长度要求。施工中的台车、台架行走轨道可以进行重复循环利用。

（4）台车、台架行走及皮带、管线支撑替换。

TBM掘进连续皮带机采用三脚支架固定隧道壁上。当前工作台架行走至三角支架附近（4.5 m左右）时，拆除紧邻前工作台架的皮带三角支撑，然后再将前工作台架向前行走靠近下一个三角支架，前工作台架和衬砌台车间的伸缩式门台架长度依次拉开，皮带机在门式支架和前工作台架上的滑道上和滑道相对滑动并保证线性，再拆除前面的三角支架，由此循环往复，完成前工作台架的移动。施工中前工作台架一次最大可行走17 m。后工作台架需要移动时，先行走至皮带机三角支架安装位置50 cm左右处，然后将前工作台架位置拆除的支架安装到皮带机下面，再次行走后工作台架靠近台车4.5 m左右，再安装三角支架，此时台车和后工作台架之间的伸缩式门架压缩，由此完成后工作台架的行走，一次最大可行走17 m。台车可以在前后工作台架之间自由前进和后退，自由行走最大长度为17 m，其前后伸缩台架相应拉开和压缩。

（5）防水层施工。

在施工中通过前工作台架挂防水板、无纺布、拆风管、拆皮带机支架。

（6）拱墙混凝土浇筑。

施工中，衬砌台车在前、后工作台架间行走，同时压缩前部的伸缩门架和拉伸后部的伸缩式门架，每次可行走 17 m，台车走行到位后，施工人员进行中线和高程测量，然后对台车进行锁定，再次检查皮带机在台架上的运行情况并及时进行纠偏，检查风管、电缆电线等是否正常。检查完成后，随即进行衬砌混凝土的浇筑。

8.2.2　同步衬砌施工人员及机具设备配置

同步衬砌施工过程中采用的人员配备见表 8-1 所示。设备机具配备见表 8-2 所示。其中人员配备了共计木工班、浇筑班、防水班、台车班、修补班、电工班及运输班等 7 个班组，32 人。设备机具配备了机车、罐车等 8 类。

表 8-1　劳动力组织配备表

序号	班组名称	人数	备注
1	木工班	6	负责边墙基础、台车端头的模板安装和拆除
2	浇筑班	5	负责台车灌筑、边基灌筑，包括输送泵司机
3	防水班	5	防水层铺设
4	台车班	5	负责台车行走，皮带支架拆卸和恢复
5	修补班	2	负责脱模后的养护和缺陷处理
6	电工班	1	每个台车 1 人，负责输送泵接线，穿越台车电缆的维护
7	运输班	8	配置 4 台车

表 8-2　设备机具配备表

序号	设备名称	单位	数量	备注
1	机车	台	4	牵引运输车辆
2	罐车	台	4	
3	输送泵	台	1	
4	对讲机	台	8	调车使用
5	拌和站	套	1	
6	模板台车	台	1	
7	施工台架	台	2	铺设防水层、修补等
8	伸缩门架	台	16	

8.2.3 同步衬砌施工质量控制

在西秦岭隧道的施工中,对同步衬砌的施工质量进行了严格的控制:

(1)施工边基时,对边基的尺寸进行了严格的控制,重点控制边基顶面的高程和宽度,保证了边基顶面的平顺性,有效地防止了台车行走时上下起伏而引起皮带相应的起伏,避免了皮带运行困难情况的出现。

(2)施工过程中,保证了边基超前拱墙衬砌工作面施工,保证边基达到设计强度后再铺设轨道,行走台车,避免了边基破坏情况的出现。

(3)在铺设轨道过程中,严格控制轨道的轨距及轨道与隧道中线的相对位置,保证了台车、台架及伸缩台架上滑道轴承和连续皮带的总线位置互相对应,保证了纵向顺直互相对应。

8.2.4 同步衬砌施工安全措施

为了保证同步衬砌施工的绝对安全,在施工过程中还采取了如下的安全措施:

(1)衬砌队的施工人员定期多次对皮带机三角支架进行了检查,保证支架的稳定性,避免了皮带机垮塌,设备损坏等情况的出现。

(2)台车班在行走台车时,不允许拆除连续皮带上的急停装置,在没有危险的情况下,禁止随意拉动急停线。

(3)在皮带机停机期间,禁止任何人员爬到皮带机上行走、作业。

(4)在混凝土浇筑期间,在台车所处区间的前后道岔位置设置了明显的警示标志,防止无关车辆误入输送泵布置侧轨道,对人员和设备造成安全隐患。

(5)由于电力电缆从台架上穿越,安排了值班电工定期对电缆进行仔细检查,重点检查电缆是否顺直、绝缘层是否有破损等,保证了施工中的电力安全。

(6)当高压电缆接头需要通过台架位置时,对其进行了防护和严密的包裹。

8.3 同步衬砌施工小结

在同步衬砌施工中,出现了以下的异常情况,并对其采取了相应的处理措施:

(1)在施工过程中发现,原方案行走机构采用减速机和驱动轮链条倾斜安装、采用的是 5.5 kW 电机驱动,驱动轮采用滚珠轴承。行走过程中,出现了频繁的减速机损坏、驱动轮轴承损坏。后改进了结构形式,减速机放在驱动轮正上方进行安装,采用 7.5 kW 的电机驱动,采用圆锥滚柱轴承。经改进后,行走机构正常,故障率降低。

(2)在施工过程中进浆口和风筒护罩干扰较大,影响到了输送管路的连接。将进浆管的位置进行了角度改移，使其偏离垂直位置 45 度，并接长至 50 cm。实现了输送管路的便利连接。

（3）在施工中增设了台车简易布料系统，以及在台车一层平台上布置了由弯管、直管和软管构成的布料管路：在平台上纵线设置两节硬管，在每节管的端头位置设置三通管，管口设置软管分别向台车两侧边板位置的一仓、二仓进料窗口泵送混凝土，当混凝土满二仓后，在纵向直管上设置直角弯管，采用软管连接位于台车拱顶的进浆孔进行封顶灌注。管路间全部采用快速卡扣连接。在浇筑过程中，根据两侧的对称情况，进行管路的分解连通，以达到分层、对称灌筑的要求，管路的布置见图 8-16 所示。

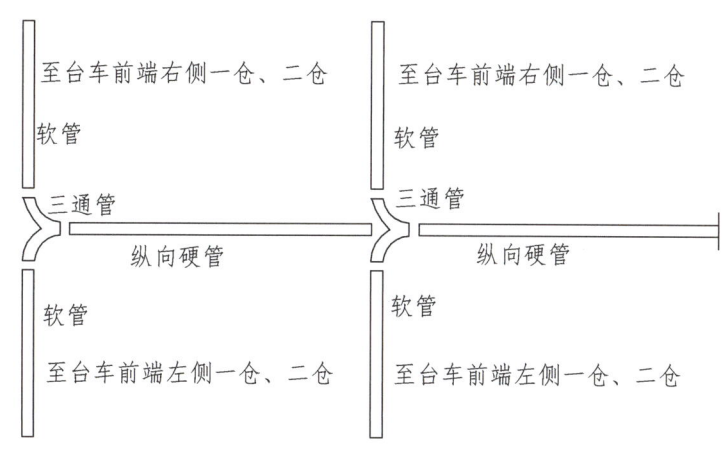

图 8-16　台车布料管路示意图

（3）在施工过程中，出现了皮带机支架失稳无法运行的情况，原因为皮带机下部支撑横梁拆除后（穿行台车台架段时必须拆除该横梁），皮带两侧辊轴支架由原来的刚性铰接变成活动铰接，皮带运转时，辊轴支架就会在同步台车皮带机支撑杆上发生旋转，从而造成皮带机失稳而无法运行。经过设计改进，在两侧的支架之间加装了一个角钢连杆，连杆两端和支架之间利用夹具进行刚接，从而在皮带机下部支撑横梁拆除后，对支架的旋转进行约束，实现了皮带机穿行台车台架段时的稳定。

从 2010 年 9 月 5 日本工程开展同步衬砌以来，经过不断的摸索、试验，通过对部分关键技术的改进，根据本工程的特点对原普通的混凝土输送泵进行了技术改进，采用了分体式技术以实现输送泵不占用轨道，极大地提高了运输效率。虽然在实践中碰到了很多的技术难题，但通过中铁十八局集团有限公司现场技术人员的努力，都一一克服。在实际过程中成功解决了以下几个关键问题：

（1）衬砌台车行走及衬砌时，不干扰、不停止皮带机出渣及通风机供风。

（2）衬砌所需要的钢筋及防水板台架、混凝土修补台架在行走及施作时，不停止皮带机出渣及通风机供风。

（3）同步衬砌台车及所需的作业台架不占用仰拱预制块上的运输轨道线。

（4）衬砌台车的强度及刚度满足混凝土衬砌需要，抗浮满足需要，拱角位移不超限。

（5）供电线路、通信线路、风水管线不与机车行走、衬砌台车、钢筋及防水板台架、混凝土修补台架相干扰。

本工程通过合理设计的台车、台架系统，在不改变连续皮带相对位置和运行线性的情况下，前后工作台架移位时只需前方逐节拆除皮带机的三脚架，无需拆除皮带、托辊和皮带支撑纵梁，而由前移的台架对皮带进行替换支撑，皮带机可以在不停止运转的情况下通过台车台架上的滚轴滑动，台车可以通过伸缩台架的压缩和拉伸在前后工作台架之间前后自由滑动一定的距离而对皮带机不干扰，同时，还保证了各种管线和有轨运输系统的穿行。通过以上创新技术使衬砌作业可以和配置连续皮带出渣系统的 TBM 同时进行施工。完全达到并行作业的要求。

西秦岭隧道同步衬砌施工进度统计见表 8-3 ~ 表 8-7 所示。

表 8-3 2010 年度同步衬砌进度统计

年	2010 年						累计
月	7	8	9	10	11	12	
进尺/m	0	0	0	32	111	191	725

表 8-4 2011 年度同步衬砌进度统计

年	2011 年												累计
月	1	2	3	4	5	6	7	8	9	10	11	12	
进尺/m	455	315	329.5	562	388.5	471	469	570	472	327	269	187	5 540

表 8-5 2012 年度同步衬砌进度统计

年	2012 年												累计
月	1	2	3	4	5	6	7	8	9	10	11	12	
进尺/m	308	157	32	0	0	28	144	423	471	331	520	789.6	8 743.6

表 8-6 2013 年度同步衬砌进度统计

年	2013 年												累计
月	1	2	3	4	5	6	7	8	9	10	11	12	
进尺/m	376	280	320	603	462	451	458	335	285	300	402	318	13 333.6

表 8-7 2014 年度同步衬砌进度统计

年	2014 年												累计
月	1	2	3	4	5	6	7	8	9	10	11	12	
进尺/m	351	304	372	419	486	468	320	405	487	316	427	310	17 998.6

9 西秦岭隧道施工通风方案及布置

9.1 通风总体原则和方案

9.1.1 总体原则

施工通风是长大及特长隧道施工的重要配套工艺之一。合理的通风系统、理想的通风效果是实现隧道快速施工、施工人员身心健康及施工安全的重要保证。设计科学、先进、合理的通风系统，配置高效的通风机械是解决通风难题的根本。此外，高水平的施工通风管理也是保证通风效果的关键。

在施工前根据隧道通风经验及对当前通风设备技术性能的调研结果，按照自成体系又左右线同时兼顾，充分利用设备和已完坑道的原则，综合考虑施工过程中可能的各工况制定了西秦岭隧道工程的通风方案。

中铁十八局集团有限公司在充分调研我国已建成和在建隧道施工通风的经验以及追踪国内外通风技术发展的基础上，进行通风系统设计比选、优化。

隧道施工通风用电在隧道施工用电中占有相当大的比重，优先选用了节能型风机以降低能耗。在满足通风效果的前提下，减少了风机的品种、型号、数量。在隧道净空允许的情况下，采用了大直径风管以便减少能耗损失。通过科学性、适用性、经济性、一次性投入通风设备，减少了隧道施工通风系统的运行成本。

9.1.2 施工通风控制条件

在西秦岭隧道的施工通风中主要的控制条件如下：
（1）粉尘允许浓度。
含有10%以上游离二氧化硅的水泥粉尘为 2 mg；含有10%以下游离二氧化硅的粉尘为 2 mg。二氧化硅含量在 10%以下，不含有毒物质的矿物性和动植物性的粉尘为 10 mg。
（2）有害气体浓度。

一氧化碳：不大于 30 mg/m^3。当施工人员进入开挖面进行检查时，浓度可为 100 mg/m^3，但必须在 30 min 内降至 30 mg/m^3。

二氧化碳：按体积计，不超过 0.5%。

氮氧化物换算成二氧化氮为 5 mg/m^3 以下。

（3）其他要求。

隧道内气温保持不超过 28 ℃。隧道施工时，供给每人的新鲜空气量，不低于 3 m^3/min。采用内燃机械作业时，1 kW 的供风量不小于 3 m^3/min。

隧道开挖时全断面风速不小于 0.15 m/s，坑道内不小于 0.25 m/s。

9.1.3 总体方案

西秦岭隧道进出口及斜井先期采用软式风管独头压入式通风，后期当斜井施工完成后，并且在隧道 TBM 掘进超越斜井后，在洞内设置了大功率风机，采用压入式通风方式将新鲜风压入各开挖工作面，污浊风采用由斜井排出的方式，同时辅以射流风机辅助通风。

9.1.4 施工通风分析

施工通风是困扰隧道施工的一个大课题，通风效果直接影响到施工的速度、机械设备的利用率、施工环境、施工人员的身体健康，施工中为了保证工作面有足够的新鲜空气，对通风提出了非常严格的要求。

根据西秦岭隧道施工进度计划安排，施工通风中最困难、距离最长的工段均在正洞洞身掘进开挖地段，因此，在解决施工通风的问题中，着重考虑了正洞掘进开挖相关的施工通风问题。施工中，主要从以下方面入手，确保了良好的施工环境：

（1）加大了施工通风投入，科学选择通风设备，合理布置了通风管路和通风设备配套，降低了风量、风压损耗，加快洞内空气流动。

（2）对施工设备进行了合理的配套，降低了施工机械设备在施工中产生的污染。

（3）对施工工序进行了合理的安排，在满足正常施工的前提下，尽可能地减少了机械设备在洞内的运转。

（4）同时，利用了水幕降尘等手段，降低了空气中的悬浮颗粒数量。

（5）加强了施工中的通风管理，严格规范了洞内空气监控制度。

（6）此外，在施工中配备了专业的施工队伍，提高了通风效果。

9.2 施工通风方案

9.2.1 TBM段施工通风

1. 第一阶段预备洞通风

西秦岭隧道第一阶段的预备洞施工采用的是钻爆法,其通风方式采用的是压入式通风,风机型号选用的是SDF(C)-No12.5可调节式轴流风机,风机机组的总功率为 2×110 kW。其中风管采用的是 $\phi1.5$ m 拉链式通风软管进行通风。轴流风机安装在距离隧道出口洞口 50 m 处,通风软管设置在隧道左侧边墙拱腰位置处。在西秦岭隧道右线第一阶段预备洞的施工中,该通风方式取得了不错的效果。

2. TBM掘进第一阶段施工通风

西秦岭隧道TBM掘进第一阶段的采用的是罗宾斯公司提供的盖亚轴流风机,机组的总功率为 2×315 kW。其中风管采用的是 $\phi2.2$ m 拉链式通风软管进行通风,通风软管每节的长度为 200 m。风机安装位置与预备洞位置一致,同样安装在距离隧道出口洞口 50 m 处。经过施工验证,在TBM掘进第一阶段通风效果良好。TBM掘进第一阶段施工通风布置见图9-1所示。

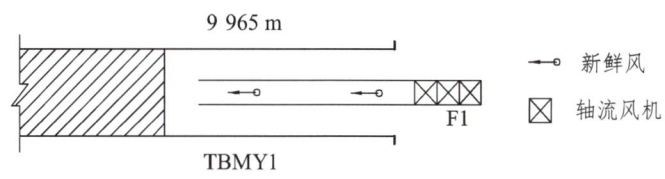

图9-1 TBM施工第一阶段通风布置图

3. TBM掘进第二阶段施工通风

西秦岭隧道TBM掘进第二阶段的施工通风主要分为3个子阶段。

第一个子阶段为当TBM掘进到DIyK408+480位置时,设置了风门,该段通风采用盖亚轴流风机进行。同时利用隧道出口洞口和风机设置处之间大约 40 m 的高程差,进行自然对流吸入新鲜空气;此外利用罗家理斜井上、下洞口之间大约 200 m 左右的高程差,在风门的间隔下,自然对流排出了污浊空气。

第二个子阶段为当TBM掘进到DIyK408+480~DIyK405+480之间时,增加了一台SSF-No.16射流风机,风机机组的功率为 55×2 kW。同时,安装 $\phi1.5$ m 通风软管,通风软管长度为 100 m,穿过西秦岭隧道左线进入罗家理斜井 50 m 处,并通过抽出式通风的方式排出了污浊空气。

第三个子阶段为当TBM掘进到DIyK405+480~DIyK403+580之间时,在原有通风设备基础上,再增加了一台SDF(C)—No12.5可调轴流风机。该风机机组总功率

为 2×110 kW。并且该轴流风机采用 $\phi 1.5$ m 的通风软管进行通风，软管穿过风门至盖亚轴流风机处，送入新鲜风。

9.2.2 钻爆法段施工通风

1. 西秦岭隧道右线进口段施工通风

西秦岭隧道钻爆法段施工通风布置以右线隧道进口段为例。隧道右线的施工通风存在几个难点：一是隧道进口段的施工坡度均为上坡，不利于施工通风排烟；二是在店子坪斜井前，进口段需要独头通风 3300 m，对通风机的要求较高；三是隧道内交叉作业点相对较多，施工人员与施工车辆较多，隧道内对新鲜气体的需求量较大；四是通风管需要穿越施工台架，容易形成风阻。

右线进口钻爆法 Y1 段施工长度 3213.418 m，施工通风长度取了 3300 m，采用装载机装渣，自卸车运输，采用的是 SDF（C）—No14 型对旋式轴流风机，通风方式为独头通风，每台风机由 2 台功率相同的电机进行驱动。同时，风机口设置了消音装置，可以大幅度减少风机的噪声。通风管采用了 $\phi 1.8$ m 软风管。施工中当与斜井 D2 施工段贯通施工 Y2 段第一部分时，将右线进口处风机移至右线与斜井交汇口处安设，采取独头压风的方式。污浊空气通过店子坪斜井烟囱效应及设在斜井井底交汇口处的 30 kW 射流风机自斜井口排出；最后在施工 Y2 段及 Z3 段时，在距开挖作业面最近的横通道内安设了 30 kW 射流风机，同时在距开挖作业面倒数第二个的横通道口安设了两部轴流风机（利用斜井施工 D2 段时的轴流风机），一部经横通道向 Z3 区段压风，一部向 Y3 段压风，所有污浊空气通过在斜井井底交汇口处安设的射流风机，以及利用斜井自身的烟囱效应排出隧道。施工分段示意图见本书图 3-3。

2. 店子坪斜井施工通风

西秦岭隧道右线进口店子坪斜井处采用的通风方案为普通风机接力通风。两套通风机组采用的均是 SDF（B）—No15 型风机。并且在店子坪斜井的施工中进行了喷雾降尘、湿喷混凝土以及减少漏风等施工措施。

9.2.3 通风安全及环境管理

隧道施工通风管理水平的高低，是影响通风质量的关键因素之一。本工程施工中以"合理布局，优化匹配，防漏降阻，严格管理、确保效果"20 字方针，作为施工通风管理的指导原则，强化通风管理。并采用了以下措施保证了施工通风的管理和安全。

1. 通风组织及管理制度

建立了以岗位责任制和奖惩制为核心的通风管理制度和组建专业通风班组，通风班组全面负责风机、风管的安装、管理、检查和维修工作，严格按照通风管理规程及操作细则组织实施。项目经理部定期检查施工通风质量并根据实际情况对施工班组进行奖惩。

对产生的粉尘进行了综合的治理，除采用常规的机械通风、湿式凿岩、放炮喷雾、出渣洒水、冲洗岩帮等措施外，还采取了局部净化的方法，控制了尘源所产生的粉尘扩散。同时，施工中进洞车辆使用的为低污染柴油车辆，并尽可能地减少了进洞内燃车辆的数量，以此减少废气排放量。

2. 施工中的防漏降阻措施

（1）以长代短：施工中采用的风管节长由以往的 20~30 m 加长至了 50~100 m，减少了接头的数量，即减少了漏风量。

（2）以大代小：施工中在净空允许的条件下，采用了大直径风管。

（3）以直去弯：施工中在风管安装前，先按 5 m 间距埋设吊挂锚杆，并在杆上标出吊线位置，再将 $\phi 8$ mm 盘条吊挂线拉直拉紧并焊固在锚杆上，然后在吊挂线上挂风管，使风管安装达到了平、直、稳、紧，不弯曲，无褶皱，减少了通风阻力。

（4）严格管理：施工中加强了对风管的检修，检查内容包括悬挂是否完好、接头连接状况、风管有无破损等，在风管出现破损的地方及时进行了粘补。

3. 防尘措施

隧道施工中防尘采取了综合治理的方案。

施工中，为控制粉尘的产生，钻眼作业采用湿式凿岩。钻眼时，先送水后送风。装渣前进行喷雾、洒水。在距掌子面 30 m 处边墙两侧各放置了一台水幕降尘器，爆破前 10 min 打开阀门，放炮 30 min 后关闭。水幕降尘器主要捕捉 1~3 μm 粒径的粉尘。在掌子面后安装隧道集尘器。集尘器主要是捕捉 3.11 μm 以上的粉尘。施工人员确保佩带防尘口罩。

10 西秦岭隧道不良地质段施工

10.1 西秦岭隧道超前地质预报

在特长及长大隧道的施工中,特别是复杂地质情况的隧道施工中,超前地质预报是解决不良地质地段施工的重要手段,是实现隧道施工信息化管理的基础,为施工安全、隧道结构安全提供了科学的依据,为科学合理地制定施工方案、地质病害防治方案及特殊地质地层采取有效的施工技术措施提供依据,及时准确地预报工作面前方的工程地质和水文地质情况,避免安全事故,是实现隧道快速施工的前提条件。

10.1.1 主要采用的方法

西秦岭特长隧道距离长、地质条件复杂,根据地质资料及施工记录,隧道穿越的不良地质主要有:断层、不整合接触带、富水段、高地应力、岩溶、高岩温等。在施工中加强了超前地质预报的工作。

根据隧道处的工程地质、水文地质特征,并结合国内其他特长隧道超前地质预报的经验,西秦岭特长隧道主要采用了直接预报(地质编录、水平钻探法、加深炮孔探测)、物探法预报(TSP超前地质预报、红外探测)和地质物探综合分析预报的方法进行了超前地质预报。

10.1.2 地质编录

施工前及施工中,中铁十八局集团有限公司组织了专业的地质人员对辅助坑道及隧道的工程地质、水文地质特征进行了详细的编录,根据掌子面的地质特征,并结合勘察设计的地质资料,对掌子面前方的地质情况进行了预测,提出了工程措施意见。具体内容如下:

(1)要求做好辅助坑道洞内地层、岩性的划分和描述;核对包括地层岩性、断层构造等在内的主要地质界限在隧道洞身的实际位置;进一步确定了各断裂带及其主、次断层(包括影响带)的位置、产状,断层带的物质组成、宽度、富水程度及工程性质。

（2）对洞壁岩体主要结构面（断层、层理及节理、裂隙等）进行了定性及定量的统计量测，查明了主要结构面的产状、性质、延伸长度、张开宽度、粗糙程度、蚀变情况、密度、地下水及充填情况等，并分析了优势结构面对围岩稳定性的影响。

（3）对岩体受构造影响程度、节理发育程度、岩体完整程度、富水程度及围岩稳定状态等进行了详细编录，据此对围岩级别及其他地质参数进行了修正，并提出了有针对性的支护、衬砌或超前加固措施的意见。

（4）对重点地段，如断裂带、节理密集带、岩性接触带、高地应力区、高岩温区岩性变化频繁或软硬相间及掌子面地质情况与地面调查出入较大等重点地段进行了核对和详细的调查与分析评价。

（5）地质描述随开挖及时进行。地层岩性变化点、构造发育部位、地下水发育带附近每开挖循环进行一次素描，其他地段每 10～20 m 进行一次素描，以便随时掌握开挖地质情况。

10.1.3　TSP 超前地质预报

TSP 超前地质预报系统是利用地震波在不均匀地质体中产生的反射波特性来预报隧道掘进面前方及周围邻近区域地质状况的，TSP 方法属于多波多分量高分辨率地震反射法。地震波在设计的震源点（通常在隧道的左或右边墙，大约 24 个炮点）用小量炸药激发产生，当地震波遇到岩石波阻抗差异界面（如断层、破碎带和岩性变化等）时，一部分地震信号反射回来，一部分信号透射进入前方介质。反射的地震信号将被高灵敏度的地震检波器接受，数据通过 TSPwin 软件处理，就可以了解隧道工作面前方不良地质体的性质（软弱带、破碎带、断层、含水等）和位置及规模。

现场数据采集：洞内数据采集主要由接收器、数据记录设备及起爆设备三大部分组成。洞内数据采集包括打接收器孔、爆破孔、埋置接收器管、连接接收信号仪器、放炮接收信号等过程。

施工中超前地质预报：施工中，TSP 超前地质预报系统的测线布设在开挖掌子面附近的边墙上，由两个接收孔和 24 个炮孔组成，两个接收器孔对称分布在两边墙，24 个炮孔等间距分布在侧边墙。在数据采集前，进行了钻孔的施工、接收传感器套管的安装，以及接收器孔、炮孔倾角倾向和各孔距基准点距离的测量等工作，上诉工作与隧道施工作业同时进行。在正式进行爆破作业，采集数据时，停止了隧道中的所有施工作业，避免了采集到的数据受外界噪声的干扰。

10.1.4　超前地质探测

超前地质钻孔是利用水平钻机在隧道掌子面进行水平钻探获取地质信息的一种地质超前预报方法，是对其他预报手段探测到的不良地质的确认。

钻孔的钻进方式：施工中采用了冲击钻进行钻孔，并对构造带、构造带的充填物进行了干钻取样，以查清前方不良地质体的岩性特征。

钻孔数量及深度：在一般地质地段每循环钻 1 个孔，搭接长度为 5 m，在富水段、构造带段每循环钻 2 个孔，深度为 30 m，以探明前方地层完整性、构造带及地下水发育情况。

施工中掌子面钻孔布置见图 10-1。

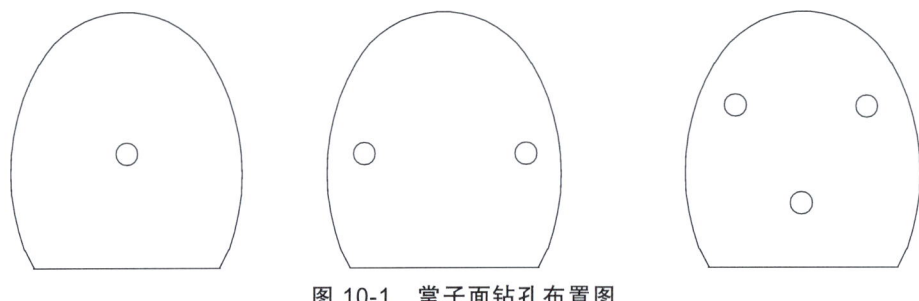

图 10-1　掌子面钻孔布置图

10.2　防涌水突泥施工

地下水的分布、埋深与含水层（体）的富水性受控于地形地貌、地层岩性、地质构造和气候条件。西秦岭隧道地区出露的地层岩性主要有结晶灰岩及浅变质作用千枚岩、变质砂岩、板岩组合体，岩层走向 N600~750E，倾角 40°~65°，有利于地下水的入渗及储存，同时隧道区植被茂密，地表水发育等也为地下水入渗创造了有利条件。隧道区地下水储存场所具有典型的非均质各向异性特征，水文地质条件十分复杂，地下水的分布规律性较差。

西秦岭特长隧道正常涌水量 42 566 m^3/d，隧道开挖时最大涌水量 129 209 m^3/d，地下水富水性分别为节理裂隙贫水区、构造裂隙水弱富水区、岩溶裂隙水和断裂构造脉状裂隙水中等富水区。

10.2.1　防止突然涌水、涌泥的技术方案

TBM 掘进遇到突然涌水、涌泥地段可能给施工带来严重影响，甚至会危及人员设备及财产安全。根据施工实践，本工程隧道出现突泥的可能性较小，主要为突水，在施工中，处理方案坚持的原则为：预测先行，预防为主；防微杜渐，确保安全。

（1）预测先行，先探后掘的原则：西秦岭隧道施工面临的地下水具有压力高、稳定流量大等特点。此外，地下水沿溶蚀裂隙突水，特别是溶蚀裂隙隐蔽性强，没有明

显的构造异常显示，成片但又随机分布，用常规的水文地质勘探方法难以查明其位置和富水规律，一旦误揭含水构造，再行处理的难度相对较大。为此，在施工阶段建立了综合地质预测预报体系，坚持预报在前，全程探水，最大限度地查明地下水状态，先探后掘，确保了隧道施工的安全。

（2）确保安全，保证进度的原则：地下水处理的关键在于保证施工安全和施工进度；确保施工人员和关键设备、设施的安全；采取了控制地下水的措施，排水、堵水不影响隧道的正常施工；剩余涌水量排出后不对周围环境造成破坏；确保了工程的进度。

（3）防微杜渐，先控后堵的原则：根据设计资料及类似的隧道工程施工经验，针对施工期洞壁围岩出水的形式，制定出了施工阶段具有快速决策性的参考基准，对渗滴水、线状渗水和股状涌水采取了不同的处理方式。遵循"保证进度，择机封堵"的原则进行"探、排、控、堵"，根据地下水活动规律、涌水量大小、地下水压力，确定了具体的地下水处理时间。

（4）预防为主，规避风险的原则：针对隧道可能发生的突发性大涌水，施工中，制定各种可能情况的施工技术方案、灾害防止预案，采取"探、排、控、堵"的措施，确保了隧道安全、快速施工。

10.2.2　钻爆法富水段施工

钻爆法段施工中对隧道穿越富水地段时，采用径向注浆对地层进行加固及堵水，以及对局部漏水点注浆堵水的方案确保了施工的安全，同时也是保护地下水资源的重要措施。

隧道采用了径向注浆，注浆孔深 3.0 m，孔底间距约 3.0 m，纵向间距 2.6 m，梅花状布置。隧道径向注浆加固地层及堵水，注浆材料采用水泥净浆，水灰比、外加剂掺量根据现场试注调整。径向注浆孔布置见图 10-2。

施工中，首先进行钻孔，正洞在洞身周边按设计间距准确地测出了孔口的位置，用红油漆画出，误差不大于 10 cm；为控制钻孔角度、在钻杆尾部加装了一定长度的钻杆进行钻孔。钻孔深度 3 m，沿隧道纵向间距为 2.6 m，按照梅花形进行布置。在钻孔完毕，按钻杆连结的相反程序拆除钻杆，钻机退回原位。然后利用喷射混凝土作为止浆墙，利用快凝混凝土等锚固材料粘接钢管与孔壁。接着在正式注浆前进行现场注浆试验，确定合理的注浆参数，并进行了隧道周边的径向注浆工艺试验。初步注浆参考值见表 10-1。

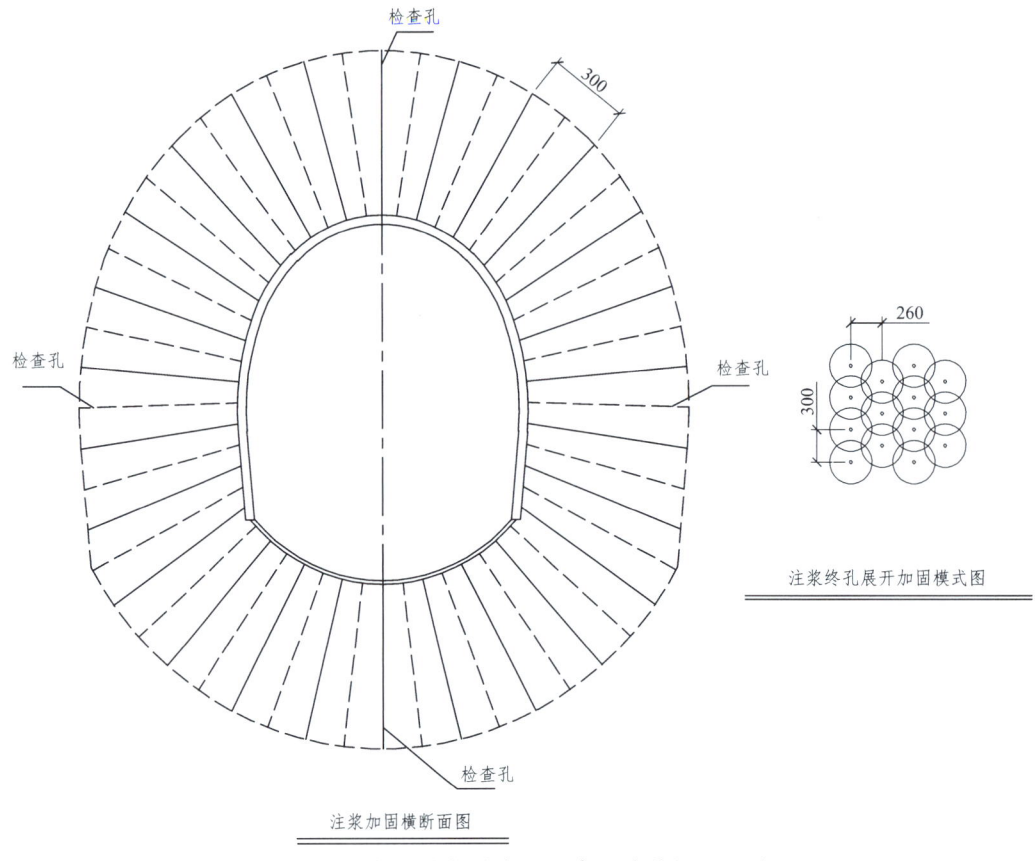

图 10-2 径向注浆孔布置示意图（单位：cm）

表 10-1 注浆参数表

项目	注浆压力/MPa	时间/min	单孔注浆扩散半径/m	注浆扩散范围/m	注浆速度/(m/min)	注浆量/m³
内容	6~8	5	2~3	开挖轮廓线以外 3~5	60~80	单孔最大注浆量为 8~15

采用跳孔间隔压浆，实施挤密型注浆措施；在后期实施压浆封闭过程中，先对隧底进行注浆，然后实施拱墙径向注浆。

同时，为了减少地下水的损失，确保当地居民用水，有利于隧道建成后的运营，在隧道初期支护完成后对局部渗流面采用了局部注浆进行堵水。

10.2.3 TBM 掘进富水段施工

TBM 施工在通过富水地段时，及时进行了超前预报预测，并利用 TBM 自带的超前钻探系统、BEAM 系统对掌子面前方的围岩进行了探测，了解前方的地质详情，为

TBM开挖施工提供指导。对有可能对施工人员、设备安全造成较大威胁及对工期造成较大影响的掌子面前方的地下水进行了超前处理。

1. 渗滴水型和线状渗水

对于渗滴水和线状渗水出水工段，为了保证TBM的快速施工，在隧道开挖后以结构自排水为主，没有立即作注浆处理，待TBM掘进通过后再进行了注浆处理，施工中没有影响隧道的掘进进度。

同时，对出现在隧道洞壁边墙、拱顶附近的渗滴水和线状渗水状出水设置了引排水设施，设置了导水盲管，将出水沿隧道洞壁引导到隧道底部排水通道中。

2. 较大渗水、线状涌水

根据超前地质预报的预报结果以及设计情况，施工中在可能出现较大渗水、线状涌水的洞段，首先进行了TBM设备的防水防护，然后开挖进入该洞段。并采取了超前探孔、集中钻孔等方式对涌水进行了排放，洞壁加密透水管进行了引排。在某些工段出现了水量过大的情况，采用了围岩注浆的方式，将水堵在围岩的内部。

3. 大流量、股状涌水

（1）钢瓦片防水。

隧道施工中TBM通过大流量股状涌水地段时，大流量涌水会伴随高水压，可能会影响TBM上相关电气设备的运行，施工中首先对高压水进行了适当排放后再继续进行开挖的施工。同时隧道中采用的TBM钢拱架安装设备可以进行钢瓦片的安装，施工人员在挡水护盾的防护下利用该设备对出水进行临时的封堵，避免了大压力的涌水直接冲击到TBM设备上。待水流压力不影响TBM施工后，继续进行掘进施工。

（2）开挖特殊坑道排放大压力、大流量的涌水。

出现超大压力、流量的涌水时，造成了TBM施工受阻，无法继续进行开挖施工。施工中根据出水位置进行了开挖坑道施工，并配备了大功率抽水设备，将水经管、槽排入底部侧沟或中心水沟，直到排完隧道中大流量涌水，涌水点的水压力和流量不影响TBM正常施工后，再继续进行掘进施工。

（3）TBM掘进参数的选择。

在出现大量的涌水洞段，由于底部部分刀盘处于水中，如果施工仍选择正常的旋转速度，会有大量的水被带到皮带上，影响到TBM施工。因此开启了TBM底部下支撑的排水闸门，同时降低了刀盘转速，保证刀盘卷起的水在上升的过程中流出，不会倾泻到皮带机上。

TBM在施工中遭遇到涌水时的工作流程如图10-3。

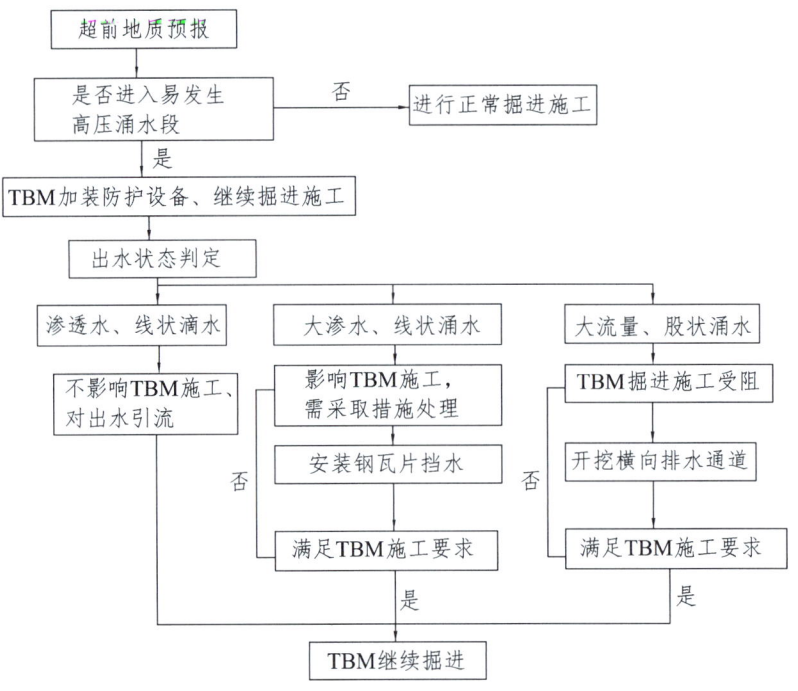

图 10-3 出水状态下 TBM 施工流程图

4. 小　结

对西秦岭隧道 TBM 富水段施工方案总结如下：

采用 TBM 施工时，由于 TBM 关键设备高度上均处于安全的位置，隧道边墙和底部的低压出水对 TBM 设备没有较大的影响，施工中在底部仰拱位置预留了出水口，保证水流能够顺利流出，锚杆施工按照正常施工进行。在喷射混凝土施工前，首先将边墙上的出水引流到隧道仰拱中心水沟，并确定符合混凝土喷射要求后，再进行混凝土的喷射作业。顶部出水需要进行适当引排，再继续施工。

由于 TBM 设备均在水流冲击之下，对于隧道中的高压出水，必须采取措施保证 TBM 不遭受高压水流的直接冲击，特别要根据超前预报的结果在 TBM 即将进入可能出现高压涌水的工段时，提前在 TBM 的关键设备上做好防护，防止出现高压出水时水流直接冲击 TBM 的设备。安装了钢瓦片进行挡水，同时利用锚杆钻机施工泄水孔，降低出水点的出水压力。

TBM 开挖待水流压力减弱、流量减小后再重新开始，同时调整 TBM 掘进和支护参数，加强对已开挖段的支护施工。

10.3　西秦岭隧道穿越断层破碎带施工

本区属秦岭褶皱系之南秦岭冒地槽褶皱带。F_6 断层带构成武都山字型构造体系和文县山字型构造体系的分界。受其影响，在隧道范围形成了一系列平行的断裂和褶皱。该隧道为全线重点控制性工程，地质条件极其复杂，隧道在 DIyk401+908～DIyk402+831 段穿越 F_6 全新活动断裂带，此断裂带处于地震带上，又属于高地应力区，施工难度非常大。在西秦岭隧道钻爆法的施工中分别穿越了 F_{54} 和 F_6 断裂带。

10.3.1 钻爆法穿越断裂带施工

钻爆法段穿越断裂带隧道施工按照"先支护、后开挖、短进尺、弱爆破、快封闭、勤量测"的原则进行了组织施工。采用三台阶法进行开挖，首先开挖上部导洞，并进行初期支护，再分中、下台阶及底部进行了开挖，同时分部对其进行了初期支护的施工。三台阶法施工工艺流程见图 10-4 所示。

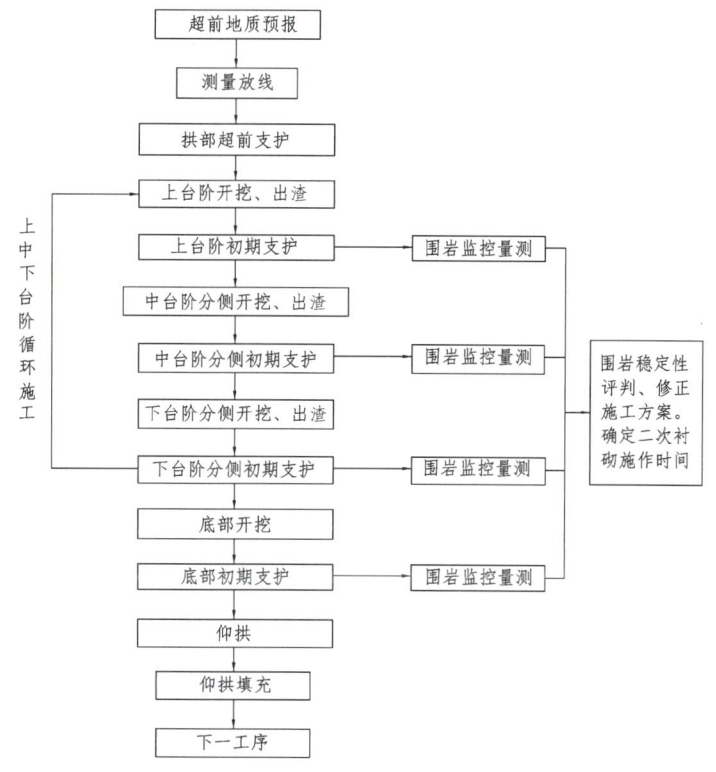

图 10-4 三台阶法施工工艺流程

1. 三台阶法施工步骤

（1）Ⅰ部上台阶的开挖。

首先在拱部完成 $\phi 42$ mm 超前小导管的注浆支护后，进行上台阶的开挖，开挖高度为 3.0～3.5 m，开挖循环进尺为 0.5～1.0 m，最大不得超过 1.2 m；开挖后立即初喷 4 cm 混凝土，并及时进行Ⅰ部的喷、锚、网系统支护；架设 HW175 型钢钢架，间距

0.5米/榀，在钢架拱脚以上30 cm高度处，紧贴钢架两侧边沿水平及下倾角45°打设锁脚注浆锚管进行锁脚。拱脚锚管和钢架牢固焊接，复喷混凝土至设计厚度，然后打设了$\phi 42$ mm钢花管进行径向注浆。

（2）Ⅱ、Ⅲ部左右侧中台阶开挖。

在Ⅱ、Ⅲ部左右侧中台阶开挖中，开挖进尺为1.0~1.5 m，最大不超过1.8 m，开挖高度为3.0~3.5 m，左右侧台阶错开2.0~3.0 m；开挖后立即初喷4 cm混凝土，及时进行了Ⅱ、Ⅲ部喷、锚、网系统的支护；然后接长钢架，在钢架的拱脚以上30 cm高度处，紧贴钢架两侧边沿水平及下倾角45°打设锁脚注浆锚管进行锁脚；拱脚锚管和钢架牢固焊接，接着复喷混凝土至设计厚度，然后打设$\phi 42$ mm的钢花管进行径向注浆。

（3）Ⅳ、Ⅴ部左右侧下台阶开挖。

在下台阶的开挖中，开挖进尺为1.0~1.5 m，最大不超过1.8 m，开挖高度为3.0~3.5 m，左右侧台阶错开2.0~3.0 m；开挖后立即初喷4 cm混凝土，及时进行Ⅳ、Ⅴ部喷、锚、网系统的支护；然后接长钢架，在钢架拱脚以上30 cm高度处，紧贴钢架两侧边沿水平及下倾角45°打设锁脚注浆锚管进行锁脚；拱脚锚管和钢架牢固焊接，复喷混凝土至设计厚度，然后打设$\phi 42$钢花管进行径向注浆。

（4）隧底开挖。

每循环开挖进尺长度不大于3.0 m，开挖后及时施作仰拱初期支护，完成仰拱的浇筑。

2. 西秦岭隧道钻爆法穿越断裂带施工过程

施工中，选用了三台阶开挖的工法，根据现场围岩揭示、围岩量测数据反馈以及现场围岩支护变形的实际情况，对支护参数做出了一定的调整，主要从支撑钢架刚度和受力结构方面考虑调整了规格型号，由I16钢架调整为I20b，又调整为HW175型钢，以及从单一的系统锚杆到增加径向注浆锚管等。

DIyK399+170~115段刚揭示断层带初始，地层为薄层状千枚岩，构造节理发育，整体性较差，局部掉渣掉块，无水。根据现场揭示和超前地质预报情况显示，围岩为Ⅴ级围岩，采用三台阶开挖工法，开挖支护参数进一步进行了优化。主要开挖参数为：预留变形量为15 cm；设置超前拱部注浆小导管预支护，长度为3.5 m，环向间距40 cm；I16钢架拱墙支撑，间距为80 cm；拱部120°范围设$\phi 25$ mm中空注浆锚杆；墙部设$\phi 22$ mm全黏结砂浆锚杆，长度为3.5 m，纵、环向1 m×1.2 m。

施工后，在拱腰以下、拱顶局部初期支护开裂，并形成了拱顶初期支护纵向裂缝，及时采取了相应的措施：在开裂部分加挂了网片，补打了长锚杆，复喷补强；及早创造条件，开挖仰拱闭合成环，形成整体受力结构。并在前方掌子面施工中调整了参数，采用 I20b 型钢拱架进行全环支撑，将锁脚锚杆变为了锚管，并注浆固结锁脚。

在继续前方开挖推进时，发现了后方 20 m 洞身量测数据出现了异常，变化速率明显加大，初期支护开裂严重，拱墙拱架扭曲变形，逐渐侵入衬砌界限。施工立即封闭掌子面并停止了开挖作业，对后方拱架加设了水平横撑，加强了拱架受力能力。并在已进入断层带施工段（未衬砌）增设了 4.5 m 长的径向注浆锚管，按梅花形布置，间距为 1.2 m×1.2 m。在后方稳定后，拱架变形段做了拆换拱处理，然后继续开挖。

在 DIyK399+115 里程后的施工，逐渐靠近断层带核部，掌子面围岩为碳质千枚岩，薄层构造，层间胶结光滑，挤压严重，揉皱、石英脉发育，与先前地质相比，地质情况明显变差。经多方研究决定，对于前方的开挖施工，采用 HW175 型钢全环支撑，间距 50 厘米/榀，设置了 4.5 m 长径向注浆锚管，按照梅花形布置，间距为 1.2 m×1.2 m，预留变形量加大至 30 cm。在前方开挖施工过程中，围岩单轴抗压强度逐渐降低，挤压破碎，需要爆破的面积减少，开挖方法采用的是局部爆破，配合风镐凿除及挖掘机清刷等。在及时完成初期支护的条件下，洞室基本稳定，围岩量测变形速率控制在了Ⅲ级的范围内，没有出现侵入衬砌净空的情况。

3. 小　结

西秦岭隧道钻爆段穿越断层破碎带的施工方法可总结归纳为：弱爆破少扰动，及时封闭少暴露岩面，强支护早成环，监控量测策安全。在施工过程中，也先后做了部分的试验工作，比如长、短锚杆结合代替径向注浆，但径向注浆效果更佳；双层 I20b 拱架支护代替 HW175 型钢支撑，但由于双层拱架在施工中施作困难、施作最佳时机不宜掌握、双层难以合力、喷混凝土填充不密实等缺点，不如 HW175 型钢施工简便，且 HW175 型钢能较早发挥支撑作用。

10.3.2　破碎带施工措施

按照地质勘察结果及施工段落划分，TBM 施工不通过断层，由于地质资料的局限性和地质条件的复杂性，不能完全排除会遇到断层破碎带的可能性。因此在 TBM 施工中做到了超前处理措施：

（1）通过超前地质预报，确定了工作面前方是否存在断层，及其性质、特征、规模情况，特别是涌水量、洞内水与地表水的连通性、岩体结构状况和岩体软弱构造对施工支护的影响程度，以便采取有效措施。

（2）采取超前灌浆、管棚、超前小导管等措施，进行预加固，根据现场围岩情况注单液浆（水泥浆液）或双液浆（水泥-水玻璃浆液）加固围岩并止水。

10.4 西秦岭隧道高地应力段施工

10.4.1 钻爆法高地应力段施工

1. 预防高地应力段围岩大变形

在高地应力段易发生大变形现象，施工中采用了"加固围岩，改善变形、先柔后刚，先放后抗、变形留够、底部加强"的原则。

在高地应力段，施工中采用了孔径变形法、凯撒效应测试法和简易应力解除法进行了地应力测试。对岩石的矿物成分、含水率、单轴抗压强度进行了系统测试，预测产生大变形的可能性和变形等级。

在开挖中，采用了台阶预留核心土法进行开挖。降低了一次爆破的用药量，采用短进尺、多循环的作业方式实施光面爆破。并在掌子面进行了加强支护，正面锚杆支护配合正面喷射混凝土支护。增加了围岩的自稳能力，减少了岩面暴露的时间。

同时，采用了超长系统锚杆对地层进行了加固。施工中系统锚杆采用$\phi 25 \text{ mm}$中空注浆锚杆。该锚杆杆体中空、砂浆从锚头涌出，尾部又带有止浆塞，可以保证注浆饱满。注浆压力可达 2.0 MPa，浆液压入岩层裂隙范围大，加固围岩的效果优于普通锚杆。

此外，加大了预留变形量，为了防止喷层变形后侵入二次衬砌的净空，预留变形量进行了加大（拱部、边墙、隧底）；通过衬砌中增加受力钢筋，加强仰拱，提高了二次衬砌的刚度，使其有足够的安全储备；锚杆、喷射混凝土以及钢架的加固范围均为隧道四周，即拱部、两侧边墙和底部；加强了监控量测，注意围岩变化，随时调整开挖和支护参数，防止围岩因变形过大而失稳坍塌。

2. 高地应力区岩爆段施工

在本隧道高地应力区岩爆段的施工中，为了预防岩爆发生的可能，采取了相应的措施来应对可能发生的岩爆。

（1）岩爆的预报：施工中，以地质预报为先导，主要采用了以下三种方法：超前探孔为主，辅以地震波、电磁波、钻速测试等手段。开挖面及其附近的观察预报，通过地质的观察、素描，分析岩石的"动态特征"，主要包括岩体内部发生的各种声响和局部岩体表面的剥落等。采用工程地质类比法进行宏观预报。

（2）爆破方法：在高地应力地段，采用了多空眼的掏槽技术措施释放应力，人为地开创了良好的临空面条件，以利于掏槽爆破破碎岩石，取得了高效率的掏槽爆破效果。对于高强度完整坚硬的岩体，除了采用增加临空孔外，根据炸药与岩石阻抗匹配的关系，及掏槽爆破深部岩体的夹制作用大的原理，在孔的前部及中部装水胶炸药，孔底装胶质炸药，进一步改善了掏槽爆破的效果。

（3）调整围岩的应力状态及岩体特性：对微弱岩爆地段，爆破后立即向工作面及附近洞壁岩体喷洒高压水，以降低岩体的强度，增强塑性，促使应力释放和调整，降低岩爆的剧烈程度；对中等岩爆地段，在隧道开挖断面轮廓线外 10~15 cm 范围内，在侧壁及拱部打设注水孔，并向孔内喷灌高压水，必要时利用炮孔和锚杆孔向岩体深处注水，以加快围岩内部的应力释放。

（4）改善施工方法：减少了一次的装药量，拉大了不同部位炮眼的雷管段位间隔，延长了起爆的时间，减轻了爆破对围岩的影响，减小了爆破动应力场的叠加，从而降低了岩爆的频率和强度。改变洞室的开挖断面形状，把洞室直接或近似开挖成相应于岩爆后围岩稳定的洞室形状，从而减小了岩爆的程度。在强烈岩爆区用台车打应力释放孔。

（5）超前应力解除：台车在工作面钻眼时，在掌子面周边拱线处钻两排 4.5~5.0 m 深的炮眼（间距 40~50 cm，外插 25°~35°），炮眼间隔装药 500~700 g ϕ40 mm 的 4# 抗水铵梯炸药，并与掌子面同时起爆。这样，可以在拱部 2~3 m 以上的岩体内形成一个爆破松动圈，截断了岩体内部应力的集中，从而减小了洞室岩体的切线应力，借助岩体可形成一个支护圈，如图 10-5 所示。

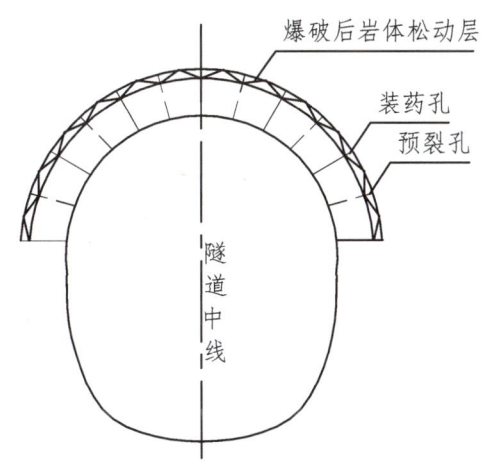

图 10-5　超前应力解除断面示意图

10.4.2　TBM 高地应力段施工

TBM 高地应力段施工时，遵循以防为主，防治结合的原则，对开挖面前方的围岩特性进行了预测预报，当发现有较强烈的岩爆存在的可能性时，采用改善围岩物理性能（高压喷雾洒水卸压法、钻孔卸压法）、改善围岩应力条件、及时加固围岩等措施进行岩爆防治。TBM 施工时衬砌施工同步跟进，可对变形较大的部位及时进行二次衬砌，保证了隧道的成洞质量。

在高地应力段的 TBM 施工中，主要采用以下几种方法来进行了岩爆的防治：

改善围岩的物理性能。

① 高压喷雾洒水卸压法。

在干燥的围岩表面上利用高压喷雾或高压水冲洗隧道拱顶、工作面和侧壁，增强了岩石湿度，可以在一定程度上降低围岩表面的强度，松弛岩体累积的高构造应力。

② 钻孔卸压法。

在可能发生岩爆的部位，利用 TBM 自身钻机超前钻孔，孔径 60~80 mm，孔深 10 m，释放岩体中的高构造应力，同时向岩体高压均匀注水。此方法可以通过以下三方面防治岩爆：一是释放应变能量，并进行应力重新分布，最大切向应力向深部转移；二是利用高压水的楔劈作用，软化围岩，降低围岩强度；三是高压注水产生胀裂作用，从而降低岩体储存的应变能量。

改善围岩应力条件。利用钻孔应力解除等方法，降低围岩岩体应力。

及时加固围岩。TBM 掘进通过后，及时对围岩进行了支护，防止岩爆的发生。根据岩爆等级采取相应的支护措施，按照设计要求进行了施工。

TBM 掘进施工的洞体为规则的圆形，有效地避免了应力集中现象的出现，大大缓解了高地应力岩爆引起的结构体失稳，岩爆多发生在距工作面以后 20~50 m 处，TBM 前端配备有锚杆钻机、混凝土喷射设备、钢筋网及钢支撑安装器、超前处理地质钻机，可实现对围岩进行及时的支护和处理，使岩爆问题得到较为快捷的处理。

11 TBM 拆卸专项施工

11.1 TBM 拆卸方案及准备

11.1.1 拆卸方案

根据隧道进口段施工进度，以及进口道路状况，确定 TBM 总体拆卸方案为：

当 TBM 步进到达拆卸洞室 DIyk403+440 ~ DIyK403+375 里程后停机，更改 TBM 变压器位置，布置拆机供电线路，开始进行 TBM 拆机。TBM 主机部分步进至拆卸洞（主机部分 55 m，从刀盘至 1 号连接桥处），拆除 TBM 液压管、电气管路、水管等，将 TBM 后配套及 2 号连接桥拆卸为独立单元体，再将主机部分与后配套部分断开，将后配套部分退至贯通处，为进口提供预备洞衬砌施工工作面，同时在拆卸洞进行主机部分拆卸，后配套在后配套拆卸区进行。待后配套全部拖出洞后，运输主机部件到隧道出口场地。总体的拆卸流程如图 11-1 所示。

11.1.2 拆卸准备工作

1. 拆卸洞施工

（1）主机拆卸区。

参照西秦岭隧道施工实际情况设计拆卸洞室里程位于 DIyK403+440 ~ DIyK403+375 位置处，拆卸洞室长 65 m，最宽处为 13.40 m，两侧立墙及托梁采用 C35 钢筋混凝土，衬砌厚度为 1500 mm。采用 2×100 t 桥吊作为主吊机，有效起吊高度为 11 m 天车起吊高度 13.4 m，采用了地面遥控的方式进行控制。

拆卸洞开挖断面为"蘑菇"形，开挖断面大，开挖作业采用了台阶法进行施工。由于拆卸洞拱部需要预埋安装起重机用的吊点，拱脚平台要施作起重机走行轨的托梁，施工中对开挖轮廓线尺寸要求十分严格，尤其不能破坏拱脚平台部分的围岩，以免影响托梁基础的承载能力。施工过程中，在钻眼爆破时，保证施工人员严格按照设计的要求对周边眼的间距和装药密度进行了控制，基本上没有超欠挖情况的出现。拱部平台部分，采用了预留光爆层二次爆破成形的方法进行施工，最大限度地减少了托梁基础部分的扰动和破坏。开挖作业时采用台阶法施工。拆卸洞效果见图 11-2 所示。拆卸洞开挖施工步骤及断面设计见图 11-3 所示。

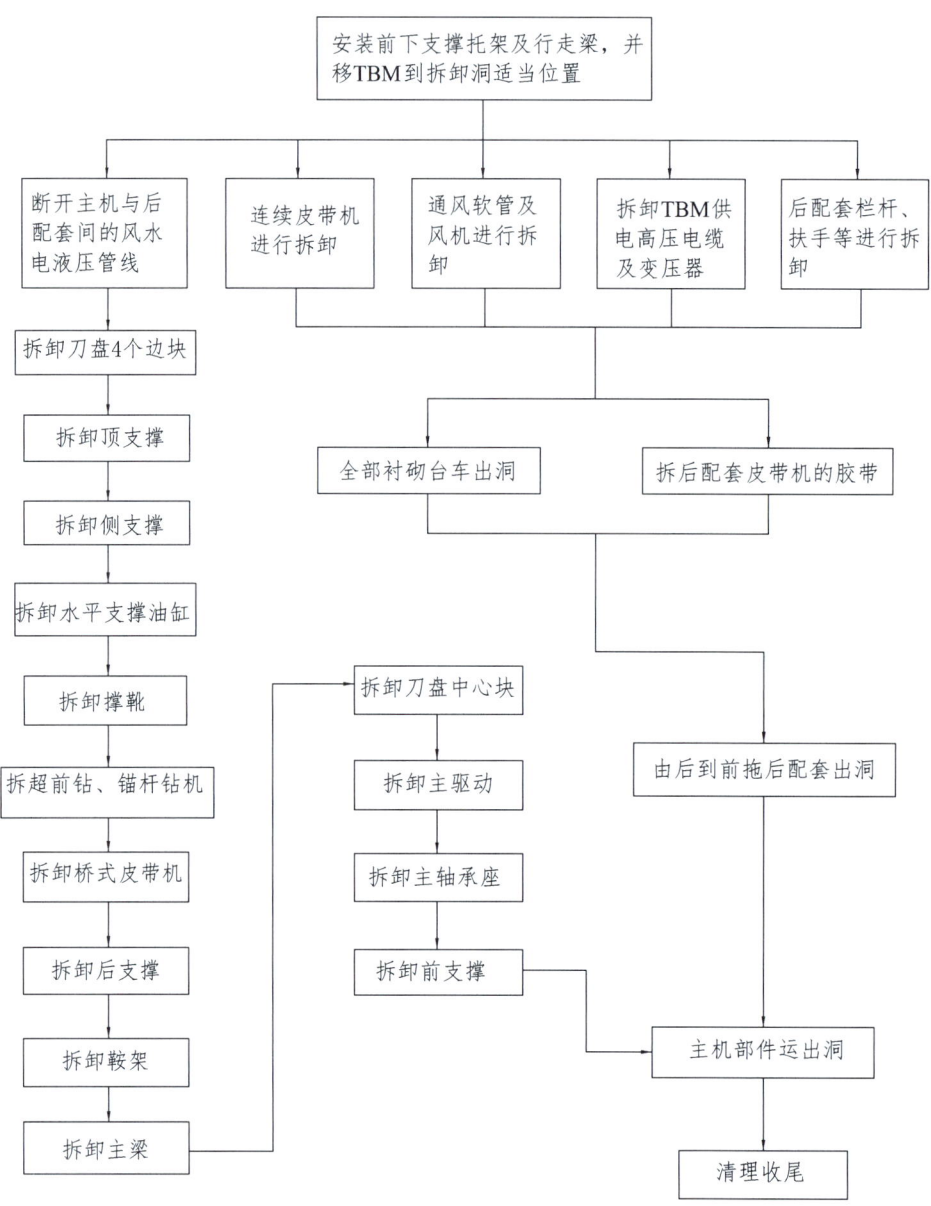

图 11-1　TBM 拆卸总体流程图

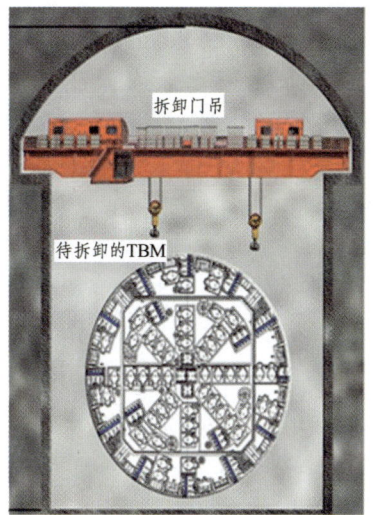

图 11-2 TBM 拆卸洞效果图

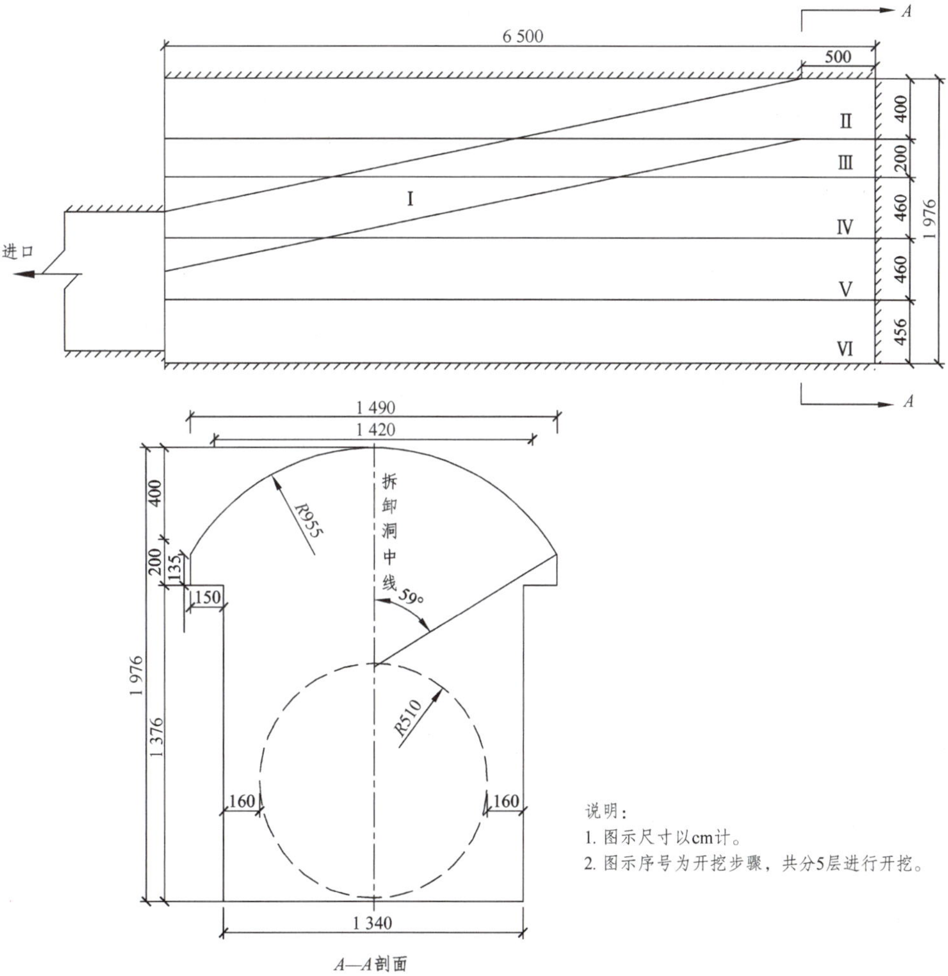

说明:
1. 图示尺寸以 cm 计。
2. 图示序号为开挖步骤,共分 5 层进行开挖。

A—A 剖面

图 11-3 拆卸洞施工步骤及断面设计图

根据拆卸的需要，考虑到主机单件最大重量为127.9 t（主轴承与密封装配），故采用了 2×100 t 的天车作为拆卸设备，天车的安装采用有资质的厂家技术人员负责，中铁十八局集团有限公司人员配合的方式进行。

（2）后配套拆卸区。

后配套拆卸区域位于TBM掘进段，待TBM主机部分全部进入拆卸洞后，在1号连接桥与2号连接桥处，将TBM主机部分及后配套部分断开，拆除了TBM各节台车及2号连接桥上面的油管、电线管路、风水管线，将后配套部分各节台车拆解为独立的单元体，分别将2号连接桥及1#～7#后配套台车用机车牵引的方式退至后配套拆卸区域，后配套拆卸区域设置在 DIyK403+828～DIyK403+819 段，布置范围为 9 m，使用两根 200 mm 的工钢做导轨，沿隧道方向在隧道中心线两侧进行了平行布置，间距 1800 mm，导轨与钢拱架焊接完好，并使用锚杆加固（每根工钢增加布置 9 个锚点，间距 4.5 m，每个锚点使用 2 根 3 m 的锚杆锚固，并与工钢焊接），使用 4 个 5 t 的电动葫芦，结合 4 个 10 t 的手拉葫芦，均布置在 2 根工钢上，做为拆卸 TBM 后配套的拆机装置。手拉葫芦应用图见图 11-4 所示。

图 11-4 导轨上布置的手拉葫芦

2. 拆卸前风、水、电的布置

施工通风仍采用原TBM供风风管，使用罗家理斜井位置处的盖亚风机供风，由于洞室进出口已完全打通，也存在自然通风。施工用高压风，采用了一台 12 M3 的风冷空压机，保障了洞内拆卸时用风的需求。

施工用水仍可使用原 TBM 主供水管，在 TBM 原施工的供水管处安装阀门与管路，从台车尾部直接铺设至拆卸洞。水管采用直径 159 mm 的钢管。施工排水的布置：当 TBM 到达拆卸洞室后，朝隧道进口方向为下坡段，在拆卸洞室和掘进洞室的交汇处边墙位置设置了污水坑，污水自然流入后，采用 2 台 5 kW 的污水泵沿拆卸洞室边墙铺设污水管道至大件存放区前方，使污水朝进口方向自流而出。

在 TBM 到达拆卸洞室完成拆卸前的准备工作后，即可断电，更改线路，保障拆卸期间的用电需求。

TBM 拆卸期间用电设备如表 11-1 所示：

表 11-1 TBM 拆卸用电设备汇总表

序号	所用设备	用途	单台功率/kW	数量	总功率/kW
1	75*2 t 天车	主机拆机	90	2	180
2	8 t 电动葫芦	后配套拆机	15	2	30
3	普通焊机	焊接用	15	4	60
4	二保焊机	焊接用	20	2	40
5	碳弧气刨	爆焊缝	30	1	30
6	空压机	拆卸用风	90	1	90
6	抽水机	洞内污水	5	3	10
7	洞内照明	拆机照明用	6	1	6
8	其他		10	1	10
合 计					456 kW

根据用电设备功率结合项目现场变压器使用情况，选用了原罗家理斜井皮带辅助驱动用 S11-630 kVA 变压器作为 TBM 拆卸施工用电的变压器。高压开关柜选用连续皮带主驱动位置一高压配电盘，低压柜选用原 TBM 三相柜。

当 TBM 到达拆卸洞室后，首先停 10KV 高压电，移动 S11-630 kVA 变压器、高压柜、低压开关柜等至拆卸洞室安装位置，在此期间供电采用了 TBM 上发电机照明供电。待所有供电设备移动到位，高低压电线路连接好后，随即进行供电，并停止 TBM 发电机电路，此时，TBM 风、水、电线路即可进行完全拆卸工作。

11.1.3 TBM 拆卸内容及人员组织

TBM 拆卸中主要拆卸内容如下：

（1）拆卸间 TBM 的拆卸和吊装：该项工作主要是进行了 TBM 的主机、连接桥、后配套的拆卸、后期桥机的拆卸及后期高压电缆的回收等。

（2）TBM 部件的运输：该项工作主要包括了洞内装车、洞内运输、洞外运输等，在运输过程中做好了运输清单的统计和交接以及车辆的跟班工作。

（3）洞外 TBM 存储场地的卸车和修复处理：该项工作主要是进行了洞外原仰拱预制场地的货物接收、统计、整理等，另外还包括了 TBM 部件的修复、刷漆、包装等。

TBM 拆卸施工中人员组织见图 11-5。

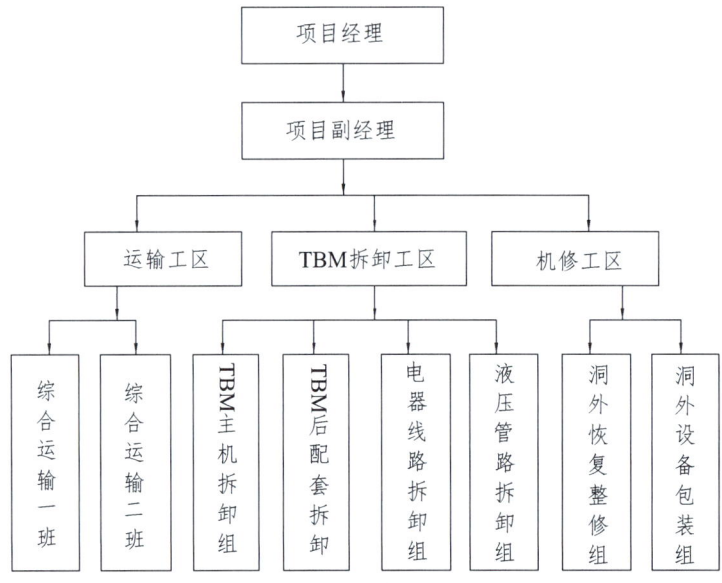

图 11-5　TBM 拆卸人员组织图

11.2　TBM 拆卸施工

11.2.1　主机的拆卸

主机区域与后配套区域同时拆卸，但在拆卸开始之前，首先拆除后一号桥架及管棚、后配套的所有管线，然后制作了 1 号桥架支撑，优先拆除一号桥架，将一号桥架放于拆卸洞右后方，将管棚整体向前拖动至拆卸洞前方，然后分三个工作组同时作业于主机区域、管棚区域、后配拆卸区域，并对所有即将拆卸的部件，提前松动螺栓，以加快拆卸进度。施工中主机拆卸的施工流程见图 11-6。

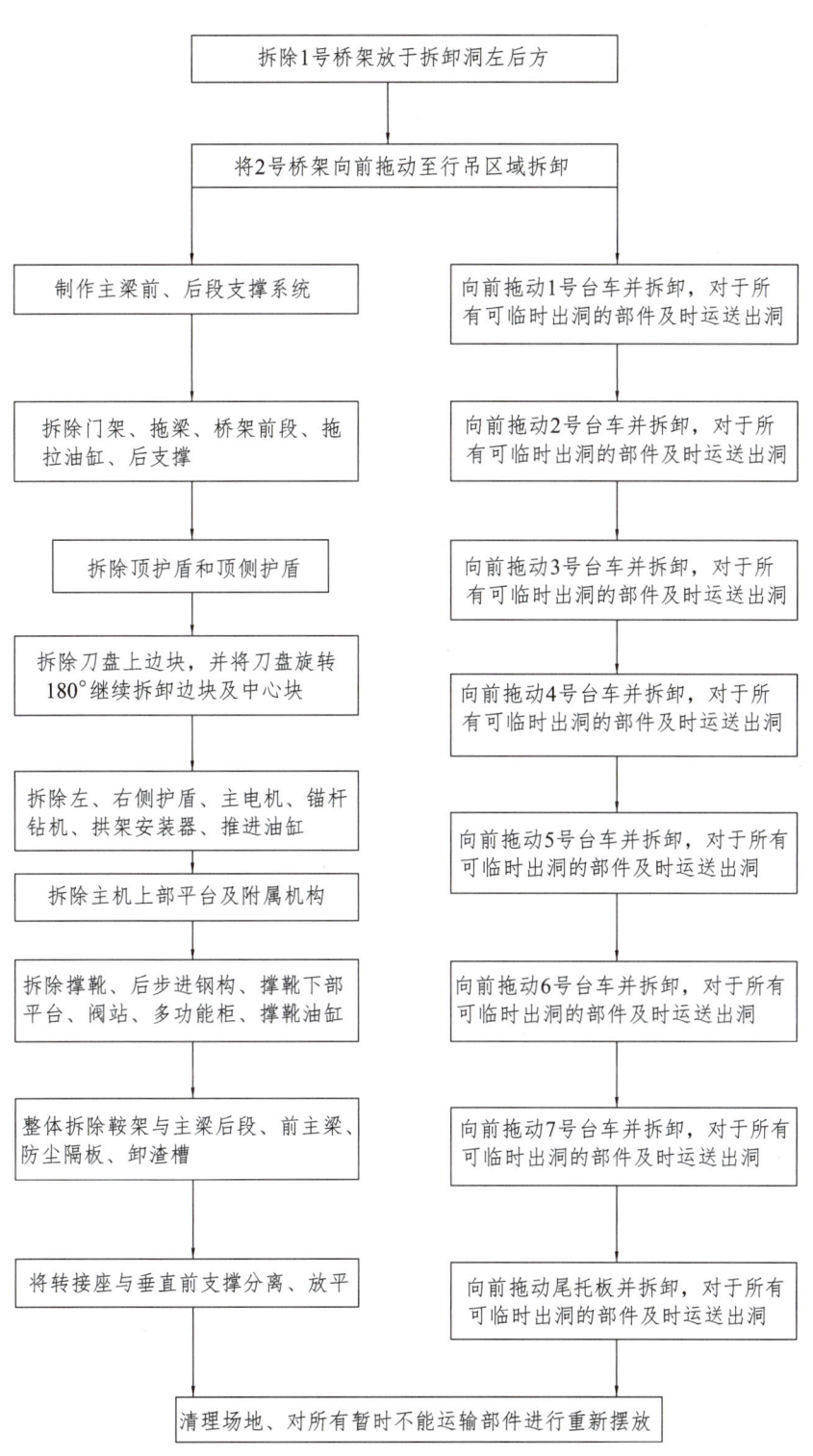

图 11-6 主机拆卸流程图

11.2.2　TBM 大件拆卸吊装

拆卸 1 号桥架施工过程：首先刨开了 1 号桥架前、中段连接的焊缝和后支腿处连接的焊缝，用 150 工字钢将后支腿横向连接；然后提前松动 1 号桥架前、中段连接螺栓及后支腿与 1 号桥架尾部连接螺栓，割除管棚前端与一号桥架搭接的销耳；接着将钢管劈开，焊于钢丝绳与桥架棱角接触地方；由于 1 号桥架形状规则、重量分布均匀，从中段与后段连接处对称悬挂吊点，采用了四个吊点进行起吊；待起吊 1 号桥架平稳后，缓慢放于仰拱区域左侧。

向前拖动管棚并拆卸施工过程：首先将管棚向前拖动至仰拱块最前端，使之整体进入拆卸洞范围，便于用行吊拆卸；接着拆除喷混大车、小车、轨道临时存放于 1 号桥架上部空间；然后割除管棚上大车行走轨道、楼梯、管棚本身；接着拆除管棚内 2 号皮带支架部分；然后临时制作了管棚轮对间横向支撑，拆除管棚内部平台，并拆除管棚内铁皮风筒；将轮对取下，临时存放；将临时存放于 1 号桥架上的大车、小车、轨道用平板运输出洞；最后将管棚内平台叠放于 1 号桥架上方。

向前拖动 1 号台车并拆卸施工过程：首先拆除了 1 号台车上部平台及附属机构；其次拆除 1 号平台上的 2 号皮带机系统、喷混系统辅助泵站、主油箱、操作室、除尘风机；接着拆除 1 号台车上部平台存放于 1 号桥架上方，与管棚平台一起叠放；再拆除 1 号台车立柱，并进行临时存放；然后拆除 1 号台车上的主泵站侧平台；最后将 1 号台车底部平台起吊，四个吊点，10 t 吊环 4 个，直径大于 16 mm 钢丝绳 4 根。

制作主梁前后段支撑系统：在主梁前段用 150 工字钢制作了四个支撑点，并互相交错连接，防止因后支撑部分拆卸而导致主梁机构重心不稳。

拆除门架、拖梁、桥架前段、拖拉油缸、后支撑施工过程：首先吊出门架上部平台，拆除拖拉油缸，刨开门架下部与 1 号桥架前段的连接板并松动螺栓；接着用 5 t 吊带两根将门架两侧对称起吊，先绷紧，待螺栓松卸完成后，将门架缓慢吊起，放于 1 号桥架中、后段存放区的前部；然后拆除拖梁，由于拖梁为异形机构，故此采用四点起吊，将拖梁缓慢放于 1 号桥架中、后段存放区的前部；最后拆除后支撑系统，由于后支撑能平稳站立于弧形槽内，但考虑后支撑重量后，采用两个吊点，将后支撑缓慢起吊，待起吊平稳后，将后支撑缓慢放于 1 号桥架中、后段前部区域。

拆除顶护盾、侧翼护盾施工过程：首先考虑了起吊高度的问题，将顶护盾与基座整体连接，制作了顶护盾吊耳；其次提前拆卸顶护盾相关油缸，将顶护盾油缸与机头架分离，与顶护盾整体吊运；然后将顶护盾与侧翼护盾整体起吊放于拆卸洞右后方。

拆除刀盘上边块施工过程：提前刨开了刀盘的所有焊缝，制作边块及中心块吊点，并松动上部边块螺栓，仅遗留螺栓 20 颗；然后将刀盘边块转动至正上方，用三点起吊，吊点绷紧前，拆除所有螺栓；接着三点起吊刀盘上的边块，面板吊耳 2 个，背面吊耳1个；最后将刀盘上边块缓慢取下，放于刀盘前面右侧区域，垂直放立，下方垫枕木六根。

拆除刀盘下边块及其余两边块及中心块施工过程：首先制作刀盘中心块及边块吊点，预松部分螺栓；同理拆除刀盘上边块，将刀盘下边块转动至正上方对称拆卸，工机具同上；接着拆除刀盘中心块，安装吊耳于中心块上，整体吊卸中心块。

拆除左、右侧护盾施工过程：首先制作了顶护盾吊耳，背面2个，正面1个，起吊侧护盾，绷紧钢丝绳；然后拆除侧护盾油缸、楔块油缸，连接销用铜棒配合铜锤取出；接着制作门型工装，用10 t机械千斤顶横向打出连接销，此过程需要10 t导链及行吊辅助动作；最后待连接销取下后，将顶护盾缓慢起吊，平稳后向后方移动，放于拆卸洞右后方，与顶护盾一起放置，并制作了防倾倒支撑。

拆除主电机、拱架安装器、锚杆钻机、推进油缸的施工过程：首先预松主电机螺栓，每个电机只对称留四颗螺栓固定；然后对锚杆钻机、拱架安装器进行了拆除；接着将钻机和拱架安装器缓慢放于拆卸洞的后方左右两侧；然后拆除主电机，从上到下，逐个拆除，放于后方的左右两侧；再拆除推进油缸，用5 t吊带一根，5 t导链一个，便于调平拆卸两侧连接销；最后将已经拆卸的连接销及对应油缸十字销、销子，拆卸后，对应组装，并安装好两侧挡板，便于下一次组装配对。

拆除主机上部平台及附属机构施工过程：首先四点起吊主机上部平台，并将其缓慢放于拆卸洞左后方，与1号桥架后、中段叠放。

拆除撑靴的施工过程：首先制作了四个撑靴吊点，将撑靴与步进结构的连接处焊缝刨开，并垂直起吊绷紧；然后拆卸撑靴与撑靴油缸连接螺栓；接着将下部撑靴油缸直接用吊带和导链挂于鞍架上，待下部平台拆卸后放下；待起吊后缓慢向刀盘前方移动，放于提前备好的运输车上，固定后直接运输出洞。

拆除撑靴下部平台及阀站、多功能柜施工过程：撑靴下部平台为3块组成，直接使用5 t吊带3块组件，依次放下，先进行两边的拆卸，再进行中间的拆卸；接着刨开中部平台与鞍架底部连接的焊缝，将中部平台与阀站、多功能柜整体放下；最后将中部平台、侧平台、阀站、多功能柜直接放于运输车辆上，固定好后运送出洞。

拆除撑靴上、下部油缸施工过程：首先将固定下部撑靴油缸的导链放松，直接将下部撑靴油缸放下，并抽出，直接装车；然后将上部撑靴油缸十字销与鞍架连接处螺栓松开，用2根5 t吊带双股起吊，直接放于运输车辆上，固定后上下部撑靴油缸一起运出。

拆除鞍架系统与主梁后段整体拆卸施工过程：首先刨开了主梁后段与前端连接焊缝、松动螺栓；然后对鞍架与后主梁进行整体起吊，平稳后，缓慢放下，略向后移动1 000 mm，给前主梁预留拆卸空间。

拆除前主梁的施工过程：首先制作主梁上部吊耳，四点均匀分布；然后缓缓起吊前主梁，待平稳后，割除前主梁下部支撑，向后移动50 cm，垂直放下，为机头架、底护盾拆卸留出空间。

拆除卸渣槽、防尘板的施工过程：首先制作了卸渣槽吊耳，由于此部件为异形结构，进行三点起吊；然后将卸渣槽缓慢吊起，让吊带绷紧，拆卸卸渣槽的连接销；接着将卸渣槽缓慢放于刀盘的右前方；最后制作机头架的临时支撑。

在拆卸最后，将转接座与垂直前支撑分离放平：首先在机头架正上方安装了吊耳；然后在刀盘前方堆放枕木30根，用于将机头架放平；最后拆除机头架与底护盾连接螺栓，将钢丝绳绷紧，缓慢起吊在前方枕木垛上放平。

11.2.3 拆后洞内运输

由于拆卸洞室的空间有限，TBM拆卸的制约因素中重要的就是能否及时将拆卸的部件运出，从而保证拆卸洞室有足够的空间来保证拆卸的顺利进行。在西秦岭隧道TBM的拆卸运输中，总体的运输方案是采用汽车运输，具体的细节如下：

（1）合理地安排了每一个重要部件的运输方法。根据TBM各个部件的尺寸重量，合理地安排运输车辆，大件运输必须遵循有关运输的各种要求。

（2）对超限（超高、超宽、超长）的部件，运用了特种车辆来进行运输。

（3）增加了小型的运输车辆，将小型的附属部件及时运出拆卸洞。

（4）各个部件运输中固定确保了安全可靠，采用了专用的工具和材料对各个部件进行了固定。

（5）运输中，保证了所有运输车辆有足够的安全系数，确保了设备的安全。

（6）在运输拆卸的TBM部件时，斜井内采取了严格的交通管制，禁止和拆卸施工无关的车辆通行。

11.2.4 拆卸注意事项

在TBM拆卸施工过程中，总结了如下的注意事项：

（1）洞室内拆除作业场地较小，要保证足够的照明度。

（2）拆卸过程中，频繁地使用吊车、运输车辆，要在拆卸施工前加强对操作手、驾驶员的协调配合及操作安全教育。

（3）TBM的拆卸属于洞内重大机件的拆卸装运工作，要在拆卸前对各受力部位进行合理受力验算，选择合适的吊具、索具和锚点。

（4）除主轴承、刀盘等损耗较大的构件外，拆卸时要采取一定的保护措施尽量维护设备的完好率，避免对构件造成较大的损坏。

12 TBM 主轴承更换专项施工

12.1 施工概况

12.1.1 专项施工起因

2012 年 8 月 12 日 TBM 出现了异常故障,发现主轴承润滑油路磁滤芯中存有块状铁屑和颗粒状铜屑。后经中铁十八局集团有限公司、TBM 公司等各方专家会诊、检查,通过铁屑和铜屑送检成分化验、工业听诊器、振动检测仪检查、工业内窥镜检查及 12 台刀盘驱动小齿轮拆解检查等手段,判断为主轴承滚道故障。各方研究制定初步处理方案,积极开始准备更换实施方案,并组成两个小组着手准备新部件来源和细化技术细节。为进一步排查试验和更换故障部件创造现场条件,以慢转速、小推力向前试验掘进至 DIyK409+140 停机。

12.1.2 施工难点

TBM 主轴承洞内换装施工在国内外尚属首例,毫无经验,难点如下:一是主轴承是 TBM 的核心部件,密封要求高和整装精密程度高;二是部件重量大,体积大,而换装空间狭小,作业条件和环境差;三是拆解和换装大件吊装、放置环节方法复杂;四是主轴承进口周期长,国内市场无备件,寻求同类型亦需从其他 TBM 整机上拆换,本身国内 TBM 拥有数量有限,新部件来源问题难于解决(经各方全力协调,锦屏电站一台 TBM 先拆除借调更换,待新轴承购进场补偿安装至锦屏电站 TBM);五是相关施工经验少,技能不熟练。

12.1.3 总体方案及主要工序

总体方案:在掘进机后方保证 20 m 的安全距离处施做换装洞室和轴承储藏洞室,轴承运输到储藏洞室后先行储藏,固定刀盘和顶护盾后脱离掘进机,主机及后配套整体后退 220 m 至换装洞室后,进行换装作业,而后步进至掌子面与刀盘对接、调试,完成更换作业。

主要工序分为：刀盘、顶护盾固定分离，洞内工作洞室施工，TBM 后退 220 m，主轴承进场，主轴承洞内运输，换装、步进、对接、调试。

起讫时间：2012 年 9 月 14 日—12 月 10 日。

12.2　主轴承洞内运输

主轴承在洞口利用 300 t 龙门吊吊装至特制板车，主轴承洞内运输，采用有轨运输方式，通过内燃机车牵引分别经过 4 部二衬台车、风机支架及连续皮带机主驱动段。

12.2.1　特制板车设计

主轴承运输平板车由两个平板车并列组装而成，一平板车为主动平板车，一平板车为从动平板车，主动平板车与从动平板车通过固定在主轴承支撑架下的滚子左右移动，机车推主动平板车向前行进，主轴承通过滚子带着从动平板车向前行进。

12.2.2　主轴承通过衬砌台车

在主轴承进行运输时，第一阶段有 1 部台车正在施工剩余的二次衬砌，第二阶段 TBM 后方有 3 部同步衬砌台车跟随 TBM 同步作业。为便于主轴承洞内运输，并且不必拆除洞内 4 部二衬台车，分别在第一阶段台车附近、第二阶段台车附近施工了专用避车洞（称之为 1#、2#避车洞），避车洞尺寸以满足容纳主轴承专用运输平板车为准，长×宽×高为 8 m×7.5 m×4.3 m；避车洞与主洞夹角满足有轨运输线路转弯半径不小于 25 m；避车洞的具体位置根据 4 部台车的位置、预计主轴承运输时二次衬砌所到达的位置确定。1#避车洞里程为 DIyK415+250.81，2#避车洞里程为 DIyK410+980.81，完成主轴承换装任务后，除洞室部分外超挖部分用同等级的混凝土回填。

施工中具体方法：在台车后方线路右侧开挖了临时避让洞室，待机车运输主轴承至台车附近时先行通过道岔进入临时避让小洞室，台车再退至临时避让小洞室后面，台车后移避让，主轴承再继续前行，依次通过各部台车。见图 12-1 所示。

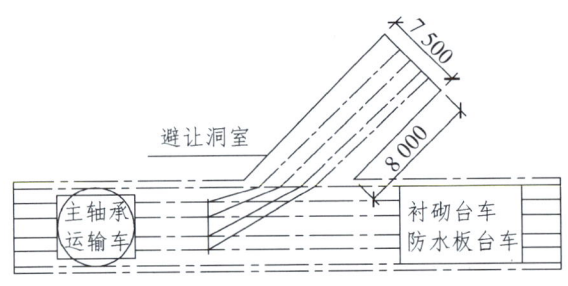

图 12-1a　主轴承运输车抵达避让洞室

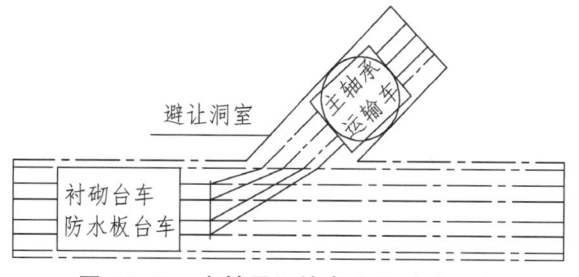

图 12-1b　主轴承运输车进入避让洞室

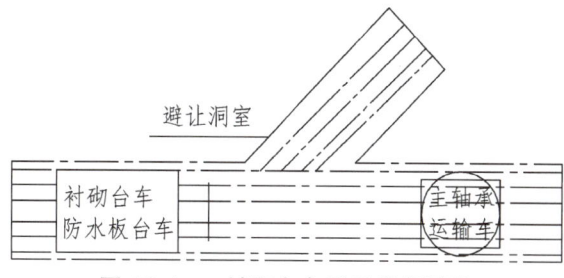

图 12-1c　衬砌台车后退进行避让

临时避让洞室尺寸：净空宽度 7.5 m 高度 4.35 m、纵向长度 8 m，见图 12-2，采用该处正洞洞室的支护参数进行支护。

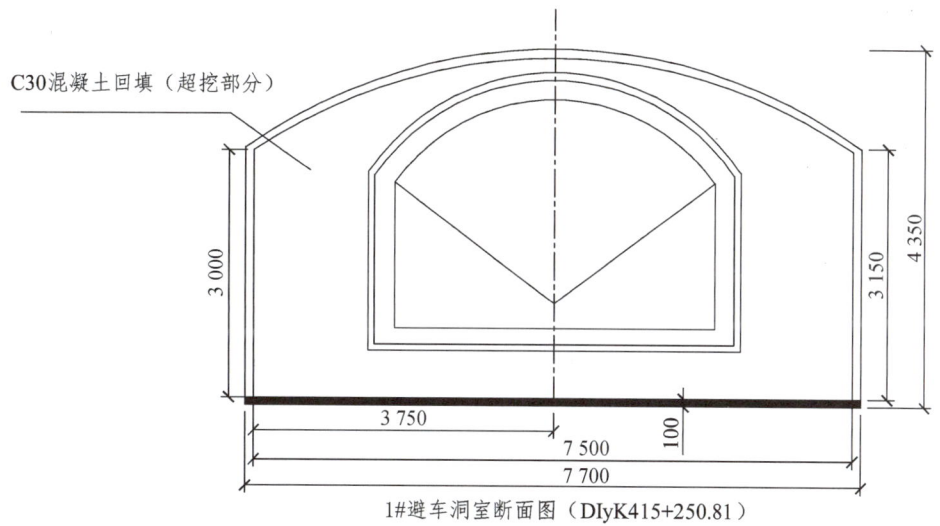

1#避车洞室断面图（DIyK415+250.81）

图 12-2　避让洞室断面图

12.2.3　主轴承通过风机及皮带机主驱动

主轴承运输通过风机支架时将现有的横梁通道用 I18 工字钢加宽，并增设了临时立柱，将原有的立柱支撑去掉满足新轴承通行的空间要求。

12.3 换装洞室施工方案

12.3.1 换装洞室施工

换装洞室在掘进机尾拖板后方 20 m 安全距离处进行了开挖,开挖区间里程为 DIyK409+340 ~ DIyK409+365,储藏洞室中心里程为 DIyK409+355。换装洞室在正洞断面基础上扩挖而成,具体尺寸(长×宽×高)为 9 m×10.23 m×13.23 m,采用与正洞相同的支护参数进行支护。储藏洞参考避让洞室尺寸开挖,采用Ⅲ级围岩综合洞室支护参数进行了支护。为了确保 TBM 后退时撑靴在储藏洞处有足够支撑力,在洞室口增加了三榀 H150 钢拱架加强支护。

12.3.2 吊点布设及吊具安装

参考罗宾斯公司提供的国外工地主轴承更换实例,在扩挖洞洞顶布置了两根滑轨进行更换作业。换装洞室扩挖高度:70 cm(I56 c 滑轨)+24 cm(轨道吊车)+140 cm(手动葫芦)+35 cm(销扣)+62 cm(横梁及销扣)+135 cm(异形吊具)-(1023-670)/2=290 cm,计划开挖 300 cm。横梁与异形吊具连接见图 12-3 所示。

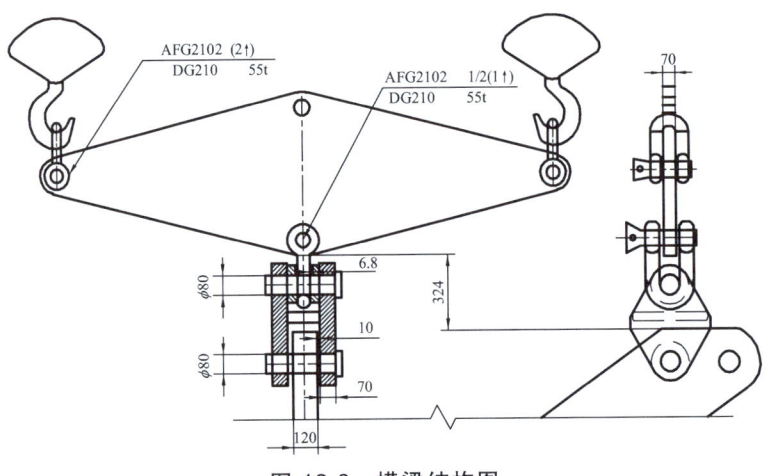

图 12-3 横梁结构图

换装洞室内吊点计划布设为 I56 c 的双滑轨形式,滑轨间距 2.4 m,轨长长度 9 m,滑轨两侧每隔 1 m 设置 2 根药卷式锚杆,长度 4.3 m,锚杆头部与滑轨上翼板螺栓连接,并补焊加强,锚杆布设如图 12-4;现场布设效果见图 12-5 所示。

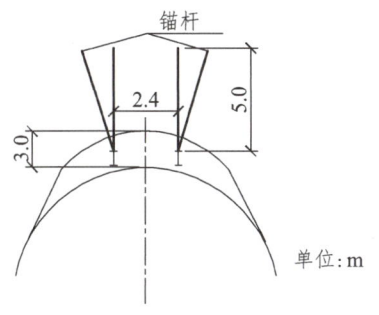

图 12-4　锚杆布设图

图 12-5　锚杆与滑轨连接布设效果图

12.3.3　静载试验

施工中，在滑轨和吊具等安装完成后进行了静载试验，具体做法是：采用两块仰拱块叠放钢梁加固（12.5 t + 12.5 t）的形式，并配以钢构件（2 t）加载至主轴承重量（26.6 t），吊离地面静载 15 min，静载试验成功。

12.3.4　更换场地布设

TBM 后移 220 m 后，开始进行换装场地的布设，换装场地主要摆放以下几个构件：接渣斗（长 4 m）、外密封（长 6.7 m）、转接座（长 6.9 m）、旧轴承（长 6.7 m）、新轴承（长 6.7 m）。由于各种构件体积较大，重量从几吨到二十几吨不等，搬运不易，且需要妥善放置。所以，施工中利用现有的弧形底面，在弧形底面上搭建了宽度 7 m、长度 32 m 的平台。同时，铺设了一条便于运输构件的轨道。平台采用 32 根长 7.31 m

的 H150 型钢，间距 1 m 进行铺设，纵向用槽钢进行连接。具体见图 12-6、图 12-7。

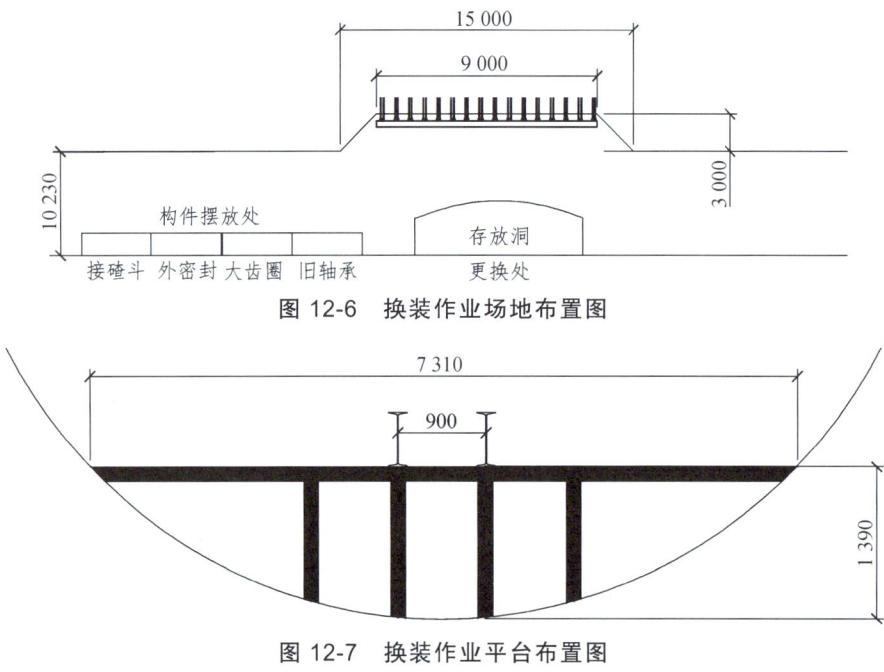

图 12-6　换装作业场地布置图

图 12-7　换装作业平台布置图

12.3.5　更换机具的倒运

当 TBM 具备后移条件时，提前备足更换轴承所需的钢轨、型钢、木板、板车等物资设备，方便在后移到位后立即展开换装工作。木板、钢轨型钢与新轴承同时存放在储藏洞室中。运输构件所需的板车预先固定在换装洞室顶部的滑梁上，待 TBM 后移到位、平台及钢轨铺设完毕后，下降至轨道之上投入使用。

12.4　主轴承更换施工

12.4.1　主轴承更换流程

主轴承更换流程如图 12-8 所示。

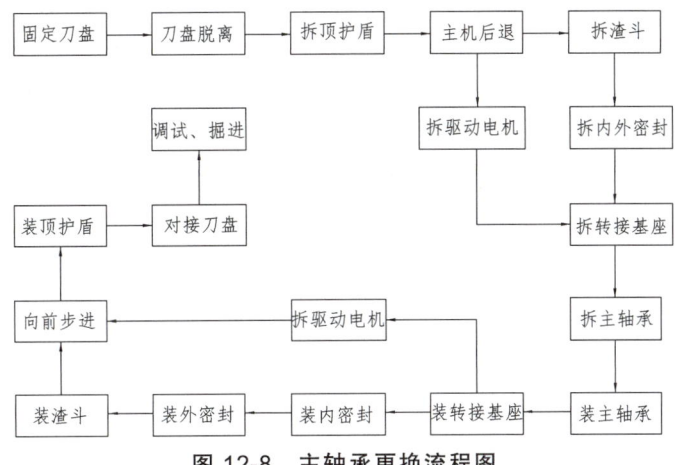

图 12-8 主轴承更换流程图

12.4.2 固定刀盘

进行刀盘固定的主要目的是为了确保刀盘顺利脱离主轴承,待主轴承更换完后保证刀盘顺利与主轴承对接。刀盘拆卸过程中会产生下沉和移位,施工中采取四点锁定、底部三位支撑的总体方法对刀盘进行固定;使用 $\phi 22\ mm$ 砂浆锚杆进行锁定防止刀盘产生纵向偏移;刀盘底部采用了分层加焊垫板全包围方式进行固定,防止刀盘下沉。施工中,固定刀盘流程见图 12-9 所示。

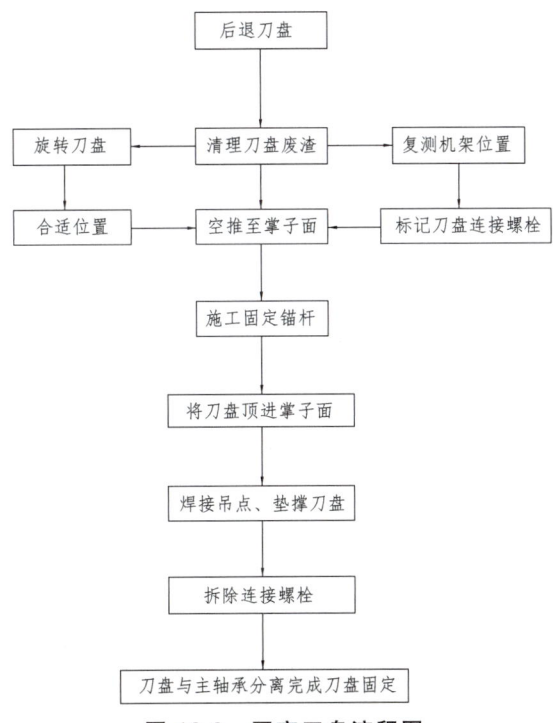

图 12-9 固定刀盘流程图

1. 现场准备

(1) 刀盘准备：刀盘后退 1.8 m，清理刀盘与底部的虚渣。由测量人员复测机架的滚动角、机架与设计中线和高程偏差，然后把机架调整到了合适的位置，杜绝刀盘脱离后机架打滑。然后旋转刀盘，确定刀盘底部最下面的两个包厢以隧道中线对称的位置。对刀盘与主轴承连接螺栓进行了标记，然后空推刀盘至掌子面。待刀盘到位后，旋转刀盘拆除未标记螺栓，然后刀盘旋转至底部包厢对称位置（即标记时的位置）顶紧掌子面，刀盘就位。

(2) 人员准备：施工中主要人员为工程技术人员 2 名，风枪操作手 3 组，相关风、电、水、机械设备与熟练电焊技术人员各 1 名。

(3) 施工机具与材料的准备如表 12-1 所示。

表 12-1 施工机具与材料准备表

序号	规格	数量	备注
1	风枪	2 台	
2	1.5 m 钻杆	4 根	
3	2.5 m 钻杆	4 根	
4	4 m 钻杆	4 根	
5	套筒	4 个	
6	40 mm 钻头	若干	
7	15 mm 钢管清洗器	1 套	
8	3～4 m 锚杆	各准备 40～50 根	
9	锚固剂	准备充足	不少于 20 箱
10	40 mm 钢板	现场备足	
11	滑梯、直梯	各准备 1 把	
12	橡皮管	2 根	端部带有橡皮帽
13	卷尺、手电、木板、脚手架	若干	

2. 现场实施方案

(1) 布点。

现场前期准备工作就绪后，由工程技术人员进行了锚杆孔布点。依据四点锁定刀盘的原则，分为左上、右上、左下、右下四个包厢位置锁定刀盘，每处各布设 8 根锚杆，上部采用 ϕ22 mm 砂浆锚杆，长度均为 4 m，下部采用 ϕ22 mm 锚杆，长度均为 3.5 m。施工中，保证了风枪作业人员有充足的作业空间，并且保证了锚杆与刀盘的充分合理焊接，使包厢空间得到了充分的利用。

布设点位沿隧道纵向分为两排，两排间距 20 cm，环向平均每排布设四个点，掌子面方向四点间距总长度为 60 cm，洞口方向四点间距总长度为 70 cm。布点时进行编号标记，并根据围岩状况进行了适当调节。锚杆布设示意图见图 12-10 所示。

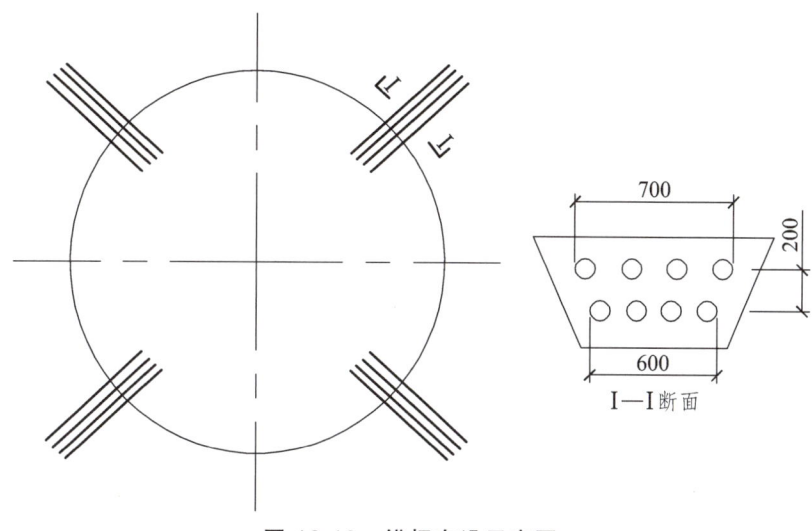

图 12-10　锚杆布设示意图

（2）钻孔。

布点完成以后，施工人员搭好木板和脚手架供风枪操作手打眼。

风枪操作手分两组，以隧道轴线为对称进行打孔，左上和右下同时进行钻孔，有效地节省了钻孔时间，提高施工效率。施工中采用长度为 1.5 m 的开孔钻杆，开孔完成后采用长度为 2.5 m 钻杆，当 2.5 m 钻杆施工完毕后采用 4 m 钻杆，孔深保证在 3 m ~ 3.5 m，保证钻孔方向向岩壁方向发散，扩大岩石的受力面积，防止穿孔。各孔打完立刻对每孔深度进行了测量，做好现场记录，严格按照实际施工尺寸记录，保证孔深在规定范围之内。刀盘内部的锚杆孔施做完后，在刀盘后 5.3 m 洞顶钻孔 3 个，作为刀盘内部锚杆的对照锚杆孔，深度控制在 3 m 左右，沿隧道轴线方向布置，间距为 30 cm。对照锚杆孔尽量保证垂直于岩面，为锚杆拉拔实验做准备，记录对照锚杆孔深。

（3）清孔。

待刀盘内锚杆孔钻完后，施工人员使用高压水洗孔器清洗了钻孔。由于水压较大，施工过程中为了防止作业人员受伤，把 ϕ15 mm 的钢管在 3 m 左右的位置弯成一定弧度，刀盘作业区域内其他人员禁止靠近包厢位置，洗孔人员配备雨衣，背对钻孔清洗。清洗过程中清洗器在孔内来回进行清洗，确保孔内无残渣，对照锚杆孔清洗方式相同。

（4）安装锚杆与对照锚杆。

由于刀盘空间较小，安装过程中，施工人员一次准备 4 箱锚固剂，8 根锚杆。锚杆安装顺序以刀盘为中心分为左上、右上、左下、右下四部分按顺序依次安装，每孔安装前依次检查孔深及有无堵孔现象，并根据现场实况记录 4 个包厢部位 32 根锚杆孔实际情况。

材料备齐后，首先进行锚固剂的浸泡，安排了一名泡锚固剂经验丰富人员进行浸泡，一次浸泡锚固剂 15~20 根，浸泡时间在 5 min 左右；施工人员恰当地掌握锚固剂浸泡时间，确保锚固剂无干心，无烂泥状，保证锚固剂安装后可以发挥到最大作用。

由两名熟练锚固剂安装的施工人员进行装填锚固剂，装填锚固剂速度要快。下部锚杆孔装填之前，先用高压风把空孔中的水吹出，确保锚固剂顺利装填。施工中，保证锚固剂安装时无破损，防止锚固剂装填过程中堵孔导致锚固剂装填不密实，确保锚固剂锚固长度为 100%。同时，施工人员对锚固剂装填数量和时间做了认真记录。

锚固剂装填完毕后，立刻进行了锚杆的安装，由 1 名风枪手和锚杆装填工进行锚杆的安装。安装时，使用风枪配备上自制的风枪套筒，用风枪把锚杆顶进孔内。锚杆装填工负责保护锚杆不被风枪顶弯，保证锚杆安装到位，外露长度在 70~100 cm，然后依次安装，同时记录下每根锚杆安装完后的时间。保证装填锚固剂和安装锚杆要连续，避免装填时间过长导致锚固剂凝固的情况出现。

待安装完刀盘内最后一根锚杆后，施工人员进行刀盘外部对照锚杆的安装，安装工序与刀盘内部锚杆安装相同，保证锚固剂装填与锚杆的安装连续。其中安装第一根锚杆后，随即进行了第二根对照锚杆的安装，安装完第二根后再安装第三根对照锚杆。全部锚杆安装完毕后，3~4 h 后进行了拉拔实验，拉拔实验顺序依照对锚杆施做的顺序为第一根、第二根、第三根对照锚杆依次拉拔。

拉拔实验结果单根承重 16 t 以上，设计要求保证单根承重要在 10 t 以上，刀盘总重 275 t，完全符合设计的要求。

（5）刀盘的支撑与锁定。

锚杆抗拉拔实验达到要求后，施工人员在刀盘底部和隧道中线左右各 1.19 m 位置处分层焊接垫实 800 mm×800 mm×40 mm 厚钢板，进行了焊接填充密实。然后进行刀盘内部锚杆与刀盘之间的焊接，采用 40 mm 钢板进行焊接，焊接过程中尽量使锚杆和刀盘的焊接面积达到最大。最终实现了"三位支撑"和"四点锁定"的技术要求。

3. 主轴承与刀盘分离

完成对刀盘"三位支撑"和"四点锁定"后，拆除刀盘剩余连接螺栓，TBM 主机架后退，最终实现刀盘与主轴承的分离。

4. 注意事项

在现场施工中，有几点注意事项需要引起重视。首先要保证刀盘内的照明充足；同时确保刀盘螺栓全部拆卸，保证刀盘的受力均衡；完善相应的人员作业环境内通风、送水、送电及防噪声设备配备；其次锚杆孔深需要实际测量，确保足够锚固长度，施工时做到了全长锚固；钢板进行了牢固的焊接，全部进行了满焊；最后充分利用了作业工序和人员安排的协调性，确保了施工流程的最优化。

12.4.3　刀盘脱离

在进行刀盘脱离的施工中，主要用到了如下的工具，见表 12-2。

表 12-2　主要工具使用表

序号	型号	数量	备注
1	螺栓拉拔器	1 套	
2	M70 套筒	5 个	拆保护帽用
3	M70 开口扳手	5 个	拆保护帽用
4	M48 板牙	2 套	修复双头螺柱

刀盘脱离的实施过程：

（1）在脱离前检查刀盘固定状态，确认其固定牢固，满足脱离条件，进行刀盘的脱离。详细记录了脱离前的 PPS 数据，留存以备对接刀盘时使用。

TBM 方位原始方位包括撑靴位置、顶部撑靴油缸伸出长度，扭矩油缸伸出长度和侧护盾后边沿位置等，在刀盘脱离前，对原始方位做好了标记。

（2）接着拆除了所有 101 个双头螺栓保护帽。

（3）然后按顺序分 3 次逐步降低螺栓拉拔压力，最后一次将螺栓完全松开，拆除螺母，然后将双头螺栓拆除，用煤油清洗，涂液压油，妥善保存。

（4）其中螺栓拆松及拆除的顺序为：按上下左右 4 个或 5 个一批，依次操作。

12.4.4　整体拆除顶护盾及顶侧护盾

在进行顶护盾及顶侧护盾整体拆除的施工中，主要用到了如下的工具，见表 12-3。

表 12-3　主要工具使用表

序号	型号	数量	备注
1	20 t 机械千斤顶	3 个	
2	铜锤	1 个	拆销轴用
3	50 cm 铜棒	1 根	拆销轴用
4	15 t 吊耳	4 个	可自制
5	20 t 导链	4 个	
6	3 mϕ20 mm 钢丝绳	4 根	
7	20 t 卸扣	4 个	
8	液压扳手	1 台	拆滑道
9	M42 套筒	3 个	配套液压扳手
10	M42 快速扳手	1 把	

顶护盾及顶侧护盾整体拆除的实施过程：

（1）用顶升油缸将顶护盾顶到了最高位，然后在滑道处用千斤顶将其顶实。

（2）卸掉顶升油缸压力，拆除油缸与顶护盾连接销轴，收回顶升油缸，并将其固定好。

（3）在顶护盾顶部按三角形布置焊接4个吊耳，焊接时注意就近接地，安装卸扣。

（4）挂钢丝绳，利用导链起吊护盾，拆除顶护盾的千斤顶。

（5）下降护盾至最低位，拆除滑轨固定螺栓。

（6）将滑轨与顶护盾焊接到一起，前后左右各取一点固定。

（7）割除顶部防尘护盾。

（8）起吊护盾与滑轨整体，前移。

（9）主机后退，空间足够后下降顶护盾至支撑架上，确认摆放稳固后拆除所有的吊具。

12.4.5 主机后退

施工过程中，利用推进油缸来进行主机的后退，通过主轴承储藏洞室时观察撑靴踩压部位的状况，对薄弱部位进行了加固。

主机后退的过程主要采用下部油缸浮动或钢支撑加固锁口等方式通过主轴承储藏洞室。

12.4.6 拆渣斗

在进行拆渣斗的施工中，主要用到了如下的工具，见表12-4。

表 12-4　主要工具使用表

序号	型号	数量	备注
1	10 t 导链	2 个	
2	铜锤	1 个	
3	50 mm 铜棒	1 根	

渣斗重量为 10 529 kg，长 3.3 m，宽 3.9 m，高 3.1 m。主要施工过程为：首先利用渣斗自身吊耳，悬挂导链，并将导链拉紧；然后拆除与主梁间的连接销轴；最后吊起渣斗，并转移到指定位置。

12.4.7　拆外密封及其压环等

在进行外密封及其压环等的施工中，主要用到了如下的工具，见表12-5。

表12-5　主要工具使用表

序号	型号	数量	备注
1	3 t 导链	1个	
2	3 t 吊耳	2个	
3	焊机	1台	
4	M14 内六角扳手	5个	
5	M16×100 内六角螺栓	4个	压环顶丝
6	M12×50 内六角螺栓	4个	隔环顶丝

同时，外密封及相关部件的参数见表12-6所示。

表12-6　外密封及相关部件参数

名称	重量/kg	直径/mm	厚度/mm
外侧压环	1177	6975	100.5
内侧压环	742	6829	63.5
隔环1、2	110	6849	25
隔环3	110	6849	12

施工中外密封及其压环等的拆除过程如下：

（1）搭建了拆装架，在内侧压环顶部焊接吊耳，悬挂导链并拉紧。

（2）按照对角原则拆除螺栓，并进行了位置标记。

（3）吊出内侧压环，转移到了指定位置存放。

（4）在外侧压环顶部焊接吊耳，悬挂导链并拉紧。

（5）按照对角原则拆除螺栓，并进行位置标记。

（6）利用顶丝将压环顶离安装面，吊出并转移到了指定位置存放。

（7）逐步拆除三道密封及三道隔环，隔环利用顶丝顶出，按照内外顺序做好密封及隔环的标记。

（8）将密封和压环保护好，转移到指定位置。

12.4.8　拆内密封及其压环等

在进行内密封及其压环等的施工中，主要用到了如下的工具，见表12-7。

表12-7　主要工具使用表

序号	型号	数量	备注
1	3 t导链	1个	
2	3 t吊耳	2个	
3	焊机	1台	
4	M14内六角扳手	5个	
5	M16×100内六角螺栓	4个	压环顶丝
6	M12×50内六角螺栓	4个	隔环顶丝

同时，外密封及相关部件的参数见表12-8所示。

表12-8　内密封及相关部件参数

名称	重量/kg	直径/mm	厚度/mm
内侧压环	541	4648	64
外侧压环	521	4762	85
隔环	78	4684	8

施工中内密封及其压环等的拆除过程如下，基本上与外密封及其压环的拆除过程一致：

（1）在内侧压环顶部焊接吊耳，悬挂导链并拉紧。

（2）按照对角原则拆除螺栓，并进行了位置标记。

（3）吊出内侧压环，转移到指定位置存放。

（4）在外侧压环顶部焊接吊耳，悬挂导链并拉紧。

（5）按照对角原则拆除螺栓，并进行了位置标记。

（6）利用顶丝将压环顶离安装面，吊出并转移到指定位置存放。

（7）逐步拆出三道密封及三道隔环，隔环利用顶丝顶出，按照内外顺序对各密封及隔环进行编号，并做相应标记。

（8）将密封和隔环保护好，转移到指定存放位置。

12.4.9 拆驱动电机和小齿轮轴

在进行驱动电机和小齿轮轴的拆除施工中,主要用到了如下的工具,见表12-9。

表 12-9 主要工具使用表

序号	型号	数量	备注
1	3 t 导链	6 个	两侧同时作业
2	3 t 吊耳	6 个	
3	5 t×3 m 吊带	10 根	
4	M19 内六角套筒	5 个	配套液压扳手
5	液压扳手	1 台	
6	M36 套筒	2 个	
7	铜锤	2 个	
8	50 mm 铜棒	2 根	
9	小齿轮拆装工装	2 套	可自制
10	1 t 导链	4 个	辅助拆装用
11	40 cm 枕木	6 段	支承小齿轮轴
12	木楔子	20 个	

其中驱动电机重量 1 530 kg,长度约为 1.2 m;变速箱重量 1 550 kg,直径 820 mm,长度为 835 mm。

驱动电机和小齿轮轴拆除施工具体过程为:

(1)施工中考虑到电机下降的难易程度,进行了同时作业,按照从下到上顺序拆卸电机和小齿轮轴。

(2)根据要拆卸电机的位置,在其上部平台或顶护盾等其他刚性结构件上选取吊点,绑好吊带,挂好导链。

(3)用液压扳手松动电机固定螺栓,上部、左右两侧各保留了一个固定螺栓,其他的完全拆除。然后用 4 个 M24×170 的螺栓按上下左右位置把电机和变速箱连接在一起。

(4)拆除电机和变速箱冷却水管。

(5)用两个 3 t 的导链分别吊住电机与变速箱连接部和电机后部,拉紧两个导链,同时用一个 1 t 导链挂在电机后部,水平向后拉紧。

(6)并且对电机位置进行标记,拆除剩下的 3 颗电机固定螺栓。

（7）用挂在电机后部的 3 t 导链上下来调整变速箱与小齿轮花键连接，然后拉 1 t 导链让变速箱与小齿轮脱离，慢慢移除电机安装位置，更换导链并移动至指定的存放位置。

（8）做好位置标记，拆除小齿轮压环。

（9）在小齿轮上安装拆卸工装。

（10）工装中部向上挂一个 3 t 导链承重，尾部向下挂 1 个 1 t 导链调整配重，向后挂一个 1 t 导链拔出小齿轮轴。

（11）对拆除的电机、小齿轮压环、小齿轮轴进行彻底清理，并进行了配套编号，做好标记，转移到指定位置，同时对变速箱油位计进行特别保护。对电机上拆下的所有螺栓、密封条等进行严格保管。

12.4.10 拆转接基座

在进行转接基座的拆除施工中，主要用到了如下的工具，见表 12-10。

表 12-10 主要工具使用表

序号	型号	数量	备注
1	30 t 导链	2 个	
2	5 t 导链	2 个	
3	15 t 卸扣	4 个	
4	15 t 吊耳	4 个	
5	M30×300 顶丝	8 个	自制
6	螺栓拉拔器	1 套	
7	电焊机	1 台	

其中，基座重量 21000 kg，直径 6 772 mm，厚度 645 mm；驱动大齿圈重量 4 640 kg，直径 5 140 mm，厚度 235 mm；双头螺栓共计 409 kg。

转接基座拆除的具体过程为：

（1）首先在基座上吊点 1、2、3、4 位置焊接了吊耳，装卸扣，悬挂导链并拉紧。主起吊 30 t 导链悬挂在吊点 3、4 上，辅助 30 t 导链悬挂在吊点 1、2 上，同时用两个 5 t 导链从主梁内分别挂在吊点 1、2 上，目的是为了防止基座脱离安装腔体时发生翻转。

（2）待各处导链全部张紧，做好位置标识后。拆除保护帽，根据对角原则分三次松动剩余的 19 个双头螺栓，拆除螺母和螺栓，并进行妥善的保存。

（3）用顶丝在 8 个点同时向外顶基座，施工中保持各处顶丝旋进尺寸的一致性，以确保基座周向均匀地从安装腔体内滑出。同步调节各导链松紧度,保证基座姿态始终垂直。

(4)待基座完全脱离安装腔体后,放松并拆除两个 5 t 辅助导链,调节两 30 t 导链,使基座实现翻转。待其完全水平后,用煤油彻底清理基座及驱动大齿圈表面。清理完成后,保护好基础,并转移到指定位置存放。

12.4.11 拆主轴承

在进行主轴承的拆除施工中,主要用到了如下的工具,见表 12-11。

表 12-11 主要工具使用表

序号	型号	数量
1	30 t 导链	4 个
2	5 t 导链	4 个
3	专用吊具	1 套
4	M48×400 顶丝	6 个
5	螺栓拉拔器	1 套

其中,旧的主轴承重量为 26 661 kg,直径为 6 700 mm,厚度为 550 mm;双头螺栓重量共计 545 kg。

主轴承拆除施工主要过程:

(1)首先张紧各处导链,按对角原则分三次逐步减小螺栓拉拔压力,最后一次拆除螺母及双头螺栓,清洗干净后妥善保存。

(2)接着用顶丝在 6 个点同时向外顶主轴承,施工中保持各处顶丝旋进尺寸一致,确保主轴承周向均匀地从安装腔体内滑出。同步调节各导链松紧度,保证主轴承始终姿态垂直。

(3)待主轴承完全脱离安装腔体后,放松并拆除辅助导链,调节主承重导链,翻转主轴承,待其完全水平后,用煤油对主轴承进行彻底的清理。清理完成后,保护好主轴承并将其转移到指定位置存放。

(4)拆除所有吊具。

12.4.12 安装新主轴承

安装新主轴承所用工具同拆除旧主轴承所用工具,新主轴承安装具体过程如下:

(1)旧的主轴承转移到位后,转移新主轴承到主机前部并拆除包装,清洗表面。

(2)安装专用吊具到主轴承上,悬挂导链。

(3)起吊主轴承至一定高度,利用辅助导链调整其姿态至垂直状态。

(4)平移主轴承至安装腔附近,安装顶丝到安装腔上,利用顶丝对正主轴承螺栓孔。

(5)在顶丝后边加螺母,6个点均匀加力,将主轴承压入安装腔内。

(6)安装双头螺柱,拆除顶丝。逐步校核螺栓拉拔压力至标准值。

(7)拆除所有吊具。

12.4.13 安装转接基座

转接基座安装所用工具见表12-12所示。

表 12-12 主要工具使用表

序号	型号	数量
1	30 t 导链	2个
2	5 t 导链	4个
3	15 t 卸扣	4个
4	15 t 吊耳	4个
5	螺栓拉拔器	1套
6	电焊机	1台

施工中,转接基座安装的具体过程如下:

(1)新主轴承安装完成后,将基座转移到主机前,参考拆除基座时的悬挂方式挂好吊具。

(2)调整两30 t导链,实现基座的翻转。

(3)接着在主梁内悬挂辅助5 t导链,调整基座姿态至垂直;在顶部吊点3、4处增加了两个5 t辅助导链,通过4个辅助导链同时的作用,将基座移向安装腔体。

(4)调整各处导链,利用拆卸时的位置标识对正基座与安装腔体的位置,利用4个5 t辅助导链将基座拉入安装腔体,螺栓孔位置通过切向挂辅助导链旋转基座进行微调。

(5)安装了19个双头螺栓,分三次按对角线原则校核螺栓拉拔压力至规定值,最后安装保护帽。

12.4.14 安装内外密封及其压环等

内、外密封在进行安装时,所需工具和施工过程基本一致。所需工具见表 12-13 所示。

表 12-13 主要工具使用表

序号	型号	数量	备注
1	40 cm×ϕ30 mm 木棒	10 根	
2	小锤	5 个	
3	润滑脂	10 L	
4	煤油	100 L	
5	棉布	100 kg	
6	M14 内六角扳手	5 个	
7	3 t 导链	1 个	
8	1 t 导链	1 个	对螺栓孔用
9	硅胶	5 桶	

内、外密封及其压环的安装施工过程如下:

(1)搭建安装脚手架。

(2)反复用煤油清洗密封安装腔体,清理干净后在耐磨带表面涂抹润滑脂。

(3)根据拆除顺序,按编号反向依次装入各隔环和密封。隔环安装时,先将其整圈全部退入安装腔体内 5 mm,然后周向均匀布置 8 名施工人员同时发力,将隔环推到指定位置。

(4)安装密封时,先将新密封逐段压入安装腔入口,待密封全部压入后,仔细检查整圈,确保密封无翻转,周向布置 8 名施工人员,用小木棒顶住密封同时发力,慢速将密封顶到安装位置,然后逐段用小锤进行敲击,确保密封与隔环完全接触。

(5)吊运外侧压环至安装位置,清理表面,对正位置标识。先将压环下部推到安装腔内,搭接部分控制在 10 mm 左右,放导链同时将压环上部推入安装腔内。待整圈压环进入安装腔的长度大概一致时,周向均匀布置 8 名施工人员同时发力,将压环推入腔体内。

(6)再次检查确认密封无翻转后,安装螺栓。螺栓孔位置利用切向挂辅助导链旋转压环进行微调。

(7)安装连接螺栓。

(8)吊运内侧压环至安装位置,清理,对正位置标识。按照安装外侧压环的步骤安装内侧压环，对位使用定位销。

（9）安装连接螺栓，与外侧压环螺栓连接在一起，按照对角原则校核扭矩，最后在螺栓尾部涂硅胶进行保护。

12.4.15　安装驱动电机和小齿轮轴

驱动电机和小齿轮轴安装所用工具与拆除工具一致。安装施工过程如下：

（1）安装顺序：由下至上。

（2）将制作工装安装在对应的小齿轮上。

（3）用两个3 t导链起吊到一定高度后，清洗小齿轮上的杂物、调整好位置，再用一个1 t导链水平向前拉紧，用铜锤或者铜棒砸击小齿轮前端和内部轴承处，施工人员通过上部电机的安装孔，观察内部情况，并用铜锤或者铜棒继续往里砸击，直到到位为止。

（4）按编号安装对应小齿轮轴压环，更换新压环密封圈。

（5）接着调整螺栓孔位置，安装压环螺栓。

（6）拆除拆装工装。

（7）螺栓涂上螺纹紧固剂，用液压扳手校核扭矩。

（8）选择编号对应的驱动电机，起吊到一定高度，在机头架上挂导链移至电机安装位置，调整好安装高度，确保左右偏差不大，拆开电机后部的观察孔，用M8的内六角扳手转动电机轴来对接变速箱与小齿轮的花键。安装到位后，再调整螺栓孔的位置。

（9）安装螺栓时用风动扳手快速上紧，拆除电机与变速箱连接螺栓。

（10）拆除所有吊具。

（11）按照对角原则依次拆出螺栓后涂上螺纹紧固剂，重新上紧并校核扭矩。

（12）最后安装电机和变速箱冷却水管。

12.4.16　安装渣斗

渣斗安装所需工具仅比拆除渣斗时多了2个3 t的导链，渣斗安装施工过程如下：首先吊运渣斗到安装位置附近，在主梁内悬挂3 t辅助导链，配合主起吊导链，将渣斗移到安装位置后，对正销轴孔；清洗销轴表面和销孔内部，涂抹润滑脂；然后使用铜锤和铜棒安装销轴；待安装完成后，拆除吊具。

12.4.17　步进、对接刀盘

步进对接刀盘施工过程为：首先在护盾安装完成后，清理主机前部区域；然后向前步进至主机前端距刀盘50 cm时停止；接着慢速前进，同时调整主机姿态至PPS显示数据与刀盘脱离前完全吻合；然后密切观察主机前端，前进到与刀盘表面接触后立即停机；再转接基座上切向挂导链，微调螺栓孔位置；接着安装双头螺栓；最后校核拉拔压力，最后安装螺栓保护帽。

12.4.18 安装顶护盾和顶侧护盾

顶护盾和顶侧护盾安装所用工具见表12-14。

表 12-14 主要工具使用表

序号	型号	数量	备注
1	20 t 机械千斤顶	3 个	
2	铜锤	1 个	拆销轴用
3	50 cm 铜棒	1 根	拆销轴用
4	15 t 吊耳	3 个	可自制
5	30 t 导链	3 个	
6	3 m ϕ20 mm 钢丝绳	3 根	
7	15 t 卸扣	3 个	
8	润滑脂	1 L	

顶护盾和顶侧护盾安装施工过程如下：

（1）吊运顶护盾至主机前方，悬挂导链等吊具。

（2）起升顶护盾至高出防尘护盾，在主机后边挂辅助导链，后移护盾至滑道上方，调节各导链长度，对正滑道。

（3）在滑道表面涂抹润滑脂，下降护盾至滑道进入顶护盾30 cm，并控制顶护盾与防尘护盾间的相互位置。

（4）在滑道平台用千斤顶支撑住顶护盾。

（5）将顶护盾油缸转至安装位置，调整油缸伸出长度，对正销轴孔，安装销轴。

（6）拆除所有吊具。

（7）最后顶升护盾油缸，去掉顶护盾千斤顶，收回护盾。

12.5 小 结

西秦岭隧道TBM主轴承出现故障后，在基本毫无工程经验可以借鉴的情况下，经过多方会诊、检查，研究制定了详细的施工方案，细致有序的施工过程，成功完成了主轴承的更换施工。对以后的 TBM 隧道施工可以提供借鉴。本工程 TBM 主轴承更换现场施工图片见图 12-11 所示。

图 12-11　主轴承更换现场施工一览

13 TBM 及其配套设备高低压供电技术

西秦岭隧道全长 28.236 km，TBM 掘进距离长，其配套综合作业配电场所包括：TBM 及后配套机组、出渣连续皮带机、同步衬砌作业、通风机以及附属洞室的开挖、洞口场地拌和站、仰供块预制车间、机修车间、吊装区等。具有用电负荷密集，供电场所点多面广，配电线路长，配电系统复杂等特点。中铁十八局集团有限公司在西秦岭隧道 TBM 及其配套设备的供电中将 35 kV/20 kV 和 35 kV/10 kV 两种高压配电系统混合应用，改变了传统做法的 35 kV/10 kV 单一电压制配电系统，满足了西秦岭特长隧道的生产用电需求和《供电营业规则》中对电压降 7%～8% 的要求。

13.1 高低压供电技术创新

西秦岭隧道 TBM 综合施工中高低压供电技术主要有以下三个创新：

（1）采用了 20 kV 高压专线为长距离配电的 TBM 进行供电，并结合了 10 kV 较短距离供应其他配电作业点，如衬砌作业、附属洞室施工、洞内照明、洞口综合场地等。并且 10 kV 主线路采取通长铺设的形式，而后通过三通连接器分支为活动作业区域提供电源的方式，进行单回路放射式配电，较好地解决了 TBM 综合作业场所供配电技术，在 TBM 施工史具有创新的价值。

（2）随着经济的快速发展，供电需求量的不断加大，配电网作为城市重要的基础设施逐步引起重视，从提高供电能力和电压水平着手不断提升供电负荷。35 kV/20 kV 配电系统逐渐在城市供电网中尝试和实践，但国内尚未对 20 kV 配电电费做出规定，在运行经验、设备选型范围、设备制作技术等方面都还不够成熟。35 kV/20 kV 供配电系统在国内城市电网很少应用，在建筑业施工现场配电系统中还未曾有先例。本供配电系统的应用为建筑业施工现场高压供配电提供了新的尝试，对 35 kV/20 kV 配电系统在可靠性方面摸索了经验，对系统及配电设备选型具有一定的参考价值。

（3）节约成本。传统的 35 kV/10 kV 高压配电系统在西秦岭特长隧道 TBM 施工配电中应用，电能损耗大，且电压降不能满足有关要求；如果应用 20 kV 单一电压制，单回路配电系统，由于总功率要求，同样不能满足供电需求；当采用两套 35 kV/20 kV 供配电系统时，方案可行，但经济成本相对较高；因此采用 35 kV/20 kV 和 35 kV/10 kV 两种高压配电系统混合应用，可以达到节约成本的效果。

13.2 供配电系统方案

西秦岭隧道供配电系统方案，首先通过外部永临结合线路牵引至施工现场一座 35 kV 变电站，变电站容量为 25 000 kVA。由 35 kV 变电站分别馈出 20 kV、10 kV 两个电压等级序列配电线路进入现场高压开闭所。20 kV 配电系统专供 TBM 掘进机，容量为 8000 kVA；10 kV 配电系统为其他综合配套施工作业配电，容量为 5000 kVA。

13.2.1 20 kV 配电系统

20 kV 配电系统专供 TBM 掘进机。TBM 的装机总功率为 7700 kVA，工作电压分为 690V、400V、230V 三种电压等级序列。采用了专线配电的方式进行配电，即：一次侧高压电缆选用 3×120 mm^2 铜芯铠装电缆由 20 kV 高压开闭所引出，通过 TJB 电缆快速连接头续接延伸至 TBM 后部电缆卷筒（选 400 m 电缆段，每隔 400 m 接头一次），然后与卷筒缠绕其上的高压柔性电缆（定长 400 m）连接，由高压柔性电缆同时向 TBM 的三台干式主变压器供电（并联，输入电压为 20 kV，输出 690 V、400 V 两种电压），二次侧低压电缆均选用的是罗宾斯公司配给的低压柔性电缆。除三台主变压器以外的其他电机由配套的 400V/230V 变压器供应。

随着 TBM 的掘进深度不断增加，TBM 后配套的电缆卷筒自动放线器就担负了主电缆的延伸和快速连接任务。电缆卷筒上面缠绕的柔性 20 kV 高压电缆放线速度与 TBM 掘进行走匹配，慢慢延伸直到最后一圈，电缆卷筒发出报警信号的同时 TBM 中央控制 PLC 系统指令停机时，及时续接 3×120 mm^2 铠装电缆，同步电缆卷筒收回 400 m 20 kV 高压柔性电缆，迅速恢复供电，继续掘进。也就是说 TBM 每掘进 400 m，停机续接铠装电缆一次，TBM 作业区间 20 kV 配电直线距离 19.773 km+开闭所至洞口长度（100 m）=19.873 km。

13.2.2 10 kV 配电系统

10 kV 配电系统主要用于除 TBM 掘进机作业外的其他供电场所，分为第一阶段施工和第二阶段施工布置。阶段划分示意见图 13-1 所示。

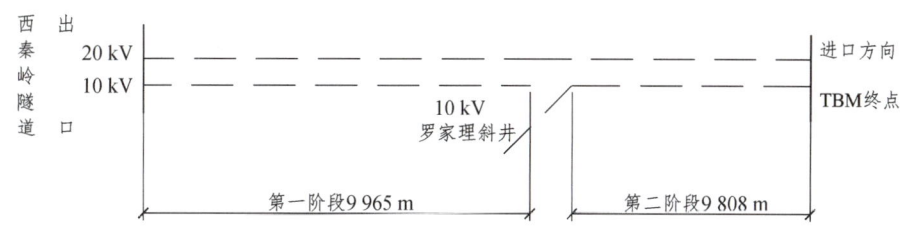

图 13-1 10 kV 配电系统阶段划分示意图

1. 第一阶段施工配电

主要用于同步二次衬砌、洞内照明、洞口综合场地（仰供块生产、拌和站、吊装区、机修车间等）供电。由洞口高压开闭所的 10 kV 馈出线路引入，配电系统线路直线长度为 10.1 km，采用了单回路放射式配电方式。

经过配电计算，考虑负荷及供电距离电压降的损耗，选用的是 $3×35\ mm^2$ 铜芯铠装电缆为主电缆，同步二次衬砌（三台台车模式）配电示意见图 13-2 所示。由于二次衬砌台车作业的移动性决定着位置的不确定性，10 kV 高压电缆引入洞内后沿洞壁铺设，每隔 500 m 设置一个快速电缆接头续接，任何一台车通过快速三通连接器分支获得 10 kV 电源，每一台衬砌台车要拖带一个 200 kVA 的油浸式变压器，变压器自带有行走轮，可以轻便地进入隧道，跟随衬砌台车移动就近放置，同时自带有 200 m 长的 $3×16\ mm^2$ 柔性 10 kV 输入高压电缆和 200 m 输出低压柔性电缆，可供台车分作业区段移动使用。当 10 kV 供电距离超过 10 km 时，10 kV 高压主线路增加了一台 800 kVA 的馈线自动调压器来补充电压。

附属洞室开挖等小型用电设备也采用同样的供电方法。由于快速电缆连接头和三通接头连接器可以安全地随时打开对接，操作时 10 kV 线路的停电时间不超过 30 分钟。操作快速、安全、方便。

洞内照明及洞口综合场地（变电站附近）配电系统，均由 10 kV 电源通过快速三通连接器分支，变压器降压后低压配电。

2. 第二阶段施工配电

第二阶段的施工配电主要用于同步二次衬砌、洞内照明、洞口综合场地（仰供块生产、拌和站、吊装区、机修车间等）供电。分两路 10 kV 线路引入，即：洞口高压开闭所引出 10 kV 和罗家理斜井 10 kV 开闭所，其他配电与第一阶段施工类同。

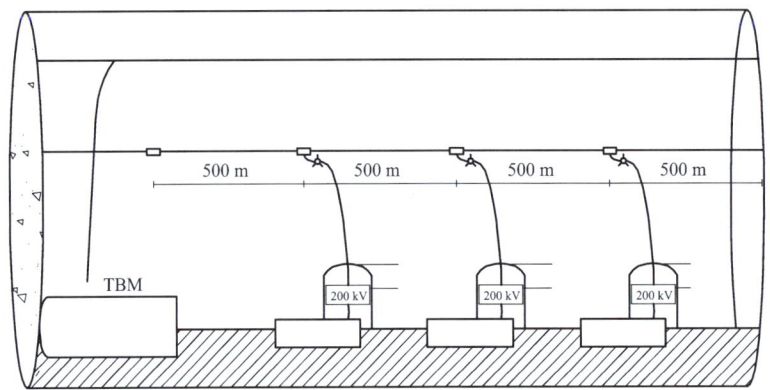

图 13-2　同步二次衬砌（三台台车模式）配电示意图

13.3　高压配电柜选型应用

施工时，国内对 20 kV 配电柜等技术标准尚未形成统一要求，设备制作技术还不成熟。施工单位经过与电气设备有关生产厂商合作，对高压配电柜进行了定型加工，以满足其可靠性和安全性。采用的高压配电柜主要参数见表 13-1 所示。施工现场配电设备布置见图 13-3 所示。

表 13-1　高压配电柜主要参数表

项目	10 kV		20 kV	
	电流互感器	电压互感器	电流互感器	电压互感器
型号	LZZBJ1-10GYW1	JDZW-10	LZZBJ1-24W1	JDZW-20
设备最高电压	15 kV	15 kV	24 kV	24 kV
额定频率	50 Hz	50 Hz	50 Hz	50 Hz
额定电流比	400/5A	10/0.1KV	400/5A	20/0.1 kV
准确级次	0.2	0.2	0.5	0.5
额定绝缘水平	12 / 42 / 75 kV	12 / 42 / 75 kV	24/65/125 kV	40.5/95/200 kV
符合国家标准	GB20840.2-2014	GB20840.3	GB1208-2006	1207—2006

图 13-3　施工现场配电设备布置图

14 总　结

　　行文至此，本书也暂时告一段落。本书主要根据中铁十八局集团有限公司在兰渝铁路西秦岭隧道右线隧道中成功的施工实践，同时结合业内相关工程施工经验，总结了西秦岭特长隧道 TBM 综合施工技术。

　　本书第 1 章主要叙述了兰渝铁路和西秦岭隧道的相关概况，并介绍了西秦岭隧道的工程、水文地质特征以及特殊岩土和不良地质。同时，阐述了西秦岭隧道的工程意义和重难点。

　　本书第 2 章从发展、原理、分类以及优缺点等方面介绍了 TBM 施工方法，同时总结了西秦岭隧道施工中 TBM 的选型以及皮带机的选型。

　　本书第 3 章主要叙述了西秦岭隧道施工前的场地布置以及西秦岭隧道总体的施工方案。

　　本书第 4 章主要总结了西秦岭隧道钻爆法段的主要施工过程及技术。

　　本书第 5 章对西秦岭隧道 TBM 开挖和支护过程进行了总结介绍，其中包括 TBM 开挖前的运输、TBM 组装调试、TBM 步进、TBM 掘进、预制仰拱块的铺设、TBM 支护以及相关维修保养、测量施工。

　　本书第 6 章主要对 TBM 施工过程中皮带机出渣以及施工材料运输的技术和过程进行了介绍。

　　本书第 7 章主要对西秦岭隧道施工过程中防排水的施工进行了介绍。

　　本书第 8 章详细介绍了西秦岭隧道 TBM 施工中的同步衬砌施工技术，这在我国 TBM 隧道施工中属一大创新点，希望可以为后续的相关施工提供些许借鉴之处。

　　本书第 9 章主要介绍了西秦岭隧道施工通风相应过程和技术。

　　本书第 10 章主要介绍了西秦岭隧道在不良地质工段采取的施工技术手段和预防措施。

　　本书第 11 章主要介绍了西秦岭隧道 TBM 设备在洞内拆卸的专项施工过程和技术。

　　本书第 12 章主要描述了在西秦岭隧道 TBM 施工中，主轴承出现故障并在洞内进行更换的施工技术，这在国内 TBM 隧道施工中实属罕见，同样希望可以为今后的相关施工发生类似故障时提供借鉴。

　　本书第 13 章主要介绍了 TBM 及其配套设备的高低压供电技术，该供电技术进行了多项创新，高效节能，具有一定的借鉴意义。

参考文献

[1] 赵均国. 艰辛历程兰渝路[J]. 百年潮，2019：5-17.

[2] 杨木高. 兰渝铁路西秦岭隧道[J]. 隧道建设，2018，38（12）：2071-2076.

[3] 陈馈，孙振川，李涛. TBM设计与施工[M]. 北京：人民交通出版社股份有限公司，2018.

[4] 铁道部工程管理中心. 西安-安康铁路秦岭隧道 TBM 掘进施工技术总结[M]. 北京：中国铁道出版社，2004.

[5] 王梦恕，李典璜. 岩石隧道掘进机（TBM）施工及工程实例[M]. 北京：中国铁道出版社，2004.

[6] 龚秋明. 掘进机隧道掘进概论[M]. 北京：科学出版社，2014.

[7] 魏文杰，王明胜，于丽. 敞开式TBM隧道施工应用技术[M]. 成都：西南交通大学出版社，2015.

[8] 郑文筠. 西秦岭特长隧道穿越F_6断层破碎带施工技术[J]. 现代隧道技术，2012（04）：99-103.

[9] 高文山. 西秦岭特长隧道穿越 F_{54} 断层破碎带施工技术[J]. 现代隧道技术，2011（02）：94-98.

[10] 李宁，李国良. 兰渝铁路特殊复杂地质隧道修建技术[J]. 隧道建设，2018（03）：481-490.

[11] 高文山. 西秦岭隧道岩体精细化描述及关键块体研究[J]. 铁道勘察，2014（04）：51-53.

[12] 熊晓霞. 西秦岭隧道对敞开式ＴＢＭ的技术要求[J]. 兰州交通大学学报，2014（01）：1-4.

[13] 赵战欣. 西秦岭长大隧道TBM盘形滚刀磨损分析[J]. 建筑机械化，2014（01）：79-81.

[14] 周文静. 西秦岭隧道店子坪一号斜井进正洞施工方案[J]. 山西建筑，2010（10）：341-342.

[15] 周雁领. 敞开式TBM步进技术[J]. 隧道建设，2015（05）：468-472.

[16] 邓勇，齐梦学. 硬岩掘进机施工技术及工程实践［M］. 天津：天津大学出版社，2010.

[17] 王峻武，陈大军. 兰渝铁路西秦岭隧道TBM步进施工技术[J]. 铁道建筑技术，2011（05）：101-106.

[18] 戴斌，陈明. PPS导向系统在西秦岭隧道TBM施工中的应用[J]. 隧道建设，2011（02）：92-96.

[19] 崔志伟，张晓慧，于英涛，等. TBM激光导向控制在大伙房水库输水隧洞施工中的运用［J］. 东北水利水电，2007，25（11）：13-14.

[20] 李国良，司剑钧，李宁. 兰渝铁路西秦岭特长隧道方案研究[J]. 现代隧道技术，2014（03）：7-14.

[21] 张学军，胡必飞. 软弱千枚岩地段TBM掘进施工技术[J]. 隧道建设，2011（06）：706-711.

[22] 李南川. 西秦岭隧道TBM掘进步进施工技术[J]. 隧道建设，2011（06）：749-754.

[23] 刘清泉. 空中翻转技术在仰拱预制块生产中的应用[J]. 隧道建设和，2011（05）：629-642.

[24] [24] 徐赞. 西秦岭隧道仰拱预制块施工技术[J]. 隧道建设，2011（02）：256-261.

[25] 许金林，徐赞，王艳波. 西秦岭特长隧道连续皮带机出渣施工关键技术[J]. 隧道建设，2011（06）：678-685.

[26] 王艳波. 连续出渣皮带收放装置的设计与实用效果[J]. 隧道建设，2011（06）：765-775.

[27] 戴润军，杨永强. 西秦岭隧道连续皮带机出渣下的同步衬砌施工组织管理[J]. 隧道建设，2011（04）：494-499.

[28] 苏睿，刘晓翔，高文山. 西秦岭铁路隧道TBM掘进同步衬砌施工技术探讨[J]. 隧道建设，2010（02）：126-127.

[29] 李春奎. 西秦岭隧道店子坪斜井施工段施工通风技术[J]. 公路隧道，2016（04）：56-58.

[30] 张利群. 兰渝铁路西秦岭隧道TBM施工通风技术探讨[J]. 今日轨道交通，2015（01）：50-54.

[31] 常心毅. 西秦岭隧道右线进口通风保障控制[J]. 山西建筑，2010（07）：312-313.

[32] 余学敏. 特长隧道TBM法施工20 km独头通风方案研究[J]. 四川建材，2013（02）：114-117.

[33] 李琳. 西秦岭隧道 TBM 二阶段施工通风探讨与实践[J]. 铁道建筑技术，2013（01）：103-105.

[34] 欧阳艳. 西秦岭隧道不良地质段 TBM 施工技术[J]. 铁道勘察，2010（01）：92-94.

[35] 冯欢欢，陈馈. 西秦岭隧道洞内拆机方案设计与探讨[J]. 铁道工程学报，2016（03）：87-92.

[36] 王艳波. TBM 主轴承失效形式及其在西秦岭隧道施工中的故障分析[J]. 隧道建设，2014（10）：1011-1017.